Copertina: grafica Paolo Giomo, foto Nodo.

L'ALTRA MEDICINA/78

La collana 'L'altra medicina' propone una serie di testi sulle diverse vie per realizzare, mantenere o recuperare la salute. Orientate sulla nozione di benessere (piuttosto che su quella di malattia), di equilibrio unitario fisico e mentale, queste discipline sono spesso tenute ai margini — se non ostacolate o ignorate — dalla medicina accademica dominante.

La collana presenta, volume dopo volume, un'informazione chiara, accessibile, concreta sui diversi aspetti della moderna visione di un'ecologia del corpo.
Ognuno dei testi che qui viene proposto è il risultato di una scelta operata, a livello internazionale, tra tutto ciò che di meglio viene elaborato nell'ambito di ciascun soggetto; ciò nonostante, la forma di presentazione e il linguaggio sono curati in modo tale che l'argomento risulti accessibile e praticabile non solo da parte degli specialisti, ma di ciascun lettore che semplicemente sia interessato — per ragioni di conoscenza o motivi personali — alla prospettiva di un reale ampliamento dell'arte di guarire ed essere sani.

L'Editore sarà lieto se queste 'proposte' susciteranno dibattiti, interventi, richieste di ulteriori ampliamenti o approfondimenti sugli argomenti trattati.
Sarà inoltre lieto di dare notizia delle nuove pubblicazioni a chiunque semplicemente invii il proprio nome, cognome, indirizzo a:
red./studio redazionale, via Volta 43, 22100 Como, telefono 031/279146.

Paul Belaiche

manuale pratico di FITOTERAPIA *familiare*

NATOM
red
edizioni

autore	Paul Belaiche
grafica	Paolo Giomo
traduzione	Teresa Padova dall'edizione originale francese *Guide familial de la médicine par les plantes* pubblicata da Éditions Robert Laffont, Parigi, II ed. © 1987
redazione	Cristina Ronzoni
editore	red./studio redazionale © via Volta 43, 22100 Como
	I edizione: 1988

La casa editrice red./studio redazionale ringrazia Attilio Speciani, medico, ricercatore scientifico e studioso di medicina naturale, per i consigli e la consulenza offerta in sede di redazione del testo.

L'autore

Paul Belaiche, medico, ricercatore, docente universitario, può essere considerato il principale esponente francese della moderna fitoterapia. Merito fondamentale della sua opera è quello di aver ridato dignità e autorevolezza a questo settore della medicina grazie al valore scientifico e al rigore metodologico del suo lavoro di ricerca. A lui si deve lo studio, di fondamentale importanza, sul potere antisettico degli oli essenziali di alcune specie vegetali e l'aver strutturato l'uso di tali essenze in una vera e propria branca moderna della fitoterapia: l'aromaterapia. È presidente e fondatore dell'*Institut National de Phytothérapie* (Istituto Nazionale di Fitoterapia) e del *Collège Français des Médicines de Terrain et Sciences Appliquées* (Collegio Francese di Medicina del Terreno e delle Scienze Applicate). È direttore del periodico 'Phytotherapy', pubblicato in Italia all'interno della rivista 'Natom'. Da anni insegna presso la cattedra di Fitoterapia e Oligoterapia della Facoltà di medicina di Bobigny (Parigi-Nord), corso di studi post-universitari di perfezionamento.

Come utilizzare al meglio questo libro

Il manuale è diviso in tre sezioni.

Nella prima sezione 'Curarsi con le erbe', di carattere introduttivo, l'autore parla dei vantaggi e dei limiti del 'curarsi da sé' con le erbe, e dà i consigli essenziali per praticare una corretta autoterapia.

La seconda sezione, 'Cento parole-guida per la vostra salute', è un elenco, in ordine alfabetico, di voci riguardanti i principali disturbi e malattie. In questa parte, di ogni disturbo trattato viene fatta una breve descrizione e vengono indicati i rimedi necessari sotto la dicitura 'Terapie consigliate'.

Nella sezione 'Le piante officinali' troviamo elencate in ordine alfabetico (nomi italiani) le principali specie botaniche medicinali. Di ciascuna di esse viene specificato il nome latino e la famiglia botanica, e vengono date alcune notizie di carattere generale e per facilitarne il riconoscimento. Ne sono quindi indicate le 'Parti utili', le 'Proprietà' e le 'Preparazioni' più adatte per ogni tipo di disturbo.

Completano il testo un indice dei nomi latini, uno dei nomi italiani più comunemente usati per le specie citate, un indice analitico dei disturbi e un'appendice bibliografica che permette l'approfondimento delle tematiche trattate in questo manuale.

Guida per la consultazione

A titolo di esempio prendiamo un semplice disturbo come il sangue da naso. Nell'indice analitico, la voce **Sangue da naso** rimanda a **Epistassi**. Nel testo, sotto **Epistassi**, troviamo:

«... le emorragie nasali troppo persistenti o troppo frequenti richiedono un controllo medico.

• Terapie consigliate

Quercia (3); ortica (1); equiseto (1)».

Il testo rimanda quindi alla terza parte del libro riguardante le singole piante, dove sotto la voce **Equiseto**, per esempio, al paragrafo 'Preparazioni', troviamo:

«(1) Far bollire per 30 minuti in un recipiente scoperto 100 g di pianta fresca, filtrare».

Al paragrafo 'Quando e come utilizzare', leggiamo:

«... Per arrestare un'emorragia nasale o da ferita: impacchi di decotto (1)».

Mentre al paragrafo 'Parti utili', leggiamo che dobbiamo utilizzare la pianta intera.

La seconda e la terza sezione del libro sono strutturate e collegate fra di loro per permettere una facile consultazione sia a partire dai disturbi sia dalle specie botaniche; gli indici finali, inoltre, consentono di avere una visione completa del testo.

CURARSI CON LE ERBE

La Fitoterapia: una pratica medica consolidata

La medicina a base vegetale, o fitoterapia, riscuote sempre maggiori consensi. Questo fenomeno si estende a tutti i Paesi.
Ormai la fitoterapia è diventata materia di insegnamento presso alcune facoltà di Medicina, fra le quali in particolare quella di Bobigny (Parigi-Nord) ha svolto un ruolo di pioniere, essendo stata la prima ad aprirsi a questa nuova terapeutica.
Il professor Cornillot, preside di quella facoltà, mi aveva fatto il grande onore di affidarmi la direzione e la responsabilità di questo insegnamento. Si trattava di una vera rivoluzione per l'ambiente universitario: vi fu una levata di scudi, ma col tempo, si sa, ogni passione si smorza e finisce per spegnersi. Di tutte queste polemiche non è rimasto nulla.
La facoltà di Medicina di Bobigny continua instancabilmente a formare medici fitoterapeuti. Altre facoltà si sono infine decise a imitarci e ciò è un bene, perché è necessario che questa terapeutica non resti circoscritta alla pratica medica ma entri a pieno diritto nelle università.
La fitoterapia è troppo affascinante perché tutti non abbiano il desiderio di impadronirsene. Per i commercianti potrebbe essere una vera miniera d'oro. Chiunque si crede improvvisamente capace di guarire con le piante ogni sorta di malattie, perfino il cancro. Questi ciarlatani, in genere anche ottimi mercanti, avviano imprese redditizie e, con totale disprezzo del consumatore, si trasformano in grandi specialisti in fitoterapia. Pur di vendere, reclamizzano anche l'autoterapia.
Le molte stupidaggini e imbecillità che ho avuto modo di sentire o di leggere sull'argomento farebbero sorridere, se non si considerasse l'aspetto più grave del problema: il fatto, cioè, che si speculi sulla credulità del consumatore toccando una corda molto sensibile, quella della sua salute.
In tutti coloro che studiano seriamente la fitoterapia, questi individui avidi di guadagno scatenano un sentimento di ribellione più che legittimo. Chiunque senta parlare questi neofiti può ritenere che la fitoterapia sia una medicina facile e semplice. Mentre, al contrario, occorrono anni e anni di studio, di lavoro personale, di pratica medica, per iniziare, dico iniziare, a comprendere questa difficile terapeutica.
Due pericoli minacciano oggi la fitoterapia: quello di perdere, a causa dell'eccessiva volgarizzazione, il suo rigore scientifico e quello di veder allontanarsi il consumatore, perché deluso da un insuccesso dovuto proprio ai 'consigli' di questi commercianti.
La volgarizzazione si basa essenzialmente su due assiomi. Il primo afferma: «Tutto ciò che proviene dalla natura è buono». Benché questa convinzione sia fortemente radicata nel consumatore, noi medici sappiamo invece quanto sia falsa. Le piante possono essere tossiche (digitale e funghi lo dimostrano). Il secondo assioma si fonda su un altro principio: «Curati da solo (seguendo l'istinto)». Il che equivale a dire: «Pratica l'autoterapia e che il cielo ti aiuti». Io vorrei invece diffidare il consumatore, perché l'autoterapia può anche essere pericolosa.

Attenzione all'autoterapia: i limiti del curarsi da sé

Mi limito dunque, con molta fermezza, a dare alcuni consigli: essere prudenti, seguire attentamente i consigli del medico e usare questa guida soltanto in accordo con le sue prescrizioni, non esitando a mettersi di nuovo in contatto con lui in caso di persistenza dei disturbi. Anche il farmacista è in grado di dare utili consigli sulla corretta utilizzazione delle piante.

Se sfortunatamente doveste registrare un insuccesso, questo potrà essere attribuito a una di queste cause:
— avete seguito i cattivi consigli di un incompetente;
— avete utilizzato piante inadatte e quindi inefficaci o addirittura pericolose;
— siete gravemente malati e pertanto dovete, con urgenza, consultare un medico.

Infatti la fitoterapia praticata senza controllo medico non è altro che una ricetta culinaria, con la differenza che talvolta può essere pericolosa.
Resta comunque il fatto che la pratica dell'autoterapia si diffonde e il processo è inarrestabile: tutti vogliono curarsi con le piante. Poiché il fenomeno è irreversibile, ho pensato che si sarebbe almeno potuto indirizzarlo e incanalarlo mediante direttive e consigli destinati al grande pubblico.
Mi è sembrato che il mezzo più adatto a questo scopo fosse un *Manuale pratico di fitoterapia familiare*, scritto con l'intento di informare il consumatore e tutelarlo contro eventuali passi falsi.

Perché una guida familiare all'autoterapia?

In pratica questa guida comprende in sé cinque differenti tematiche.

• Ho voluto innanzi tutto scrivere una guida all'autoterapia, informando via via il lettore dei limiti che le sono propri. Egli verrà così a sapere che può praticare l'autoterapia con i preparati vegetali a condizione che tenga sempre ben presente il rischio di avventurarsi inavvertitamente su un territorio che è invece proprio del medico. Posso essere d'accordo sul fatto di curare da soli, con le piante, i piccoli mali quotidiani, ma soltanto a condizione che si mantenga il contatto con il medico.

• Ho voluto prevenire il lettore circa la tossicità di alcune piante, sottolineando, per ciascuna di esse, il pericolo della sua utilizzazione senza controllo medico.

• Ho voluto informare il lettore sulle modalità di utilizzazione delle piante medicinali. Il settore che gli è riservato è, in linea di massima, quello dell'infusione o della decozione delle piante (foglie, radici, fiori o fusti).
Egli non deve mai utilizzare in autoterapia, e per uso interno, gli altri preparati farmaceutici che sono gli oli essenziali, gli estratti secchi, gli estratti fluidi, le tinture-madri, eccetera.
In questa guida noi autorizziamo soltanto alcune forme di macerazione nel vino o nell'alcol; questa però non è la forma di somministrazione abitualmente riservata all'autoterapia.
Con l'avvento di preparati molto concentrati (il nebulizzato può concentrare fino a cento volte la pianta fresca) si può dire cha la fitoterapia è diventata una medicina 'a due velocità':
— essa resta una medicina dolce e lenta quando si presenta in forma di infusione o di decotto, e sono precisamente queste le forme che io sostengo essere più adatte all'autoterapia;
— essa diventa una medicina meno lenta, spesso molto rapida, quando utilizza (e ciò è strettamente riservato al medico) i nebulizzati e gli oli essenziali.

• Ho voluto indicare al lettore anche i limiti della fitoterapia. Effettivamente è impossibile pensare che essa sia in grado di curare tutte le malattie. In alcuni casi i medicamenti di sintesi sono ancora indispensabili. Ho dedicato invece maggiore spazio ad alcune malattie nei confronti delle quali abbiamo registrato il maggior numero di successi, come la spasmofilia, le malattie reumatiche (fra le quali l'artrosi), eccetera. Comunque, anche in tutti questi casi, è indispensabile il ricorso a un medico specialista perché l'autoterapia è impossibile.

• Vorrei infine informare il consumatore circa la grande variabilità delle piante medicinali. Infatti è necessario che egli sappia che il solo fatto di acquistare, per esempio, del timo o del rosmarino non gli fornisce garanzie sufficienti. Quella che abbiamo testé definito 'variabilità' rende la fitoterapia una medicina difficile perché il

medico, come d'altronde il consumatore, deve essere sempre sicuro della qualità delle piante utilizzate:
— variabilità dovuta a fattori climatici (soleggiamento), stagionali (ruolo della temperatura), geografici (ruolo dell'altitudine), eccetera;
— variabilità secondo la raccolta, la conservazione, il trasporto e persino l'imballaggio.
Esistono comunque sul mercato piante medicinali di eccellente qualità che offrono al consumatore tutte le garanzie che egli può desiderare.

Questa guida ha lo scopo di informare il consumatore sulle possibilità della fitoterapia e di orientarlo in quel settore di malattie che rientrano nel suo ambito.
Seguendo fedelmente i nostri consigli egli potrà curarsi senza pericolo nel miglior modo possibile.

Come fare le preparazioni

Per i nostri rimedi casalinghi ci limiteremo a utilizzare: infusi, decotti, macerazioni, tinture e vini, lasciando alla somministrazione da parte del medico o dell'esperto preparazioni più concentrate quali: estratti secchi e oli essenziali.

Infuso: la pianta viene immersa, per un periodo di tempo precisato, in una determinata quantità di acqua bollente. In questo modo prepariamo, per esempio, un infuso di verbena.

Decotto: la pianta viene immersa in una determinata quantità d'acqua che dovrà essere portata e mantenuta in ebollizione per un tempo precisato. Con questo sistema generalmente utilizziamo le parti 'dure' della pianta (legno, radici, corteccia, semi).

Macerazione: la pianta viene lasciata immersa in un liquido per un periodo di tempo più o meno lungo. Questo liquido può essere acqua oppure alcol; nel secondo caso dopo alcuni giorni di macerazione si ottiene una tintura di pianta. Il liquido può essere anche vino; in tal caso otteniamo un vino di pianta (la macerazione esige da 15 a 20 giorni di tempo).

Attenzione: quando non è altrimenti specificato, la dose massima da assumere è sempre quella di due tazze al giorno, preferibilmente prima dei pasti.

La 'regola dei venti giorni'

Non si può bere all'infinito, per mesi e mesi, una tisana. A lungo andare si manifesterebbero segni di intossicazione: si tratta pur sempre di una medicina...
Perciò, quando noi non indichiamo con precisione la durata della cura, si deve applicare quella che noi chiamiamo la 'regola dei venti giorni': «Salvo indicazione contraria non assumere infusioni, decotti, macerazioni, tinture o vini di pianta per più di venti giorni consecutivi. Per evitare fenomeni di accumulo, è necessario interporre una pausa di 15 giorni, dopo la quale la cura può essere ripresa».

Raccomandazioni importanti

— Lavare le piante prima dell'uso in acqua corrente fredda. Alcune piante, essendo state immagazzinate, possono essere portatrici di microrganismi o anche semplicemente di polvere. Poiché d'abitudine laviamo un'insalata prima di mangiarla, facciamo lo stesso con le piante medicinali.
— Non utilizzare mai per le preparazioni l'acqua del rubinetto, che normalmente contiene molto cloro, bensì usare acqua minerale naturale, cioè non gasata.
— Filtrare i preparati e colarli attraverso una pezza molto pulita o, meglio, sterile.
— Non conservare mai, neppure in frigorifero, un infuso, una macerazione o un decotto per più di 36 ore. Non si può impedirne l'inquinamento da parte di microbi o di muffe.
— Conservare le piante in ambiente asciutto, al riparo dalla luce e dalla polvere. I grandi vasi di vetro scuro, ermeticamente chiusi, sono adatti allo scopo.
— Non lasciare le piante alla portata dei bambini; non dimentichiamo che sono pur sempre delle medicine.

Cento parole-guida per la vostra salute

A

Abbronzatura Effetto dell'azione dei raggi ultravioletti su alcune cellule cutanee che contengono un pigmento di colore bruno. Alcune piante, come il rindomolo, e l'essenza di bergamotto (ricavata dai frutti del bergamotto), hanno delle proprietà fotosensibilizzanti, stimolano infatti la secrezione dei pigmenti della pelle.
L'uso del rindomolo è riservato ai medici, poiché gli inconvenienti della fotosensibilizzazione possono essere incontrollabili.

• Terapie consigliate
Per facilitare l'abbronzatura: succo di carota centrifugato: 100 cc al giorno per i 15 giorni che precedono l'esposizione al sole.
Applicare sulla pelle: olio di oliva, olio di cocco, olio di avocado, olio di semi di vinacciolo.
E anche (sotto controllo medico): essenza di bergamotto (4 g), olio di mais (100 g), in applicazioni esterne (rischio di fotosensibilizzazione).
Indispensabile il controllo medico.

Vedi anche Fotosensibilizzazione.

Acetonemia Aumento del tasso dei corpi chetonici nel sangue. L'acetonemia si riscontra frequentemente nei bambini in concomitanza con episodi febbrili o imbarazzi intestinali. Il bambino presenta un alito dall'odore caratteristico di mela renetta e vomita facilmente.
È quella che normalmente si chiama 'crisi di acetone'.

• Terapie consigliate
In attesa del medico è necessario alcalinizzare con mezzo bicchiere d'acqua minerale, tre volte al giorno, oppure facendo bere un pizzico di bicarbonato in mezzo bicchiere d'acqua tre volte al giorno.

Vedi anche Fegato.

Acne Eccesso di secrezione sebacea in cui facilmente si formano infezioni.
L'acne colpisce soprattutto gli adolescenti (per lo più al viso e sulle spalle).
Soltanto con un accurato trattamento medico è possibile controllare la secrezione sebacea.

• Terapie consigliate
Per uso interno: achillea millefoglie (5); bardana (1); acetosa (1-2); prugnolo (1); viola selvatica (1).

Per uso esterno: bardana (2); calluna (1); lavanda, viola selvatica (1); saponaria (1).

Acqua di amamelide Preparazione farmaceutica usata soprattutto per combattere la couperose.

Acqua di melissa dei Carmelitani Questo vecchissimo preparato è un alcolato di melissa.
La tradizione popolare gli è rimasta fedele, infatti l'acqua di Melissa è tuttora utilizzata contro ronzii alle orecchie, difficoltà respiratorie di origine nervosa, come calmante, ma soprattutto come rimedio alla nausea e ai dolori di stomaco.

Acufene Questo termine indica diverse sensazioni dell'udito (ronzii, sibili, tintinnii), spesso sgradevoli, che non provengono da un suono realmente emesso da una fonte esterna.
In questi casi è necessario un esame medico approfondito (esame otorinolaringoiatrico ed esplorazione delle vertebre cervicali).

• Terapie consigliate
Ballota (1); calaminta (1); melissa (1); verbena (2).
Il trattamento dell'acufene è destinato esclusivamente al medico; egli infatti utilizza adeguatamente altre piante che abbiamo di proposito evitato di menzionare a causa della loro tossicità.

Vedi anche Cerume.

Adenite acuta Infiammazione acuta delle linfoghiandole.

• Terapie consigliate
Cavolo (3); cipolla (5).

Adenoidi L'aromaterapia dà buoni risultati nei bambini, prevenendo la frequente ricrescita delle vegetazioni adenoidee che può avvenire anche dopo un'asportazione chirurgica.

Adinamia Estrema debolezza muscolare dovuta a un eccesso di fatica. È necessario ricercarne sempre la causa con molta cura.

Vedi Astenia; Stanchezza.

Aerocolia Presenza eccessiva di aria negli intestini. È dovuta, nella maggior parte dei casi, a eccessive fermentazioni intestinali o ad una colite spastica per lo più di origine nervosa.

Vedi Meteorismo; Spasmofilia; Carminativa.

Aerofagia Questo termine (etimologicamente 'ingestione d'aria') indica l'accumulazione d'aria nello stomaco. Si riscontra nei soggetti ansiosi e nervosi.

- Terapie consigliate

Aneto odoroso (2); angelica (1-2-3); anice (2); basilico (1); calaminta (2); cumino dei prati; coriandolo; cumino (1); dragoncello (1); finocchio selvatico (1); camedrio (2); maggiorana (2); menta piperita (2); arancio (3); origano (1); liquirizia (1); tanaceto (2).
Miscuglio specifico: lasciare in infusione per 10 minuti un miscuglio di semi di anice, di angelica, di cumino dei prati e di cumino (5 g di ciascuna pianta) in 1 l di acqua bollente.
Bere caldo, due tazze al giorno prima dei pasti.

Vedi anche Spasmofilia; Meteorismo.

Afonia Perdita parziale o totale della voce, per lo più di origine infiammatoria (influenza, affezioni virali), della quale sono spesso vittime i professionisti del canto. Quando l'afonia dura più di qualche giorno si rende necessario il controllo di uno specialista.

Vedi Voce; Raucedine.

Afrodisiaca È detta afrodisiaca la pianta che accresce il desiderio sessuale.

- Terapie consigliate

Eleuterococco (1); ginseng (1).

Vedi anche Frigidità; Impotenza.

Afta Piccola ulcerazione molto dolorosa della bocca, accompagnata sovente da dolore alle linfoghiandole vicine.

- Terapie consigliate

Tamponare quattro o cinque volte al giorno con un 'cotton-fioc' imbevuto di una delle seguenti preparazioni: basilico (5); epilobio (1); malva (6).
Fare dei gargarismi due o tre volte al giorno con camedrio alpino (1); cimicina (1); ortica (1); equiseto (1-5); cinquefoglie (1); rovo (1); tormentilla (1).

Vedi anche Bocca.

Albumina Presenza di albumina nelle urine.
Questo sintomo deve assolutamente essere sottoposto a diagnosi e ad un trattamento medico.

- Terapie consigliate

Alcune piante possono essere usate come coadiuvanti. Sedano (1); calluna (2); eringio (1); parietaria (1); pilosella (1); tiglio (4); senecio del Canadà (1); verga d'oro (2).
Fitoterapia alimentare
Fave: far bollire per 12 minuti 100 g di baccelli verdi in 1 l d'acqua, lasciare in infusione per 10 minuti, bere 150 cc mattino e sera, di preferenza lontano dai pasti, per 20 giorni. Interrompere per 20 giorni e riprendere.
Fagioli in grani: far bollire 50 g di grani in 1 l d'acqua per 15 minuti, lasciare in infusione un'ora, bere 100 cc da tre a cinque volte al giorno, di preferenza lontano dai pasti, per 30 giorni. Interrompere per 20 giorni e quindi riprendere.
Granoturco: far bollire 50 g di barbe (ciuffo formato dagli stigmi che fuoriescono dalla pannocchia) in 1 l d'acqua per 5 ore; lasciare in infusione 15 minuti, bere 1 l al giorno in dosi frazionate per 20 giorni. Interrompere per 20 giorni e riprendere.
Uva spina: bere 150 g di succo fresco lontano dai pasti. Cura di 10 giorni al mese.
Cipolle: alimentazione ricca di cipolle fresche.

Alcolismo Intossicazione cronica dovuta ad abuso di bevande alcoliche. I sintomi dell'alcolismo sono molto vari; anche se utile, la terapia medica non è del tutto sufficiente e va accompagnata da altri tipi di intervento.

• Terapie consigliate

Ghiande di quercia: porre in infusione per 10 minuti l'equivalente di una punta di coltello di polvere di ghiande di quercia in una tazza di acqua bollente, bere alla fine dei due pasti principali. Durata della cura: 2 mesi. Pausa di 20 giorni e riprendere.

Fitoterapia alimentare

Porro: far bollire 8 porri in 1 l d'acqua per 90 minuti, bere 200 cc tre volte al giorno, di preferenza lontano dai pasti. Cure di 8 giorni alternate con pause di 8 giorni.
Cavolo (1-2).
Cavolo rosso: consumare 120 g al giorno di foglie crude finemente tritate come antipasto.
Cipolla (latte di): passare nel frullatore 1 kg di cipolle fresche. Lasciar macerare per un giorno in 1 l di latte parzialmente scremato: bere un bicchiere da dessert di questa preparazione due volte al giorno. Cure di 15 giorni alternate con 15 giorni di intervallo.
Passiflora (1).
Prezzemolo (cura di prezzemolo fresco o decotto): mettere 40 g di prezzemolo in mezzo litro d'acqua; far bollire 20 minuti senza coperchio; filtrare. Prenderne, a digiuno, un cucchiaio da dessert al giorno. Cure intermittenti di 15 giorni.
Oppure fare un'infusione: mettere 3 g di semi di prezzemolo in una tazza di acqua bollente, da prendere tutte le sere prima di coricarsi. Cure intermittenti di 20 giorni.

Vedi anche Ubriachezza.

Alito L'alito cattivo può avere cause diverse: di genere dentario, gastro-intestinale, epatico, e anche polmonare. Scopertane la causa e intervenendo sul disturbo che sta alla base, il medico eliminerà anche l'antipatico inconveniente.

• Terapie consigliate

Melissa (1); menta (1); mirto (6); liquirizia (4-5); timo (1); ginepro (2), cure di 20 giorni.
Altre piante sono utili per le loro proprietà odoranti. Spinaci crudi, molto ricchi di clorofilla (si devono masticare bene).
Decotto molto concentrato di ortica per sciacqui della bocca: far bollire per 10 minuti 500 g di ortiche in mezzo litro d'acqua, filtrare, aggiungere 100 cc d'alcol: metterne uno o due cucchiaini da caffè in un bicchiere d'acqua tiepida.

Allattamento

• Terapie consigliate

Piante che aumentano la secrezione lattea (galattagoghe): aneto odoroso (4); anice (4); carota (1); cumino dei prati (4); cumino (1); finocchio selvatico (3); galega (1); verbena officinale (1).

Piante che aiutano ad arrestare la secrezione lattea: ontano; centocchi; salvia (2).

Vedi anche Ingorgo mammario.

Allergizzante Pianta che può provocare crisi di allergia. Così l'arnica e il ginkgo.

Vedi Eczema; Orticaria; Prurito.

Alluce valgo Deviazione dell'alluce che presenta alla radice nodosità dolorosa e infiammata.

• Terapie consigliate

Si può tentare un trattamento con artiglio del diavolo (1). Si deve comunque consultare il medico, perché l'alluce valgo può provocare deformazioni successive alle altre dita e quindi aggravare il male.

Amara È detta amara la pianta che stimola l'appetito. Queste piante sono per lo più anche toniche, da cui la loro denominazione di 'tonico-amare'; fra esse l'assenzio e l'artemisia.

Vedi Appetito; Tonico-amare.

Amenorrea Assenza di mestruazioni nella donna non in menopausa, dovuta spesso a fattori psichici.

Vedi Mestruazioni.

Amnesia Perdita parziale o totale della memoria.

Vedi Memoria.

Analettica Una pianta è detta analettica quando è stimolante.
Per esempio: il biancospino è analettico cardiovascolare perché stimola le funzioni circolatorie e cardiache; l'issopo è analettico respiratorio perché stimola le funzioni respiratorie; il rosmarino è analettico cardiaco perché tonifica la contrazione del muscolo cardiaco.

Vedi Polmone; Circolazione.

Analgesico È detta analgesica una pianta che attenua il dolore. Così l'angelica, il colchico (tossico se a forti dosi), l'ortica, il salice bianco.

Vedi Dolore; Nevralgia.

Andropausa Rallentamento dell'attività fisiologica sessuale nel maschio.
L'andropausa si accompagna generalmente a una diminuzione delle secrezioni ormonali: è la cosiddetta 'età critica dell'uomo'.
Alcuni preparati vegetali, prescrivibili solo dal medico, danno buoni risultati.

• Terapie consigliate
Eleuterococco; ginseng (1).

Anemia Diminuzione del numero o della qualità dei globuli rossi.

• Terapie consigliate
Assenzio (1); asparago (2); enula (1); carota, mangiare 200 g di carote grattugiate tutti i giorni, oppure bere succo di carota centrifugato in ragione di 150 cc al giorno; centaurea (3); quercia (3); cavolo (1); fieno greco; ginepro (2); genziana (1-3-5); luppolo (1); lamio bianco (2); melissa (2), un bicchierino da liquore due volte al giorno in cure intermittenti di 20 giorni; noce (3), foglie; equiseto (3), due tazze al giorno in cure intermittenti di 20 giorni (la silice che vi è contenuta in dose abbondante favorisce la produzione di globuli rossi del sangue); timo (1), una tazza al giorno in cure intermittenti di 30 giorni.

Fitoterapia alimentare: consumare spinaci crudi in insalata o cotti al vapore, asparagi grattugiati, prezzemolo in insalata, barbabietole rosse grattugiate, cavolo rosso crudo o cotto, minestre di ortica o di porro, foglie di pazienza o romice (molto ricche di ferro) in insalata o cotte al vapore, albicocche, mandorle e mele.

Angina Infiammazione acuta della faringe, che colpisce soprattutto le tonsille. Per ogni genere di angina è necessario consultare il medico che valuterà se praticare un trattamento antibiotico per evitare complicazioni.

• Terapie consigliate
La fitoterapia può essere efficace come trattamento di base che mira a evitare le ricadute stimolando le difese dell'organismo, a integrazione della cura.

Per uso esterno: fare dei gargarismi due o tre volte al giorno.
Biancospino (4); acanto (1); agrimonia (1); alchemilla (1); ontano (1-2); quercia (4); altea (2); noce (1); pruno (2); santoreggia, far bollire 150 g di cime fiorite e di foglie secche in 1 l d'acqua, lasciar macerare 20 minuti.

Per uso interno: il trattamento è esclusivamente di competenza medica.

Vedi anche Faringite.

Angoscia Stato indefinibile di inquietudine che può variare dalla semplice ansietà all'angoscia vera e propria, accompagnata da disturbi del sistema neuro-vegetativo (insonnia, stanchezza al risveglio, palpitazioni, dolori addominali).
Molte piante sono adatte a contrastare efficacemente le dolorose sensazioni di oppressione e di tensione che caratterizzano l'angoscia.

• Terapie consigliate
Biancospino (1); ballota (1), in cure di 20 giorni, alternati a 20 giorni di pausa; rosa canina (1); papavero della

California (1); ginestrino (1); maggiorana (1); tiglio (1-3-4); passiflora (1); valeriana (1-2-3-4).

Vedi anche Spasmofilia.

Anoressia Perdita o diminuzione dell'appetito.

• Terapie consigliate
Assenzio (1); calamo aromatico (2); enula officinale (1); camedrio alpino (1); fieno greco (1); genepì (1); ginepro (7); genziana (3); luppolo (1); imperatoria (1); origano (1); acetosa (3); veronica officinale (1).

Vedi anche Appetito.

Antalgica È detta antalgica una pianta che combatte il dolore. Così il frassino e il papavero sonnifero (rischio di tossicomania).

Vedi Dolore; Nevralgia.

Antianemica È detta antianemica una pianta che combatte l'anemia. Così la barbabietola, lo spinacio e la pazienza.

Vedi Anemia.

Antiemetica È detta antiemetica la pianta che combatte il vomito. Così acoro odoroso, basilico e verbena.

Vedi Vomito.

Antilitiasica È detta antilitiasica la pianta che contrasta la formazione di calcoli renali o biliari. Così il crespino (contro i calcoli urinari) e il tarassaco (contro i calcoli biliari).
Le piante antilitiasiche sono molto numerose.

Vedi Litiasi.

Antinevralgica È detta antinevralgica la pianta che attenua il dolore che colpisce un nervo sensitivo (esempio: nevralgia facciale, quando il dolore si diffonde lungo il nervo facciale). Le piante antinevralgiche generalmente sono tossiche. È il caso dell'aconito, dell'anemone, del giusquiamo (il cui uso è riservato al medico). Tutte queste piante possono essere prescritte solo dal medico fitoterapeuta.

Vedi Dolore; Nevralgia.

Antinfiammatoria È detta antinfiammatoria una pianta che combatte l'infiammazione. Così l'assenzio, l'achillea, l'arnica, la camomilla, la calendula e altre.

Antipiretica È detta antipiretica o febbrifuga una pianta che combatte la febbre. Così la borragine, il salice bianco, l'equiseto, la regina dei prati, la salvia e altre.

Vedi Febbre.

Antiscorbutica È detta antiscorbutica la pianta che combatte lo scorbuto. Così il ribes nero, il limone e la rosa canina.

Vedi Scorbuto.

Antisettica È detta antisettica una pianta che distrugge i germi.
Queste piante hanno un potere disinfettante specifico su ogni apparato.

Piante antisettiche respiratorie: cipresso, eucalipto, pino, trementina.

Vedi Trementina; Disinfezione.

Piante antisettiche urinarie: corbezzolo, uva orsina, mirto.

Piante antisettiche intestinali: bistorta, mirtillo, lievito di birra.

Antispastica Una pianta antispastica combatte lo spasmo doloroso. Così la fumaria, il ginestrino, la maggiorana, l'origano, la passiflora e il tiglio.

Vedi Spasmo.

Antisudorifera È detta antisudorifera una pianta che combatte la traspirazione o la sudorazione. Così la betulla, l'equiseto e la salvia.

Vedi Traspirazione; Sudorazione; Deodorante.

Antitosse È detta antitosse la pianta che combatte la tosse. Così il lichene d'Islanda.

Vedi Tosse.

Antitumorale È chiamata antitumorale la pianta che riesce a contrastare la proliferazione delle cellule, azione questa particolarmente utile nel trattamento di alcune forme di tumore.
Le piante antitumorali sono oggetto di ricerche di laboratorio ed è bene sapere che in nessun caso esse possono essere utilizzate a scopo terapeutico sull'uomo se non sono state preventivamente sottoposte a tutte le prove di efficacia e di non tossicità.
In altre parole non si può curare il cancro con la fitoterapia domestica e ancor meno con l'autoterapia.
Le piante antitumorali, dunque anticancerose, sono perfettamente note agli specialisti.
Non si può pensare che ne esista qualcuna di miracolosa, sconosciuta agli oncologi.
In nessun caso, quindi, si dovrà rifiutare un trattamento già sperimentato per sottoporsi a un altro, che non sia rigorosamente scientifico, propagandato dai 'venditori di speranza'.

Antiulcerosa delle gambe Si chiama antiulcerosa delle gambe la pianta che previene o cura le ulcere varicose (o ulcere delle gambe). Così ginkgo, amamelide e vite.

Vedi Ulcera.

Antiulcerosa gastrica Esistono delle piante che hanno il potere di prevenire la formazione di ulcere dello stomaco e del duodeno. Così il cavolo, la lavanda, la matricaria e la liquirizia (non abusarne).

Vedi Stomaco; Ulcera del duodeno.

Antivirale È detta antivirale la pianta che ha la proprietà di neutralizzare alcuni virus. Così l'issopo, la maggiorana, la melissa, la menta piperita, il serpillo e la calendula. Recentemente sono state scoperte altre piante con proprietà antivirali, ma il loro uso è per ora vietato. Così la mordigallina, l'uva americana e la ruta. Le attuali ricerche fanno ben sperare per il trattamento delle malattie virali.

Antrace Gruppi di foruncoli. Il trattamento è di competenza medica.

Vedi Ascesso caldo; Foruncolosi.

Anuria Arresto della funzione escretrice dei reni. È urgente l'intervento del medico.

Vedi Oliguria (diminuzione della diuresi); Ritenzione di urina.

Aperitiva Una pianta che stimola l'appetito è detta pianta-aperitiva. Così l'assenzio, la centaurea minore e la genziana.

Vedi Appetito; Anoressia.

Appetito

- Terapie consigliate

Per stimolare l'appetito (piante-aperitive): assenzio (1); achillea (3); alkekengi (2); camomilla romana (1); centaurea minore (1); cardo benedetto (1); genziana (3); camedrio alpino (1); marrubio bianco (1). In cure di 20 giorni, alternate con 20 giorni di pausa.
Miscela specifica: far macerare per 10 giorni, in 1 l di vino rosso, 50 g di foglie secche di pervinca e 20 g di fiori di camomilla romana. Passare. Conservare in una bottiglia tappata. Berne un bicchiere prima di ciascun pasto.

Per combattere l'anoressia: calamo aromatico (2); enula officinale (1); fieno greco (1); genepì (1); genziana (3); luppolo (1); imperatoria (1); origano (1); acetosa (3); veronica officinale (1). In cure di 20 giorni alternate a 20 giorni di pausa.

Per diminuire l'appetito: valeriana (4).
Certe alghe ricche di mucillagine (laminarie) gonfiandosi nello stomaco, sopprimono la sensazione di fame.

Vedi anche Anoressia; Bulimia.

Aromaterapia L'aromaterapia è una particolare cura che consiste nell'utilizzare gli oli essenziali delle piante per combattere alcune malattie.
Il termine viene da: *aroma*, 'aroma, profumo di piante' e da *therapeuein*, 'curare'; quindi 'curare con gli aromi o gli oli essenziali'.
L'aromaterapia è una branca della fitoterapia. Essa è però riservata al corpo medico: infatti non si deve praticare l'autoterapia con oli essenziali per parecchie ragioni; possono scatenare crisi di allergia (per esempio aggravare un'asma), possono essere, in certe dosi, tossici e sono estremamente attivi.
Gli oli essenziali sono dei veri e propri farmaci, il loro uso deve essere riservato ai medici e la loro diffusione commerciale limitata all'ambiente farmaceutico. Tuttavia se ne può fare uso esterno: così la lavanda, deterpenata, nel trattamento delle screpolature.

Vedi anche Oli essenziali; Aromatogramma.

Aromatica È chiamata aromatica la pianta ricca di oli essenziali, che sono molto profumati.
Le piante aromatiche, come l'origano di Spagna, il rosmarino, il timo, sono utilizzate in aromaterapia.

Vedi anche Aromaterapia; Oli essenziali.

Aromatizzante Una pianta è detta aromatizzante se è utilizzata per il suo gusto gradevole. Così il ciliegio, il limone, il dragoncello, il rosmarino, il timo, l'arancio amaro (*Citrus aurantium amara*) e l'arancio dolce (*Citrus aurantium dulcis*).

Aromatogramma Esame di laboratorio che consiste nel mettere in contatto i germi e gli oli essenziali, per riconoscere, fra questi ultimi, quelli che sono in grado di distruggerli.
Come principio l'aromatogramma è paragonabile all'antibiogramma e la sua importanza nel trattamento delle malattie infettive è fondamentale.
Prendiamo, per esempio, una cistite da colibacilli resistente ai consueti trattamenti. L'aromatogramma è in grado, una volta riconosciuto il colibacillo, di metterlo via via in presenza di un certo numero di oli essenziali finché si riesce a identificare quello capace di distruggerlo.
L'aromatogramma può essere richiesto in tutti i casi di malattie infettive (bronchite, dermatosi infetta, eccetera). Spesso permette di evitare gli antibiotici i quali restano comunque insostituibili in molti casi infettivi.

Vedi anche Aromaterapia.

Arterie Alcune piante sono benefiche per il sistema arterioso e contribuiscono a mantenerlo efficiente.

- Terapie consigliate

Aglio (1); ribes nero (1); fumaria (1); tarassaco (3); regina dei prati (1); sambuco nero (1).

Vedi anche Arteriosclerosi.

Arteriosclerosi Malattia degenerativa del tessuto connettivo ed endoteliale che colpisce soprattutto l'apparato circolatorio (arterie) e può far insorgere arteriti e infarto del miocardio.
L'arteriosclerosi è una malattia che richiede un attento controllo medico.

- Terapie consigliate

Le piante che possono combattere queste affezioni sono molto numerose, ma il loro uso è di stretta competenza medica. Nei casi di arteriosclerosi si sconsiglia qualsiasi forma di autoterapia.

Fitoterapia alimentare: consumare oli di mais, di germi di grano, di girasole, di soia, di cartamo, e di papavero, evitando però la loro cottura. Abolire i grassi di origine animale. Fare invece largo consumo di aglio, cipolla, crescione, tarassaco (in insalata o cotto), carciofi, melanzane, e condire tutte le insalate con succo di limone (adottarlo anche come bevanda). Le cure di succo d'uva sono controindicate.

Vedi anche Colesterolo; Oli alimentari.

Artrite Infiammazione acuta o cronica di una o più articolazioni. Richiede il controllo del medico.

• Terapie consigliate
Serpillo (4).

Vedi anche Poliartrite reumatoide.

Artritismo Raggruppiamo sotto questa denominazione alcune malattie di base, fra le quali la gotta, il diabete, l'obesità, i calcoli renali, l'emicrania e alcune malattie della pelle.
Poiché solo la diagnostica medica può individuare un quadro di artritismo, il trattamento fitoterapico, se esiste, può essere praticato solo dal medico.

Artrosi Malattia degenerativa delle articolazioni e del tessuto osseo circostante. La fitoterapia dà rapidamente dei risultati se associata a oligoelementi. Grazie all'*Harpagophitum procumbens* (pianta chiamata comunemente 'artiglio del diavolo') i risultati in caso di malattia artrosica sono positivi, a condizione, tuttavia, che il trattamento sia praticato da un medico molto esperto di fitoterapia. Ne distinguiamo diverse localizzazioni.

Artrosi cervicale
Essa provoca vertigini in caso di movimenti bruschi del capo, dolori alla nuca che si irradiano verso la sommità del cranio, emicranie frontali, intorpidimento delle mani e delle dita.
Tutti questi sintomi sono aggravati dai cambiamenti di tempo e dall'umidità.

Artrosi dorsale e lombare
Queste forme colpiscono soprattutto le persone anziane e i bambini che presentano scoliosi e cifosi.

Artrosi dell'anca
La fitoterapia dà buoni risultati se in associazione con estratti di cartilagini e oligoelementi. Ma, sia chiaro, solo un medico può operare tale trattamento.

Artrosi delle mani
Se esistono già delle deformazioni (esuberanze ossee in forma di piccola palla ai lati dell'articolazione delle dita) esse sono irreversibili. Tuttavia la fitoterapia può dare buoni risultati nell'artrosi della base del pollice.

Artrosi del ginocchio
Si riscontra spesso questa forma di artrosi nelle donne obese che hanno una cattiva circolazione venosa.
Anche in questi casi la fitoterapia ottiene dei buoni risultati, purché si tenga nel dovuto conto la statica delle gambe; infatti spesso si riscontra in queste pazienti un ginocchio 'valgo' (che si piega all'interno facendo sì che, in posizione di 'attenti', i piedi restino distanti l'uno dall'altro).

Artrosi dei piedi
L'adozione di suole ortopediche, associata alla fitoterapia e agli oligoelementi, dà ottimi risultati.

Per concludere: l'artrosi può essere curata con la fitoterapia alla condizione tassativa che il trattamento sia condotto da un medico esperto di fitoterapia e di oligoelementi.

Vedi Reumatismi.

Ascesso caldo Raccolta di pus, localizzata, accompagnata da segni di infiammazione (rossore, calore, dolore).

• Terapie consigliate
Per far maturare l'ascesso: cataplasma di foglie di cavolo preventivamente schiacciate con l'aiuto di un matterello. Cambiare le foglie ogni 3 ore; cavolo (3).

Per cicatrizzare: un'applicazione di due gocce di olio essenziale di lavanda al mattino e alla sera. Bendaggio sterile. In alternativa, far bollire 60 g di radici di artiglio del diavolo in mezzo litro d'acqua per 20 minuti. Lasciar macerare 2 ore. Applicare con impacco sterile da rinnovare due volte al giorno.

Per curare: enula (3); bardana (6); cipolla (5); lino (4); fieno greco (3); malva (6), impacchi da cambiare ogni 2 ore; altea (3), impacchi da cambiare ogni 2 ore; calendula (4); tussilagine (2), impacchi da cambiare ogni 2 ore.

Ascesso freddo Raccolta di pus, per lo più di origine tubercolotica. È necessaria una terapeutica di base con attento controllo medico.

Asma Squilibrio generale dell'organismo che si manifesta con crisi di soffocamento, soprattutto notturne. Evidentemente si deve prendere in considerazione solo un trattamento medico. Sconsigliamo vivamente l'autoterapia con le piante perché gravi complicazioni allergiche (edema delle vie respiratorie) sono state riscontrate in malati che ingerivano o inalavano preparati vegetali ai quali erano allergici. È sconsigliabile agli asmatici inalare oli essenziali senza il controllo del medico. Solo un esperto può gestire il trattamento dell'asma con la fitoterapia.

• Terapie consigliate
Tasso barbasso (1); cappuccina (2); grindelia (1); issopo (1); imperatoria (1).

Assorbente È detta assorbente la pianta che assorbe i gas intestinali o i liquidi delle piaghe. Per esempio il pioppo nero il cui carbone è un ottimo assorbente di gas intestinali.

Vedi anche Meteorismo; Bruciature.

Astenia Sensazione di stanchezza che può andare dalla semplice stanchezza fisica (astenia allo sforzo) fino alla psicastenia (astenia fisica e psichica). Un'astenia persistente esige assolutamente un consulto medico perché può essere sintomo di una malattia grave (diabete, cancro, eccetera). Ritroviamo questo sintomo anche nella spasmofilia. Una volta fatta la diagnosi da parte di un medico e iniziato il trattamento, si può ottenere un miglioramento di base con la fitoterapia e con bagni e frizioni a base di essenze vegetali.

• Terapie consigliate
Angelica (polvere di radici); sedano (3); erba benedetta (1-2); calaminta (4); fieno greco (polvere di semente); fumaria (2); genepì (1); camedrio (1); genziana (1); alloro (1); maggiorana (1); rosmarino (1); santoreggia (1); salvia (1); serpillo (2-5); timo (1).

Fitoterapia alimentare
L'alimentazione ha un ruolo molto importante nella prevenzione e nel trattamento della stanchezza.
La miglior fitoterapia che ci permette di combatterla è basata sull'alimentazione; consigliamo di consumare carote, cavolo, cipolla cruda, spinaci, albicocche, mandorle, fichi, fragole.
Si consigliano inoltre piante ricche di vitamina C: rafano, crescione, lamponi, ribes nero, rosa canina (il cui frutto, liscio, rosso e polposo, il cinorrodo, contiene fino a 800 mg di vitamina C ogni 100 g), il pompelmo (90 mg di vitamina C ogni 100 g), il limone (60 mg di vitamina C ogni 100 g).

Astringente È detta astringente una pianta che diminuisce le secrezioni delle mucose intestinali o bronchiali o che restringe i tessuti e i vasi sanguigni.
Le piante astringenti sono dunque antidiarroiche (poiché diminuiscono le secrezioni) e antiemorragiche (perché restringono i vasi). Così l'ontano, l'amamelide, l'iperico, il noce, l'ortica, eccetera.

Vedi Circolazione; Diarrea; Emorragia.

Ateroma Degenerazione della parete interna delle arterie, dovuta per lo più a un eccesso di colesterolo.
L'ateroma può essere curato solo nell'ambito di una terapeutica specialistica. L'autoterapia è assolutamente impensabile.

Vedi Arteriosclerosi; Colesterolo.

Avvelenamento Le piante medicinali non sono innocue. Sono frequenti, per esempio, i casi di avvelenamento con oli essenziali.
Si raccomanda quindi di essere molto cauti nell'uso di queste essenze e di attenersi, per il loro dosaggio, alle prescrizioni del medico. Si conoscono casi di coma dovuti all'essenza di salvia e di epilessia dovuti all'issopo.

B

Bagni La balneoterapia (utilizzazione a scopi terapeutici di bagni locali o generali) è molto praticata in fitoterapia e soprattutto in aromaterapia. I principi attivi delle piante penetrano facilmente attraverso la pelle e l'aromaterapia percutanea fa parte dei trattamenti a base di piante medicinali.
I bagni possono essere generali o locali (semicupi per il trattamento delle emorroidi, bagni alle mani o ai piedi).
Per i bagni a immersione totale è necessario usare alcune precauzioni e osservare regole precise.

Ruolo della temperatura dell'acqua
Vi è una tendenza generale a fare bagni piuttosto caldi, al di sopra dei 35 °C. È necessario però sapere che, a questa temperatura e, a maggior ragione, al di sopra di essa, si creano una vasodilatazione periferica e una vasocostrizione centrale.
In altre parole, ciò significa che tutti i vasi situati alla periferia del corpo (per esempio le arterie delle membra) hanno tendenza a dilatarsi: il risultato immediato è una caduta improvvisa della tensione arteriosa, accompagnata da una diminuzione della circolazione a livello degli organi interni e soprattutto del cuore. Questa mancanza di vascolarizzazione delle viscere può portare a incidenti come l'infarto del miocardio o ad un'insufficienza della circolazione sanguigna cerebrale, caratterizzata da vertigini e perfino da perdita di conoscenza.
Si deve, quindi, insistere sul ruolo della temperatura dell'acqua in balneoterapia e raccomandare molta prudenza.

Durata del bagno
Essa è in funzione della temperatura. Sotto i 30 °C la durata ha poca importanza. Al di là dei 33-35 °C si sconsiglia formalmente, soprattutto nei soggetti ipotesi o ipertesi, di prolungare un bagno oltre i 15 minuti. Per concludere: un bagno caldo a base di piante esige precauzioni e attenta sorveglianza.

Come utilizzare le piante
Sono molto numerose le essenze vegetali in commercio, ma non tutte sono di buona qualità. Il paziente deve quindi farsi consigliare da persone oneste e competenti. L'aromaterapia (cura delle malattie mediante essenze vegetali) può avvalersi dell'autoterapia, ma, sia ben chiaro, di autoterapia limitata alla balneoterapia, vale a dire l'uso di essenze vegetali per i bagni.
Qualsiasi altro tipo di utilizzazione delle essenze è strettamente riservato al medico.
Per i bagni di piante intere bisogna prima preparare la soluzione a base vegetale. Generalmente si procede così: 5 l di acqua bollente ogni 500 g di pianta per l'adulto e ogni 250 g per il bambino. Lasciare in infusione per 15 minuti in un recipiente coperto, poi versare nell'acqua del bagno.

Varietà di bagni
Tutte le piante citate in questo manuale possono essere utilizzate in balneoterapia. Ci accontenteremo di citare qui le principali, elencate secondo la loro funzione.

• Terapie consigliate
Bagno tonico: calluna, rosmarino, salvia, serpillo, timo.

Bagno calmante: biancospino, camomilla, angelica, lavanda, maggiorana, malva, melissa, noce, origano, tiglio, valeriana.

Bagno dimagrante e anticellulite: edera rampicante, regina dei prati, salice bianco, quercia marina.

Per attivare la circolazione arteriosa: bagni piuttosto caldi alle membra inferiori con cipresso, lavanda, rosmarino, salvia, timo.

Per attivare la circolazione venosa: poiché l'azione del calore sul sistema venoso è dannosa, l'effetto benefico della fitoterapia è annullato dalla temperatura dell'acqua. In compenso consigliamo di frizionare le membra inferiori con una soluzione molto concentrata, ottenuta da una infusione di 500 g in 2 l di acqua bollente di una delle seguenti piante: achillea, amamelide, castagno d'India, vite; oppure di oli essenziali di: cipresso, lavanda, rosmarino, salvia, timo. Raccomandiamo di praticare, dopo la penetrazione del preparato, una doccia fredda alle membra inferiori (di preferenza lontano dalla digestione, per esempio prima di cena).

Bagno di trattamento della pelle
— *emolliente*: bagno di crusca, 3 kg di avena chiusi in

un sacco di garza (può servire per 3 bagni), da lasciar macerare per 15 minuti sul fondo di una vaschetta riempita di acqua bollente;
— *deodorante*: salvia, corteccia di quercia (pediluvio);
— *antisudorifera*: salvia (pediluvio);
— *antiacne*: bardana, calluna, lavanda, viola selvatica, saponaria.

Balsamica È detta balsamica una pianta che contiene balsami benefici per i polmoni e i bronchi. Così l'eucalipto, l'issopo e il pino.

Blefarite Infiammazione del bordo delle palpebre che richiede la consultazione di un medico poiché facilmente diventa cronica.

• Terapie consigliate
Fiordaliso, camomilla, eufrasia, meliloto, rosa.

Vedi Occhi; Congiuntivite.

Bocca La bocca, che è un ambiente estremamente settico ed è il 'paradiso dei microbi', è la sede elettiva di numerose malattie microbiche, virali o micotiche (dovute a microscopici funghi).
Le piante medicinali hanno un energico potere disinfettante e gli sciacqui della cavità orale sono particolarmente raccomandati.

• Terapie consigliate
Ontano (1-2); eucalipto (1); malva (1); mirtillo; liquirizia (4), uso prolungato soltanto sotto controllo medico.

In caso di ulcerazione della mucosa orale: fare dei tamponamenti con un 'cotton-fioc' imbevuto di olio essenziale di lavanda deterpenata (non ingerire).

Vedi anche Afta.

Brivido

Brivido dovuto alla febbre
Vedi Febbre.

Brivido dovuto a uno shock emotivo
Vedi Angoscia.

Brivido dovuto a un raffreddamento
Vedi Bagno; Freddolosità.

Bronchite Infiammazione dei bronchi di origine infettiva o allergica che può essere di tipo acuto (bronchite di stagione) o cronico. Il trattamento spetta al medico e all'aromaterapia, poiché sotto controllo le essenze vegetali danno ottimi risultati.
Possiamo integrare vantaggiosamente il trattamento medico con l'assunzione di numerose tisane.

• Terapie consigliate
Cardiaca (3); alliaria (1); capelvenere (1); cappuccina (1-2); cerfoglio (1); eucalipto (1); finocchio selvatico (2); galeopsis (1-2); issopo (5); edera terrestre (1); malva (3); mirto (1); pino silvestre (3); poligala amara (2); rafano (3); santoreggia (2); scabiosa (2); serpillo (1); sambuco nero (5); tussilagine (1).

Brucellosi Malattia infettiva con febbre persistente dovuta al germe patogeno *Brucella*. Si contrae venendo a contatto con animali da fattoria o con i loro prodotti (latte, formaggio, eccetera). Il suo trattamento si basa sugli antibiotici; si possono tuttavia segnalare dei buoni risultati ottenuti con la pilosella, usata sotto controllo medico.

Bruciori di stomaco

• Terapie consigliate
Anice (2); calamo aromatico (1); angelica (5); bacche di ginepro (1); basilico (2); camomilla romana (2), una tazza prima di ogni pasto; menta (1), due tazze al giorno dopo i pasti; consolida maggiore (2); equiseto (2), due tazze al giorno prima dei pasti; liquirizia (2), tre tazze al giorno in cure intermittenti; salvia (3), due tazze al giorno. Nei casi in cui non è specificato altrimenti, assumere dopo i due pasti principali.
Carbone di pioppo: due cucchiaini da caffè in mezzo bicchiere d'acqua dopo i tre pasti.
Argilla alimentare verde: un cucchiaino da caffè in 300 cc di acqua. Preparare la sera precedente e lasciar riposare. Bere l'acqua argillosa in dosi di 100 cc ai tre pasti.

Assunzioni prolungate solo sotto controllo medico.
In caso di persistenza dei bruciori consultare il medico.

Vedi anche Stomaco.

Bulimia Sensazione imperiosa di fame che spinge ad assumere una quantità esagerata di alimenti.
Per lo più si tratta di 'fame nervosa', che si può osservare soprattutto nella donna, particolarmente nella seconda parte del ciclo mestruale. Si tratta di una disfunzione del sistema neuro-vegetativo.
Un trattamento medico mirante a riequilibrare il sistema nervoso si rende necessario ancor prima di un regime alimentare, poiché la bulimia si riscontra presso molte donne spasmofiliche, ansiose e ipereccitabili.

• Terapie consigliate
In attesa di iniziare la cura medica: quercia marina (3-4); valeriana (4). Pomodoro: contiene un 'ammazza-fame', se bevuto come succo centrifugato mezz'ora prima dei pasti principali.
Vedi anche Appetito.

C

Caffè (abuso di) L'abuso di caffè è all'origine di un notevole numero di disturbi nervosi (angosce, palpitazioni, tremori, insonnia, diarrea nervosa, gastrite e colite nervosa). Il caffè a forti dosi è un veleno per il sistema neuro-vegetativo; esso aggrava tutti i sintomi della spasmofilia e delle malattie del sistema nervoso.

Vedi Spasmofilia.

Calcio Elemento indispensabile alla vita, il calcio costituisce il 'cemento' delle ossa. Le piante capaci di remineralizzare, siano esse medicinali o alimentari, sono molto numerose: albicocco, mandorlo, avocado, carota, ribes, sedano, castagno, cicoria, cavolo di Bruxelles, cocomero, crescione, indivia, fico, lampone, fagiolo secco, lenticchia, melone, nocciola, noce, cipolla, olivo, pero, patata, rapanello, soia, tapioca, pomodoro.
E anche... polline.

Vedi anche Demineralizzazione; Osteoporosi.

Calli e duroni Ispessimenti della pelle su superfici molto piccole, doloranti alla pressione.

• Terapie consigliate
La tradizione popolare conosce numerose piante medicinali efficaci, grazie ai loro succhi, contro i calli e i duroni. Ma è necessario usare molta cautela, perché la maggior parte di esse, essendo tossiche e corrosive, rischiano di far più male che bene, soprattutto se il preparato raggiunge le zone sane circostanti.
Quindi consigliamo di proteggere bene la superficie cutanea che circonda i calli e i duroni, di lavare bene le mani dopo aver manipolato il preparato e di conservare quest'ultimo fuori dalla portata dei bambini.
Succo fresco di: celidonia, colchico, drosera, barba di Giove, giglio, timo: da applicare tre volte al giorno, con bendaggio accurato, dopo aver preventivamente protetto (ad esempio con cerotto) la pelle sana circostante.
Calendula (4-5); edera rampicante (8).

Callosità Ispessimento dello strato corneo del derma, dovuto a sfregamento ripetuto.

• Terapie consigliate
Applicare due volte al giorno, solo sulla parte interessata, del succo fresco di celidonia.

Vedi anche Calli e duroni.

Candidosi Infezione dovuta a un fungo microscopico (*Candida albicans*) che può svilupparsi ovunque a livello della pelle, delle unghie, delle mucose della bocca e dei bronchi, ma soprattutto nella regione vaginale.
Gli oli essenziali, preventivamente sottoposti a prove di laboratorio, danno buoni risultati, ma soltanto il medico può dirigere tale trattamento.

Vedi Oli essenziali.

Capelli La fitoterapia trova larghissima applicazione nel settore dell'igiene dei capelli. Le piante utilizzabili allo scopo sono così tante che è impossibile citarle tutte.

• Terapie consigliate
Igiene quotidiana dei capelli: shampoo, lavaggio, trattamento con piante ricche di saponine (sostanze che producono schiuma).
Saponaria: porre 100 g di pianta intera seccata in 1 l di acqua bollente; lasciare in infusione 20 minuti; filtrare con cura. Usare per massaggiare a fondo la radice dei capelli e procedere poi al lavaggio.
Arnica: fare un decotto di 15 g di fiori secchi in mezzo litro d'acqua; usare per il risciacquo dopo lo shampoo.
Eucalipto (1); betulla (8), da usare per il risciacquo dopo lo shampoo.

Contro la caduta dei capelli: achillea (7); bardana (7); basilico (6); cappuccina (4); centaurea minore (2).

E anche: timo e rosmarino: fare un decotto di 100 g di ogni pianta seccata in 1 l di acqua bollente; far bollire 15 minuti; filtrare e usare come frizione alla sera al momento di coricarsi. Non risciacquare.
Crescione acquatico: utilizzarne il succo fresco per frizioni quotidiane.
Noce: mettere 100 g di germogli freschi in 150 g di olio di oliva; fare cuocere a bagno maria per un'ora; passare

poi il tutto nel frullatore. Usare per frizionare quotidianamente il cuoio capelluto la sera prima di coricarsi (è bene indossare un copricapo per proteggere la biancheria da letto).

Per tonificare la capigliatura: salvia (4): una frizione tutte le sere al momento di coricarsi.
Genziana gialla: fare un decotto di 50 g di radici essiccate in 1 l d'acqua. Mettere a bollire 20 minuti; filtrare. Adoperare per frizionare il cuoio capelluto tutte le sere prima di coricarsi. Non risciacquare.
Rabarbaro officinale: fare un decotto di 80 g di rizomi in 1 l d'acqua. Far bollire 30 minuti. Adoperare per frizioni da fare tutte le sere al momento di coricarsi. Non risciacquare.

Per combattere la forfora: capelvenere (2); olio di Cade, castagno (2); quercia (5).

Per schiarire i capelli: matricaria, fare un decotto di 150 g di fiori secchi in 1 l d'acqua. Bollire per 15 minuti, filtrare. Usare dopo lo shampoo come risciacquo finale.

Capoparto Riapparizione delle mestruazioni dopo il parto, generalmente dopo sei settimane, se la madre non allatta.

• Terapie consigliate
Per favorirne la ripresa: artemisia (3).

Carbone vegetale I carboni utilizzati in fitoterapia sono ricavati da alcune varietà di pioppo.
I carboni impediscono la formazione di gas ed evitano le fermentazioni intestinali.

Vedi Aerocolia.

Cardiotonica Sono dette cardiotoniche le piante che migliorano la funzione cardiaca. La maggior parte di esse può essere prescritta soltanto dal medico. Così l'adonide di primavera (*Adonis vernalis*), la digitale purpurea (*Digitalis purpurea*), il mughetto (*Convallaria maialis*) e la scilla (*Urginea scilla*).

Vedi Extrasistole; Nevrosi cardiaca; Palpitazioni.

Carie dentaria Alcune piante sono in grado di prevenire la carie dentaria, in particolare l'alliaria officinale e l'equiseto.

• Terapie consigliate
Alliaria officinale: masticarne le foglie fresche.
Chiodi di garofano: in attesa del dentista, introdurre un chiodo di garofano nella cavità del dente cariato.
Equiseto: 1 g di polvere, mescolata a un cucchiaino da dessert di miele, al mattino e alla sera in cure di 20 giorni alternate con 2 mesi di pausa.

Vedi anche Denti; Cure dentarie.

Carminativa Le piante carminative favoriscono l'evacuazione dei gas intestinali, conseguenti generalmente a spasmi del colon.

• Terapie consigliate
Assenzio (2); angelica (1); anice (1-2); cumino dei prati (2); coriandolo (1); cumino (2); issopo (1); matricaria (5); menta (5).
Aneto odoroso: infusione di 30 g di semi in una tazza di acqua bollente dopo i due pasti principali.
Dragoncello: infusione di 20 g di dragoncello fresco in una tazza di acqua bollente dopo i due pasti principali (per non più di 6 giorni consecutivi).

Carnagione Alcune piante possono avere benefico effetto sulla carnagione.

• Terapie consigliate
Sedano; bardana (1-3-7); betulla (6); borragine (3); camomilla romana (7); carota; cerfoglio (3); cicoria (2); consolida maggiore (2); crescione; fumaria (4); altea (5); issopo (4); acetosa (1-2); viola selvatica (1); tarassaco (4); salsapariglia (3); scabiosa (4); tiglio (1-3).

Vedi anche Abbronzatura.

Cataratta Opacità del cristallino che provoca disturbi della visione. Questa affezione, che solitamente si contrae invecchiando (cataratta senile), può anche manifestarsi in seguito a un trauma (contusione, shock, ferita).

La spasmofilia predispone a questo disturbo. L'assunzione regolare di magnesio può prevenire il suo insorgere, soprattutto se il soggetto è spasmofilico.
In fitoterapia si consiglia un'alimentazione ricca di vitamina C e cure a base di equiseto.
È necessario un accurato controllo da parte di uno specialista per correggere una eventuale predisposizione.

Catrame vegetale Questi catrami sono ottenuti per distillazione dal tronco o dalle radici di alcuni vegetali. Per esempio il catrame di Cade è attivo contro la seborrea della pelle e del cuoio capelluto.

Cefalea Termine scientifico per indicare il mal di testa, qualunque ne sia l'origine.
Il trattamento delle cefalee spetta al medico; l'esame clinico è indispensabile per stabilirne le cause, alcune delle quali possono essere gravi.
Tuttavia, oltre alle analisi e alla cura, possiamo consigliare numerosi preparati vegetali.

• Terapie consigliate
Per uso esterno: applicazioni di oli essenziali di menta e di lavanda. Cataplasmi di asperula odorosa fresca: schiacciare la pianta, avvolgerla in una garza e applicare per 2 ore sulla fronte.

Per uso interno: erba benedetta (3); camomilla romana (4); maggiorana (4); matricaria (1); menta (1); verbena (2).

E anche: provocare lo starnuto con l'aiuto di una miscela di foglie secche di asaro, di basilico, di mughetto e di rizomi secchi di iris di Firenze, precedentemente ridotti in polvere finissima (se necessario ricorrere al frullatore). Adoperare come polvere da fiuto. Questa cura non è adatta ai bambini.

Vedi anche Emicrania.

Cellulite Termine improprio per definire una sgradevole infiammazione del tessuto cellulare che si sviluppa soprattutto a livello delle cosce ('calzoni da cavallo'), ma anche altrove.
La cellulite colpisce soprattutto le donne ansiose, stitiche. Il terreno è spesso iperfollicolinico: ossia vi è una eccessiva secrezione di follicolina dopo l'ovulazione e prima del ciclo mestruale. Questo è, infatti, un periodo caratterizzato da ritenzione idrica e aumento di peso.
La cellulite non è un'affezione grave, purché non sia causa di squilibri psichici. Essa può essere curata con l'autoterapia mediante piante medicinali.

• Terapie consigliate
Per uso interno
Per placare l'angoscia e l'eccessivo nervosismo: cardiaca (2), due volte al giorno; biancospino (1); valeriana (1-2-4).

Per ottenere un'azione diuretica: gramigna (1); pilosella (4).

Per agire sull'adipe: quercia marina (3).

Per agire sulla circolazione: vite (4).

Per depurare: achillea (6); carciofo (1); edera rampicante (3); senecio (1).

Per uso esterno: quercia marina (3); edera rampicante (3); verbena officinale(3).

E anche: consumare mezzo ananas a ciascun pasto in cure di 20 giorni alternate con 20 giorni di pausa.
Bere abbondantemente.

Cellulosa Sostanza contenuta nella membrana delle cellule vegetali che possiede proprietà curative di alcune forme di costipazione.
Gli spinaci contengono molta cellulosa e ciò spiega la loro efficacia in questi casi. Il pino (*Pinus silvestris*) fornisce una cellulosa industriale, alcuni sottoprodotti della quale sono utilizzati nell'industria farmaceutica.

Vedi Costipazione; Crusca.

Cerume (tappi di) Il cerume è una secrezione di colore giallo-bruno e dall'odore caratteristico prodotta dalle ghiandole che rivestono il condotto auditivo esterno.
L'estrazione del tappo di cerume deve essere fatta da uno specialista perché il condotto auditivo esterno è dimora di elezione dello *Stafilococcus aureo* (germe responsabile dei foruncoli).

• Terapie consigliate
In attesa della visita dello specialista, possiamo fare un bagno all'orecchio per cercare di sciogliere il tappo di cerume.
Preparare la miscela seguente: glicerina borata al 50%, 20 g; olio essenziale di origano di Spagna, 2 g; tintura madre di iperico, 7 g. Dopo il bagno all'orecchio collocarvi un fiocco di cotone idrofilo sterile per 24 ore. Evitare le correnti d'aria.
Non fare mai bagni alle orecchie se non si conosce perfettamente la causa del disturbo auditivo.

Cheloide Cicatrice ipertrofica, con sgradevole tendenza alla ricaduta.
Sono da segnalare gli eccellenti risultati ottenuti con applicazioni quotidiane di cipolla alternate con pomata all'eparina (sostanza anticoagulante).

Cicatrizzazione Alcune piaghe, scottature, eruzioni, cicatrizzano con molta difficoltà.

• Terapie consigliate
Si ottengono ottimi risultati facendo dei tamponi mattino e sera con l'aiuto di un'ovatta sterile imbevuta di lavanda deterpenata (particolare molto importante). Generalmente la cicatrizzazione avviene in 8 giorni, ma è sempre meglio consultare il medico poiché può esserci una causa interna che richiede un rimedio energico.
Iperico (3): un'applicazione al mattino e alla sera.
Achillea: cataplasma di foglie fresche schiacciate.

Vedi anche Ferita.

Ciglia (perdita delle) Generalmente se ne scopre la causa soltanto consultando uno specialista.

• Terapie consigliate
Se viene escluso un eventuale fattore allergico, possiamo integrare la cura prescritta facendo, prima di coricarsi, una leggera applicazione sul bordo delle palpebre con la seguente miscela: olio di ricino, 15 g; olio essenziale di lavanda deterpenata, 5 gocce (evitare, se possibile, che penetri nell'occhio).

Circolazione del sangue (disturbi della) I disturbi della circolazione sanguigna richiedono un adeguato trattamento da parte del medico e, di fronte ai rischi che presentano i disturbi di questo tipo, sconsigliamo formalmente l'autoterapia.
La fitoterapia ha numerosi preparati che trattano i disturbi circolatori, ma spetta soltanto al medico la scelta, la guida e la sorveglianza di ogni prescrizione.

• Terapie consigliate
Alcune infusioni o decotti, pur essendo di per sé insufficienti, possono completare il trattamento medico: achillea (1); ribes nero (1); cipresso, soltanto su consiglio del medico; crespino (1), 1 bicchiere da marsala prima dei due pasti principali per 20 giorni al mese; vischio, 15 giorni al mese, di preferenza prima delle mestruazioni; mirtillo; senecio, 15 giorni al mese; vite (4-5).
Fare largo consumo di frutta e verdure ricche di vitamina C: olivello spinoso, ribes nero, limone, crescione, cinorrodo (frutto della rosa canina), lampone, rafano.

Vedi anche Bagni (per attivare la circolazione); Analettica; Intorpidimento delle estremità.

Cirrosi Nome dato a un complesso di malattie che colpiscono il fegato, caratterizzate da una proliferazione del tessuto connettivo epatico e da una degenerazione della cellula epatica.
In altre parole, un fegato cirrotico è un fegato che contiene sempre meno cellule epatiche e sempre più tessuto connettivo fibroso; il risultato di questo processo è l'insufficienza epatica grave.
L'alcolismo può essere la causa di una cirrosi; la malaria e la tubercolosi possono esserne solo in parte responsabili.
Il trattamento della cirrosi spetta esclusivamente al medico; il regime alimentare ha comunque molta importanza nella terapia.

Vedi Alcolismo.

Cistite Infiammazione dolorosa della vescica dovuta, per lo più, a colibacilli. In fitoterapia, soltanto un medico abile nella prescrizione degli oli essenziali può aver ra-

gione di una cistite tenace. Se il trattamento è ben condotto, i risultati sono positivi.
Perciò pensiamo che l'autoterapia, in questo campo, sia una pratica illusoria e rischi di deludere i malati facendoli dubitare dell'efficacia delle piante medicinali. A torto, perché proprio nei casi di cistite cronica da colibacilli la fitoterapia registra i maggiori successi.

• Terapie consigliate
La tradizione riporta numerose piante adatte. Ne citeremo alcune, anche se, e non temiamo di ripeterci, pensiamo che solo il medico fitoterapeuta possa efficacemente curare una cistite con preparati vegetali.
Calluna (2); ononide (1); uva orsina (1); gramigna (1); ginepro (1-2-3-4); altea (1); lamio bianco (2); iperico (2); mirtillo rosso (1); parietaria (2); pino silvestre (4); verga d'oro (1); senecio del Canadà (2).

Attenzione I vini di piante sono particolarmente sconsigliati in caso di cistite, poiché l'alcol è del tutto controindicato in queste circostanze.

Vedi anche Colibacillosi urinaria.

Clorosi Forma di anemia che colpisce principalmente le giovani. Prendere in considerazione solo un trattamento medico.

Vedi Anemia.

Colagoga È detta colagoga la pianta che favorisce le contrazioni della vescicola biliare (cistifellea) e permette l'espulsione della bile e il suo passaggio nell'intestino. Così il crespino, la fumaria, l'iperico, l'ortica, eccetera.

Vedi Fegato; Vescicola biliare.

Colecistite Infiammazione delle vie biliari. Richiede un trattamento medico sollecito ed efficace.

Coleretica È detta coleretica una pianta che stimola la secrezione biliare. Così la lavanda, la melissa, la menta piperita, il rosmarino, eccetera.

Vedi Fegato; Vescicola biliare.

Colesterolo È costituito dai lipidi elaborati in tutto l'organismo. Il tasso di colesterolo nel sangue non è indicativo se preso come valore a sé stante. In effetti la biologia moderna permette di distinguere diversi tipi di colesterolo: i grassi leggeri (HDL: dall'inglese *High Density*, lipoproteine ad alta densità) e quelli pesanti (LDL: dall'inglese *Low Density*, lipoproteine a bassa densità). Proprio questi ultimi, quando si accumulano nelle arterie, sono responsabili delle complicazioni cardiovascolari.
In questi casi l'autoterapia può essere pericolosa, perché una ipercolesterolemia richiede un attento controllo, da parte del medico, del sistema arterioso e del metabolismo.
È possibile, comunque, bere qualche infuso o decotto vegetale.

• Terapie consigliate
Carciofo (3); betulla (1); tarassaco (1).
Per quanto riguarda gli oli essenziali e gli estratti secchi, i cui dosaggi non sono paragonabili a quelli di una semplice tisana, la loro prescrizione è assolutamente riservata al medico.
Importantissimo è, invece, il ruolo della *fitoterapia alimentare*.
È necessario adoperare grassi insaturi di origine vegetale (che fanno abbassare il tasso del colesterolo pesante, HDL): olio di mais, di germi di grano, di girasole, di vinacciolo e di soia, evitando di cuocerli (poiché la cottura li trasforma in olio pesante) e non utilizzare l'olio di arachide. Noi sconsigliamo anche l'olio d'oliva.
Il regime alimentare gioca un ruolo fondamentale: è necessario eliminare o limitare gli alimenti ricchi di grassi saturi: frattaglie (fegato, cervella, animelle...), agnello, montone, vitello, manzo (non abusarne), molluschi, gamberetti e altri crostacei, anguilla, triglia (non abusarne), salmone, aringa, acciuga, burro cotto, burro crudo (tollerati 20 g al giorno), panna, formaggi (tra i quali il gruviera), tuorlo d'uovo, cioccolato e cacao, mandorle, noci, nocciole e castagne.
Consumare invece in abbondanza: carciofi, melanzane, aglio, cipolla, crescione, tarassaco (in insalata), rosmarino.
È bene condire tutte le insalate con il limone; di que-

st'ultimo è importante consumare anche molto succo. Per quanto riguarda le cure a base di succo d'uva, la loro efficacia è ancora da dimostrare, anzi, non bisogna dimenticare che il colesterolo può essere elaborato dall'organismo partendo proprio dagli zuccheri.
Limitare, dunque, tutto ciò che è zuccherato, come torte, marmellate, dolci... e le bevande alcoliche. Possiamo tuttavia permettere, una volta al giorno, un piccolo bicchiere di buon vino (benefico se consumato con moderazione), perché favorisce la produzione di colesterolo 'leggero' (LDL). Infatti la tradizione popolare consigliava i vini di piante per combattere il colesterolo (vino di eupatoria, di rosmarino, di verga d'oro), per fornire la dose d'alcol quotidiana necessaria all'assimilazione dei principi attivi.
Vino di verga d'oro: far macerare per un mese 50 g di fiori freschi in 1 l di vino rosso; berne un bicchierino da marsala come aperitivo in cure di 20 giorni al mese.
Vino di rosmarino: far macerare per 20 giorni 30 g di fiori freschi in 1 l di vino rosso; berne un bicchierino da marsala come aperitivo in cure di 20 giorni al mese.
Vino di eupatoria: far macerare per 20 giorni 40 g di radici fresche finemente sminuzzate in 1 l di vino rosso; berne un bicchierino da marsala come aperitivo in cure di 15 giorni al mese.

Colibacillosi urinaria Infezione acuta o cronica delle vie urinarie da colibacilli.
Tutte le colibacillosi richiedono un trattamento medico.

• Terapie consigliate

Per integrare si può prendere: uva orsina (1), in cure di 20 giorni, alternate con 10 giorni di pausa.

Vedi anche Cistite.

Colica addominale Dolore localizzato in zona addominale (colon), generalmente dovuto a uno spasmo che blocca l'intestino e provoca una dilatazione molto dolorosa. Il caso è da sottoporre con urgenza al medico e non può essere trattato con la fitoterapia.

Vedi Dolore.

Colite cronica Infiammazione cronica dell'intestino crasso che si manifesta spesso nei soggetti particolarmente nervosi e ansiosi. Soltanto un trattamento medico può risolverla.

Collera La collera può avere come conseguenza incidenti gravi (infarto, rottura dei vasi sanguigni), soprattutto in soggetti anziani e ipertesi. Oltre al trattamento medico usare piante sedative.

• Terapie consigliate

Cardiaca (2); angelica (3); biancospino (1); maggiorana (2); marrubio bianco (3); passiflora (1); valeriana (1-3).

Colpo di sole Bruciatura della pelle che non sia stata ben protetta in caso di prolungata esposizione al sole. In caso di febbre e di comparsa di vesciche consultare il medico.

• Terapie consigliate

Per delle semplici reazioni cutanee: edera rampicante (7); iperico (3); calendula (4); sambuco nero (5).
Patata: cataplasma di patata cruda pelata, se possibile finemente sminuzzata.

Vedi anche Scottatura; Abbronzatura.

Comedone Accumulo, in un follicolo pilo-sebaceo, di resti cellulari e sebacei che non possono essere eliminati a causa della chiusura del canale escretore. Il comedone si presenta come un piccolo brufolo bianco sormontato da un punto nero. Tende a infettarsi.

• Terapie consigliate

Come integrazione del trattamento medico: rosa (3), da applicare alla sera al momento di andare a letto; viola selvatica (1).
Piselli: pestare 100 g di piselli secchi, aggiungere progressivamente acqua fino a ottenerne una pasta; applicare come maschera la sera per 30 minuti; sciacquare con acqua di rose.

Congelamento Un congelamento grave (come una scottatura grave, del resto) deve essere sempre esaminato da

un medico per evitare possibili complicazioni.
Un congelamento lieve rientra nella categoria delle screpolature.

Vedi Screpolature; Geloni.

Congiuntivite Infiammazione della congiuntiva dell'occhio (mucosa che lo ricopre) di origine infettiva, allergica o traumatica.
Una congiuntivite acuta richiede sempre la consultazione di un medico, soprattutto perché ha la tendenza a diventare cronica.

• Terapie consigliate
Per i casi più lievi possiamo consigliare bagni oculari o applicazioni di preparati vegetali.
Fiordaliso (1); camomilla romana (6); eufrasia (1-2); meliloto (1).
Noce (decotto): lavare accuratamente in acqua bollita 50 g di foglie fresche, farle bollire per 10 minuti in 1 l d'acqua, filtrare poi attraverso una garza sterile. Applicare un impacco sterile imbevuto di questo preparato per 15 minuti mattina e sera. (In casi di persistenza consultare un medico.)

Vedi anche Occhi; Blefarite.

Contrattura Contrazione dolorosa di un muscolo (o di un gruppo di muscoli) che diviene rigido e dolorante al movimento.
Se la contrattura si manifesta a livello dell'addome si deve consultare con urgenza il medico.

• Terapie consigliate
Per uso esterno: se si tratta di una semplice contrattura da sforzo: maggiorana in decotto; far bollire per 1 minuto 30 g di fiori secchi in 1 l d'acqua; lasciare in infusione 15 minuti. Applicare con impacchi caldi.
Menta: 5 gocce di olio essenziale in leggere frizioni.
Arnica (2); sedano (2); angelica; issopo (2); iperico (2); calendula (3).

Per uso interno: mirto (4).

Vedi anche Stiramento muscolare.

Contusione Lesione provocata da un trauma per lo più meccanico.
Tutte le contusioni, siano esse o no accompagnate da una ferita, devono essere assolutamente sottoposte a esame medico per rilevare eventuali lesioni interne.

• Terapie consigliate
Se la contusione è di lieve entità, possiamo, a integrazione del trattamento medico, utilizzare alcune piante medicinali.

Per uso esterno: sedano (2); angelica; arnica (2); issopo (2); iperico (2); calendula (3).
Cannella e garofano: olio essenziale, 3 gocce di ciascuno, in frizioni delicate.

Per uso interno (come calmanti): cardiaca (1); biancospino (2); passiflora (2); valeriana (1).

Vedi anche Ecchimosi; Stiramento; Contratture.

Convalescenza È un periodo molto delicato, soprattutto se segue a una malattia infettiva, in modo particolare nei bambini. Durante la convalescenza è necessario un attento controllo medico, perché sono sempre possibili recidive e ricadute.

• Terapie consigliate
L'autoterapia fitoterapica può essere praticata solo come integrazione del trattamento medico.
Le piante ad azione tonificante sono molto numerose.
Eupatoria (1); eleuterococco (1); genziana (1); camedrio (1); ginseng (1-2-3-4); lichene d'Islanda (1); mate (1), una tazza mattino e sera per 20 giorni; centocchi (1); pilosella (3); china rossa (1); rosmarino (1); salvia (1); serpillo (2); timo (1).

Per l'adulto: assenzio (1); angelica (3); centaurea minore (3); cardo benedetto (1); salvia (1).

La fitoterapia alimentare: è di fondamentale importanza consumare frutta e verdura ricche di vitamina C, albicocche, mandorle, asparagi crudi grattugiati, carote (succo centrifugato), sedano, crescione, castagne, spinaci, fichi, fragole, uva spina, noci, mele, uva.
Prendere in considerazione anche: lievito di birra, un cuc-

chiaino da caffè, mattina e sera, in cure della durata massima di 20 giorni.
Polline: un cucchiaino da caffè, a digiuno, in cure di 20 giorni.

Vedi anche Astenia; Indolenzimento febbrile.

Convulsioni Reazione nervosa patologica, violenta e rilevante, che si manifesta soprattutto nei bambini. Da sottoporre con urgenza a un medico; lui solo, infatti, può prendere i provvedimenti del caso.

Costipazione L'autoterapia di una costipazione è del tutto inconcepibile poiché, in questo campo, una fitoterapia mal condotta è più dannosa del male stesso.
Le piante medicinali, tuttavia, esercitano efficacemente, contro la costipazione, due tipi di azione.

Azione meccanica, grazie alle mucillagini (prescrizione medica) che trattengono l'acqua, le feci aumentano di volume e provocano il riflesso intestinale che conduce alla loro evacuazione. È il modo migliore per combattere la costipazione.

Azione lassativa e purgativa, alcune piante contengono sostanze chimiche che, irritando la mucosa dell'intestino, lo inducono a secernere del muco che facilita l'espulsione delle feci. Questo, però, è un pessimo metodo. L'irritazione ripetutamente provocata può diventare pericolosa per il colon. L'adozione abituale di piante lassative non soltanto aggrava la costipazione, ma può dare origine a colite cronica. Si deve dunque evitare l'uso prolungato delle seguenti piante medicinali: frangula, cicoria (dannosa soltanto a forti dosi: nessun inconveniente se adottata in sostituzione del caffè), lino, felce dolce, rabarbaro, liquirizia, sena (e altre varietà di cassia).

• Terapie consigliate
La fitoterapia alimentare ottiene già di per sé ottimi risultati:
— le composte di zucca, di fichi, di prugne, da consumare di preferenza il mattino a digiuno o la sera al momento di coricarsi;
— le cure di grano integrale sotto forma di pane semi-integrale (in caso di intolleranza o di dilatazione diminuire le dosi fino a ottenere una azione blanda ed efficace);
— la crusca, da 2 cucchiaini da caffè a 3 cucchiai da minestra al giorno, secondo i soggetti, mescolati a uno yogurt. Anche qui il giusto dosaggio va ricercato caso per caso.
— gli oli, non se ne può fare uso prolungato, visto il pericolo di ipercolesterolemia (eccesso di colesterolo nel sangue): olio di mandorla dolce da uno a tre cucchiai da minestra al giorno; olio di oliva, un cucchiaio da minestra a digiuno; olio di ricino, un cucchiaio da minestra al giorno.
L'alimentazione ha un ruolo fondamentale. In caso di costipazione si deve fare consumo di: melanzana, mandorla, bietola, cardo, zucca, cavolo, spinacio, finocchio, fragola, ribes, cipolla, acetosa, melone, mora, arancio, pesca, pera, mela, patata, prugna, uva, rabarbaro (cure intermittenti), rutabaga, pomodoro e topinambour.
Fare largo consumo di insalate: cicoria selvatica (cure intermittenti), lattuga, tarassaco.
Bere abbondantemente: spesso la costipazione è causata da disidratazione delle feci; la quantità minima consigliata, soprattutto per i soggetti sedentari, è 1 l di acqua minerale al giorno.

L'esercizio fisico, è necessario camminare molto e inoltre far lavorare i muscoli dell'addome mediante flessioni del tronco verso le gambe, praticate partendo dalla posizione supina.
Rieducare l'intestino a scaricarsi regolarmente, in modo da abituarlo a controllare il riflesso di evacuazione. L'impulso non deve mai essere contrastato; se vi si oppone resistenza, esso facilmente non si ripresenta.

La fitoterapia, le seguenti piante medicinali permettono di combattere la costipazione senza controindicazioni, ma possono essere utilizzate esclusivamente sotto controllo medico: gramigna (1); crespino (1); eupatoria (1); rosa (1); serpillo (1); sambuco nero (2).
E anche: polline, da uno a due cucchiaini da caffè al giorno in cure di 2 mesi; psillio (*Plantago psyllicum*) da uno a quattro cucchiaini da caffè di grani, di preferenza a

digiuno, seguiti da due bicchieri d'acqua; segale, decotto di grani, 30 g in 1 l d'acqua: far bollire 15 minuti, una tazza a digiuno, una tazza al momento di coricarsi. Nel trattamento delle costipazioni croniche è sconsigliabile praticare frequentemente clisteri.

Couperose Congestione del volto localizzata prevalentemente sulle guance e sul naso. La couperose è dovuta a una dilatazione dei capillari.
Essa si acuisce in concomitanza con brusche variazioni della temperatura (calura e grandi freddi) e con l'assunzione di bevande alcoliche.

• Terapie consigliate
Il trattamento della couperose spetta al medico. Tuttavia può essere proficuo un trattamento complementare.
Fumaria (3); altea (5); amamelide (3); rosa (3); calendula (4); tiglio (3); vite (4).
Castagna d'India: far bollire, per 15 minuti, 10 marroni finemente tritati in tre quarti di litro d'acqua. Utilizzare per impacchi, due volte al giorno, al mattino e, soprattutto, prima di coricarsi.

Crampi

Crampi allo stomaco
Dolore gastrico, spesso accompagnato da sensazioni di bruciore o di fame.

• Terapie consigliate
Basilico (2); camomilla romana (2), una tazza prima di ogni pasto; maggiorana (1), due tazze al giorno; melissa (3); menta (1), due tazze al giorno; liquirizia (3), tre tazze al giorno; valeriana (4).
In caso di persistenza dei sintomi consultare il medico.

Vedi anche Stomaco.

Crampi alle membra inferiori
Crampi ripetuti possono essere sintomi di arterite o di diabete. Sono necessari una visita medica e un trattamento specifico.

Crampi dello sportivo
Sensazione dolorosa, in corrispondenza di un muscolo, che si manifesta nel corso di uno sforzo muscolare breve e intenso o, al contrario, troppo prolungato.

• Terapie consigliate
Arnica (2); iperico (2); calendula (3).
Frizionare il muscolo dolorante con 3 gocce d'olio essenziale di cannella e 3 gocce di olio essenziale di garofano (chiodi).

Vedi anche Strappo muscolare.

Crescita (difficoltà della) Bambini e adolescenti attraversano talvolta con difficoltà il periodo della crescita. È indispensabile, in tal caso, che siano regolarmente controllati dal medico.

• Terapie consigliate
Fitoterapia alimentare: in aggiunta alle eventuali cure è necessario arricchire l'alimentazione con cereali che apportino ulteriore nutrimento.
Si consigliano: soia (farina o semi), grano (farina completa o grano germogliato), fiocchi d'avena e di orzo.

Vedi anche Astenia.

Crosta lattea Dermatosi del lattante caratterizzata da una eccessiva secrezione di sebo. La crosta si presenta come un ispessimento a placca su una superficie rossastra. È indispensabile un controllo medico per correggere la deficienza vitaminica, il regime alimentare e l'apporto di oligoelementi.

• Terapie consigliate
Contemporaneamente alle cure è necessario asportare le croste strofinando delicatamente con un fiocco di cotone imbevuto di olio di mandorle dolci.
Noci, decotto: mettere 50 g di foglie fresche o secche in 1 l di acqua bollita per 12 minuti; filtrare attraverso una garza sterile. Applicare in impacchi.

Crusca

Crusca di grano
La crusca di grano è un buon regolatore dell'intestino in caso di costipazione. Si può prenderne un cucchiaio

al mattino e alla sera, avendo cura di iniziare con dosi più ridotte da aumentare progressivamente.

Crusca di riso
La crusca di riso è un buon ricostituente perché molto ricca di vitamina B.

Cure di primavera Per la salute di alcune persone la primavera è una stagione difficile.
La fitoterapia è ricca di piante dette 'depurative' che l'organismo a sbarazzarsi dalle tossine accumulate durante l'inverno e ne provocano l'eliminazione attraverso il fegato, i reni, la pelle e gli intestini. Questi organi possono essere considerati veri e propri 'netturbini' dell'organismo e sono chiamati 'emuntori'.
È sempre opportuno che una cura depurativa venga condotta con la guida di uno specialista che sia in grado di scegliere il tipo di pianta in funzione dell'organo su cui deve agire.
Carota (2); asperula odorosa (2); bardana (1-5-7); betulla (1); borragine (3); frassino (2); issopo (3-4); viola (2); saponaria (1); sambuco nero (2); verga d'oro (1).

Vedi anche Drenaggio.

D

Debolezza delle membra inferiori Sensazione di pesantezza delle membra, con diminuzione delle possibilità di movimento.

• Terapie consigliate
Artemisia (2).

Demineralizzazione La demineralizzazione è una affezione che colpisce soprattutto le ossa e i denti, in via accessoria le unghie. È una malattia grave che esige sollecite cure mediche.

• Terapie consigliate
È assurdo pensare che un malato possa curarsi con qualche infuso. Tutt'al più, ad integrazione di un trattamento medico, possiamo aiutare il paziente con un regime alimentare appropriato ricco di grano, segale, grano saraceno, soia.
Dobbiamo utilizzare soprattutto piante ricche di silice: galeopsis (1-3); equiseto (2); corengiola (2), una tazza mattino e sera.

Vedi anche Osteoporosi.

Denti e cure dentarie In questo ambito la fitoterapia è consigliabile anche come autoterapia, poiché la sua azione preventiva è rilevante.

• Terapie consigliate
Igiene dentaria
Potete preparare un eccellente dentifricio in polvere con: carbone di pioppo nero (100 g), nebulizzato aromatico di timo (5 g), nebulizzato aromatico di salvia (5 g).

Per asportare il tartaro dai denti: strofinarli una volta alla settimana con polvere di equiseto, oppure con polvere di calluna, oppure più semplicemente con una fragola.
Elisir a base di essenze di piante antisettiche: olio essenziale di origano di Spagna (4 g), olio essenziale di garofano (4 g), olio essenziale di santoreggia (4 g), olio essenziale di menta (2 g), alcol a 90 gradi (mezzo litro), 50 gocce in un bicchiere di acqua tiepida da usare per risciacqui (non ingerire).
Garofano (3).

Trattamento preventivo della carie
È compito del medico prescrivere un trattamento per la prevenzione della carie.
La tradizione popolare raccomanda di masticare foglie fresche di alliaria officinale.

Vedi Demineralizzazione.

Nevralgie dentarie
In attesa delle cure del caso: garofano (1); tanaceto (4).
Introdurre nell'orifizio del dente dolorante un piccolissimo tampone di cotone sterile imbevuto di creosoto (estratto principe del faggio).

Scalzamento dei denti
Numerose affezioni possono essere all'origine dello scalzamento dei denti e soltanto il medico, curando il disturbo alla base, potrà tentare un rimedio contro questo antipatico malanno.
Gli oligoelementi giocano un ruolo molto importante nel trattamento.

• Terapie consigliate
È possibile integrare la cura frizionando le gengive per 15 minuti tutte le sere con: nebulizzato di salvia, 10 g in 100 cc d'acqua distillata. Espellere l'eccedente senza risciacquare. Cura di tre mesi.
Rafano (5): tenere sulle gengive il più a lungo possibile.

Vedi anche Crescita dentaria; Carie dentaria; Gengive.

Dentizione Durante questo periodo si può dare ai bimbi un rametto di altea da biascicare per favorire l'uscita del dentino.

Deodorante Il miglior deodorante resta sempre il lavaggio con acqua e sapone.
La clorofilla è un ottimo deodorante naturale. Noi consigliamo di frizionarsi, dopo il bagno, con soluzioni concentrate di ortica o di spinaci, molto ricchi di clorofilla: far bollire 1 kg di ortiche o di spinaci in 3 l d'acqua per 3 minuti; lasciar macerare 2 ore; filtrare e colare; aggiungere mezzo litro di alcol a 90 gradi. Frizionare il corpo tutti i giorni con questa soluzione.

Depressione Lo stato depressivo si manifesta con un abbassamento, che può essere più o meno rilevante, del tono fisico e psichico.
La causa principale della depressione è lo stress (vera e propria aggressione), sia fisico (incidenti d'auto, traumi cranici, eccetera) sia psichico e affettivo (lutti, dispiaceri, preoccupazioni).
Facilmente gli stati depressivi si riscontrano anche nella spasmofilia.
Tutte le depressioni devono essere curate da un medico competente.

• Terapie consigliate
La fitoterapia può essere di grande utilità, ma deve essere assolutamente praticata da uno specialista. L'autoterapia va assolutamente sconsigliata, poiché l'impiego di preparati vegetali in questo campo è particolarmente difficile.
Tutt'al più possiamo raccomandarne alcuni da usare nei casi di depressione lieve o di quella profonda stanchezza che il linguaggio familiare definisce 'cotta'. Balsamina (1); camomilla romana (2); ginestrino (1); papavero di California (1), due tazze al giorno; china in polvere (1); rosmarino (1), una tazza al risveglio mattutino; salvia (1-2); valeriana (2-4).

Vedi anche Spasmofilia; Angoscia.

Depurativa Si dice che è depurativa una pianta che aiuta l'organismo a eliminare le sue scorie attraverso i reni, il fegato, gli intestini, la pelle. La fitoterapia ha molte possibilità di applicazione in questo campo, ma soltanto un medico è in grado di prescrivere il preparato adatto a ciascun caso.

• Terapie consigliate
Corbezzolo (2).

Vedi anche Cure di primavera; Drenaggio.

Desquamazione cutanea Raggruppiamo sotto questa definizione un insieme di malattie della pelle che hanno come caratteristica comune il fatto che il rivestimento cutaneo si squami per poi staccarsi in sottili lamelle.

• Terapie consigliate
La tradizione popolare riporta numerosi casi di pitiriasi trattati con successo dalla fitoterapia. Noi però consigliamo di consultare sempre un dermatologo.
Si può provare: enula (3); bardana (3); betulla (4); frangula (2); saponaria (2); scabiosa (4); scrofularia (1).
Bere infusi di piante ad azione disintossicante della pelle: viola selvatica (1).

Vedi anche Pelle.

Diabete Soltanto il medico può essere responsabile della cura e del regime alimentare nel trattamento del diabete. Lo stesso si dica per la prescrizione di piante antidiabetiche.

• Terapie consigliate
Sentito il parere del medico, si potranno prendere degli infusi o decotti di cicoria selvatica (1); fagioli (1-2).

La fitoterapia alimentare è molto importante e i diabetici trarranno vantaggio dal consumo di: carciofi, asparagi, melanzane, sedano, funghi, cicoria, cavolo verde, limone, cocomero, crescione, spinaci, fragole, lamponi, ribes, uva spina, lattuga, mandarini, mirtilli, rape, nocciole, noci, olive, arance, acetosa, pere, patate (in sostituzione del pane), tarassaco (in insalata o cotto), rapanello, rabarbaro (moderatamente), topinambour (in sostituzione del pane).

Diarrea La diarrea è un sintomo di cui si deve immediatamente cercare la causa e può presentare diversi stadi di gravità, dalla semplice irritazione del colon fino alla diarrea copiosa e grave accompagnata da febbre e cattive condizioni generali. In questi casi è indispensabile una visita medica urgente.

• Terapie consigliate
Alcune diarree benigne possono essere curate grazie alle proprietà astringenti di alcune piante: acanto (2); cardiaca (1); alchemilla (4); agrimonia (3); corbezzolo (1); erba benedetta (3); calluna (5); centaurea minore (4); consolida maggiore; camedrio alpino (1); rosa canina (3); epilobio (2); finocchio selvatico (4); fragola (1-3); pilosella

(2); regina dei prati (3); corengiola (1); salcerella (1-2-3); santoreggia (3); senecio (3); senecio del Canadà (3), una tazza mattino, mezzogiorno e sera.
Fare una cura di gelatina astringente:
— gelatina di cotogna (si trova pronta in commercio): un cucchiaio da minestra mattino e sera.
— gelatina di carragahen: far bollire lentamente 25 g di pianta secca finemente tritata in tre quarti di litro d'acqua minerale, fino ad ottenere una consistenza gelatinosa; prenderne un cucchiaio da minestra mattino e sera;
— gelatina di lichene d'Islanda: far bollire lentamente, fino ad ottenere consistenza gelatinosa, 35 g di pianta in mezzo litro d'acqua minerale; prenderne due cucchiaini da caffè mattino e sera.

Fitoterapia alimentare: modificare la propria alimentazione facendo largo consumo di riso e acqua di riso, orzo, carote, zucca, nespole, noci, mele crude grattugiate, mirtilli freschi, uva spina, melograno fresco, cinorrodo (frutto della rosa canina).

Diarrea del lattante
La diarrea del lattante è un sintomo da sottoporre con urgenza al medico.
Non si deve mai sottovalutare questa manifestazione perché i piccoli si disidratano molto rapidamente, con conseguenze talvolta irreversibili.
Nel caso in cui il medico tardasse ad arrivare, consigliamo di recarsi immediatamente al reparto pediatrico dell'ospedale più vicino.

Diarrea dei bambini
In attesa dell'arrivo del medico, praticare qualche semplice cura dietetica:
— zuppa di carote: far bollire per 2 ore 500 g di carote fresche accuratamente pelate e lavate in 2 l d'acqua; aggiungere 3 g di sale; passare nel frullatore; far ingerire sia il frullato sia il brodo. Questa preparazione ha, però, un inconveniente; se le carote provengono da coltivazioni intensive dove si fa largo uso di fertilizzanti chimici, vi si trova un alto tasso di nitrito. Per questo motivo è preferibile utilizzare la farina di carruba, venduta in farmacia (regolarsi secondo le istruzioni accluse).

Difterite Non si può curare la difterite con la fitoterapia. Solo la somministrazione, a tempo debito, del siero antidifterico può portare alla guarigione.
Nessun'altra terapia deve essere presa in considerazione.

Digestione I disturbi della digestione (lentezza, dilatazione, flatulenza, dolori, eccetera) devono essere sottoposti alle cure del medico, perché possono essere sintomi di una malattia più grave che è indispensabile diagnosticare.

- Terapie consigliate

La fitoterapia può esere utile per trattare alcune forme lievi di digestione lenta o di pesantezza gastrica (in caso di persistenza dei sintomi consultare il medico).
Cardiaca (1); calamo aromatico (1); angelica (1-2-3-4); erba benedetta (1-2); panace (1); calaminta (1); camomilla romana (1); cardo benedetto (2); cumino dei prati (3); coriandolo (1); cumino (2); dragoncello (2); genziana (3); camedrio (2); luppolo (2); issopo (3); alloro (2); menta (2).

Vedi anche Stomaco.

Digrignamento dei denti È un segno di eccessivo nervosismo, soprattutto nei bambini.

- Terapie consigliate

Ginestrino (1), la sera al momento di coricarsi; meliloto (2), una tazza la sera al momento di coricarsi.

Dilatazione dei bronchi In conseguenza di una malattia infettiva i bronchi si dilatano per la distruzione della cartilagine e, come sacchi, trattengono secrezioni purulente. Il trattamento rientra nell'ambito dell'aromaterapia, cioè dell'utilizzazione del potere antisettico delle essenze vegetali.

Vedi Aromaterapia.

Disidrosi Varietà di eczema che si localizza soprattutto sulle mani e sui piedi.

Vedi Eczema.

Disinfezione Le piante medicinali, ricche di oli essenziali, sono antisettiche.
Le loro essenze, molto volatili, si distribuiscono facilmente nell'ambiente, esplicando così la loro efficace azione disinfettante.
Queste proprietà si possono utilizzare, per esempio, per disinfettare la camera di un malato, a maggior ragione se soffre di una malattia contagiosa.

• Terapie consigliate
Esistono in commercio degli ottimi prodotti a base di oli essenziali, per esempio di eucalipto e alloro.
Tuttavia noi raccomandiamo la seguente miscela: olio essenziale di lavanda (70 g); olio essenziale di garofano (2 g); olio essenziale di origano di Spagna (10 g); alcol a 90 gradi. Mettere una coppetta metallica piena d'acqua con 50 gocce di preparato su una fonte di calore (ad esempio il calorifero).
Si trovano in commercio delle lampade appositamente progettate per diffondere le essenze.
Si può anche, molto più semplicemente, bruciare del legno di faggio che contiene un principio attivo disinfettante: il creosoto.

Dismenorrea Mestruazioni dolorose.

• Terapie consigliate
Assenzio (1); angelica; panace (6); camomilla romana (2); erba gatta (4); fragola selvatica; genepì (2); ginepro (7); lamio bianco (4); alloro (5); edera rampicante (5); marrubio bianco (5); matricaria (2-5); origano (5); salvia (3).

Vedi anche Mestruazioni.

Dispepsia Digestione dolorosa, lenta e faticosa.

Vedi Digestione.

Dispnea Difficoltà di respirazione.

Vedi Polmone.

Dissenteria La dissenteria esige l'urgente consultazione di un medico.

Distorsione Una 'storta' deve sempre essere oggetto di un esame medico accurato, perché può lasciare conseguenze rilevanti. Le più gravi devono essere completamente immobilizzate mediante ingessatura.

• Terapie consigliate
La fitoterapia può essere utile contribuendo ad accelerare la cicatrizzazione e soprattutto il riassorbimento dell'edema.
Agrimonia (5); arnica (1); iperico (3); rosmarino (4).
E soprattutto, artiglio del diavolo (4), per evitare l'edema.

Vedi anche Contrattura.

Disuria Difficoltà a orinare. È necessario consultare il medico. Vi sono tuttavia numerose piante che facilitano l'eliminazione delle urine.

Vedi Diuretica.

Diuresi Processo di formazione e conseguente eliminazione delle urine.

Vedi Diuretica

Diuretica Vi sono piante medicinali con forte potere diuretico. Per convincersene è sufficiente prendere un infuso: l'effetto non tarda a manifestarsi.

• Terapie consigliate
Alcune piante hanno un forte effetto diuretico e sconsigliamo di abusarne perché, a lungo andare, possono causare disturbi. Per esempio non si deve mai superare la settimana di cura con: pilosella (1); ciliegio (1).
Per le altre piante possiamo applicare la regola dei 20 giorni (20 giorni di cura e 20 giorni di pausa): agrimonia (3); carciofo (2); mirtillo rosso (1); asparago (1); fiordaliso (4); borragine (4); ribes nero (1); cerfoglio (1); eupatoria (1); finocchio selvatico (5); frassino (2); lichene d'Islanda (1); eringio (1); corengiola (1); verga d'oro (2).

Dolore Non esiste una pianta che combatta il dolore in quanto tale, ma si possono usare alcune piante per modificare il terreno su cui esso si sviluppa.
È il caso dell'artiglio del diavolo nei casi di artrosi.

Dolore muscolare
Indolenzimento del muscolo in seguito a uno sforzo intenso o prolungato.

• Terapie consigliate
Angelica; arnica (2); issopo (2); iperico (2); calendula (3); valeriana (1).
Frizionare delicatamente con 5 gocce di essenza di menta e 3 gocce di essenza di garofano.

Dolore colico
Dopo una visita medica che abbia escluso una possibile malattia grave, la fitoterapia può portare sollievo.

• Terapie consigliate
Aneto odoroso (1); potentilla (1-2); badiana (1); tasso barbasso (6); carota selvatica (2); papavero selvatico (1).

Vedi anche Diarrea.

Dolore gastrico
Si usino le stesse precauzioni che per il dolore colico.

• Terapie consigliate
Camomilla romana (3); artiglio del diavolo (1); senecio del Canadà (1).

Dolore di denti
Vedi Denti.

Dosaggio, dose In fitoterapia la nozione di dose è fondamentale. È importante sapere che l'ingestione quotidiana e prolungata di alcuni preparati vegetali può portare a un accumulo eccessivo, tossico per l'organismo. È il caso del bosso, del cipresso, della badiana, eccetera. Per evitare rischi di questo tipo, consigliamo di rispettare la regola che, in autoterapia, è sacrosanta: non superare mai il limite dei 20 giorni.
Cambiare tipo di pianta ogni 20 giorni o fare una pausa di 20 giorni prima di riutilizzare la stessa pianta.

Drastica È detta drastica una pianta che provoca una energica evacuazione delle feci, così il lino e la sena.

Vedi Costipazione.

Drenaggio Alcune piante hanno la proprietà di drenare i residui del metabolismo (acido urico, urea, eccetera) incanalandoli verso il fegato, i reni, la pelle, gli intestini, dove vengono metabolizzati ed eliminati.

• Terapie consigliate
Per favorire l'eliminazione di metaboliti e tossine: carota (2); asperula odorosa (2); bardana (1-5-7); betulla (1); borragine (3); frassino (2); issopo (3-4); viola selvatica (2); saponaria (1); sambuco nero (2); verga d'oro (1).

Vedi anche Cure di primavera.

Dupuytren (malattia di) Malattia caratterizzata dall'accorciamento delle fibre dei tendini flessori della mano. Il suo trattamento spetta solo al medico.

Durone Callosità dell'articolazione dell'alluce.

Vedi Alluce valgo; Calli.

E

Ecchimosi

• Terapie consigliate
Fare cataplasmi con foglie fresche schiacciate di sedano o acanto.

Vedi anche Contusioni.

Ecologia La fitoterapia è, per definizione, una medicina ecologica perché fa appello alla risorsa della natura più preziosa per l'uomo: le piante medicinali.
La fitoterapia, se praticata da specialisti competenti, è una medicina complementare. Al contrario, se esercitata da profani o da medici che non ne sono esperti, perde ogni efficacia.

Eczema È impensabile curare da soli un eczema con preparati vegetali. Solo un medico fitoterapeuta è in grado di usare le piante adatte a ogni tipo di eczema.

• Terapie consigliate
È necessario essere molto prudenti, tanto più che alcune piante (il gingko per esempio) sono allergeniche.
Alliaria officinale; carota selvatica (2); quercia (1); fumaria (3); mirtillo rosso; noce; viola selvatica (1); saponaria (2).
Ginepro rosso (*Juniperus oxycedrus*): olio di Cade, ottenuto dalla distillazione secca del legno.
Mandorlo dolce (*Prunus amygdalus dulcis*): olio di mandorle dolci.
Esistono altre piante adatte a curare l'eczema, ma, a causa della loro tossicità, non ne faremo cenno.

Vedi anche Pelle.

Edema Gonfiore dei tessuti, dovuto a infiltrazione di liquidi per cause diverse. Alcuni edemi sono gravi, soprattutto quelli di carattere allergico, e devono essere oggetto di controllo medico.

• Terapie consigliate
In caso di edemi lievi, dovuti a ritenzione di liquidi prima delle mestruazioni, o edemi alle caviglie per disturbi della circolazione venosa.
Fiordaliso (5); betulla (3); borragine (4); vischio (1); edera rampicante (7); eringio (1); parietaria (3); pilosella (1); rafano (2-3); regina dei prati (5).

Eiaculazione precoce Spesso si tratta di disturbi di origine psichica in individui già soggetti ad ansia, insonnia, spasmofilia.

• Terapie consigliate
L'autoterapia è sconsigliata; il trattamento spetta a un medico. Tuttavia, in attesa della cura si può sedare il paziente.
Biancospino (1); ballota (1), cure intermittenti di 20 giorni; maggiorana (1); passiflora (1); papavero di California (1); valeriana (1-4).
Si può anche praticare una anestesia momentanea applicando, in corrispondenza del frenulo del glande, 2 gocce della seguente soluzione: olio essenziale di menta (5 g) in alcol a 60 gradi (75 cc).

Emetica È detto emetico qualsiasi preparato che provochi il vomito.
Le piante emetiche (lobelia, brionia, coloquintide) devono essere prescritte soltanto dal medico.

Vedi Vomito.

Emicrania In caso di emicranie si deve sempre consultare un medico e sottoporsi a esami clinici per determinarne le cause, che possono essere molteplici.
L'autoterapia è inadeguata è può addirittura essere pericolosa; solo il medico può autorizzare l'uso di certi preparati vegetali.

• Terapie consigliate
Alchemilla (2); menta (1-2); arancio (4); passiflora (3); rosmarino (3); tiglio (2).

Vedi anche Cefalea.

Emmenagoga Una pianta è detta emmenagoga quando facilita la comparsa delle mestruazioni.

Vedi Mestruazioni.

Emolitico Che distrugge i globuli rossi. Alcuni preparati vegetali hanno questa proprietà (ciclamino, primula) ma il loro uso è riservato al medico.

Emolliente È detta emolliente la pianta che ammorbidisce la pelle e le mucose e facilita l'espettorazione. Sono tali, l'altea, la malvarosa, la violetta, eccetera.

Vedi Cicatrizzazione.

Emorragia Fuoriuscita di sangue da un vaso sanguigno. Può essere interna o esterna. Se è abbondante si deve chiamare con urgenza un medico o un'organizzazione di soccorso.

• Terapie consigliate
Se l'emorragia è di modesta portata si possono utilizzare piante con poteri emostatici.
Bistorta (2); borsa pastore (1); quercia (3); cipresso (3); lamio bianco (3); centocchi (1); equiseto; vite (2-3).

Vedi anche Emottisi; Metrorragia; Epistassi.

Emorroidi Dilatazione delle vene nella zona retto-anale. Le emorroidi possono anche essere sintomo di una malattia grave.
Per questo consigliamo di consultare uno specialista prima di prendere qualsiasi iniziativa.

• Terapie consigliate
Alcuni preparati vegetali possono essere efficacemente adottati, previa approvazione del medico.
Achillea millefoglie (2); bistorta (1); tasso barbasso; quercia (4); cipresso (3); lamio bianco (3); malva (7); mirto (4); tarassaco (5); senecio (1); sambuco nero (5); tormentilla (1); vite (1).

Emostatica Viene chiamata emostatica una pianta che favorisce la coagulazione del sangue.
Numerose piante hanno questa proprietà, ma il loro uso è riservato al medico.

Emotività Grazie alla fitoterapia e agli oligoelementi si può aver ragione dell'emotività.

• Terapie consigliate
Per dominare una emozione passeggera: biancospino (1); ballota (1); papavero di California (1).
In caso di persistenza dello stato emotivo l'autoterapia è sconsigliabile e si deve ricorrere al medico.

Emottisi Sbocco di sangue proveniente dalle vie respiratorie. Richiede l'immediata consultazione di un medico.

• Terapie consigliate
In aggiunta alle cure del medico, e soltanto con la sua approvazione, si possono vantaggiosamente usare alcuni preparati vegetali.
Borsa pastore (1); quercia (3); cipresso (3); lamio bianco (3); centocchi (1); equiseto (1).

Vedi anche Emorragia.

Enfisema polmonare Il trattamento dell'enfisema polmonare spetta solo al medico.

• Terapie consigliate
Esclusivamente come integrazione della cura: borragine (4); cappuccina (1); edera terrestre (1); marrubio bianco (3); salvia (3).
Consumare aglio crudo.

Vedi anche Polmoni

Enuresi Un bambino che fa pipì a letto dopo i 3 anni ha, probabilmente, qualche problema. È opportuno che il medico, parlando con entrambi i genitori, si faccia un quadro esatto della situazione familiare.
Si deve, inoltre, cercare di sdrammatizzare la situazione e non rimproverare assolutamente il bambino, ma convincerlo con molta serenità, che non ha alcuna responsabilità in ciò che accade.

• Terapie consigliate
Bistorta (2); calluna (4); uva orsina (2); cipresso (2) sotto controllo medico; ortica (3); corengiola (1); papavero di California (2).
Si consiglia di associare alla cura l'assunzione di fiocchi d'avena nell'alimentazione.

Epatite virale Malattia infettiva di origine virale. Si può prendere in considerazione solo un trattamento medico.

Epicondilite Dolore localizzato al gomito. È quello che gli anglosassoni chiamano 'il gomito del tennista' perché, infatti, si riscontra più frequentemente in coloro che praticano questo sport. È un disturbo tenace e recidivo.

• Terapie consigliate
Possiamo applicare localmente dei cataplasmi di argilla o di foglie di cavolo sminuzzate.
Artiglio del diavolo (4).

Epidemia In casi di epidemia il medico deve prendere le indispensabili misure profilattiche, sfruttando ampiamente il potere disinfettante delle essenze vegetali: cannella, garofano, origano di Spagna, rosmarino, santoreggia, timo.

• Terapie consigliate
Il regime alimentare dovrà includere frutta e verdure ricche di vitamina C.
Consumare: aglio crudo a ogni pasto, asparagi crudi grattugiati, barbabietola rossa cruda, carote grattugiate.
Angelica; ribes nero (1); eucalipto; timo.

Vedi anche Astenia (piante ricche in vitamina C); Disinfezione.

Epididimite Infiammazione dell'epididimo (organo allungato posto in cima al testicolo), d'origine per lo più infettiva. È indispensabile l'esame medico. Il trattamento si basa sia sugli antibiotici sia sulle essenze vegetali, la cui applicazione esige però grande competenza. È esclusa l'autoterapia.

Epilessia L'epilessia può essere curata solo da uno specialista. Secondo la tradizione popolare alcuni preparati vegetali danno un valido appoggio nel trattamento di questa malattia.

• Terapie consigliate
A integrazione del trattamento del medico: artemisia, quattro grandi tazze al giorno per 3 settimane; vischio (3).

Epistassi Emorragia nasale. Le emorragie nasali persistenti o troppo frequenti richiedono un controllo medico.

• Terapie consigliate
Quercia (3); ortica (1); equiseto (1).

Erezione (difficoltà nella) Si tratta, nella maggior parte dei casi, di un disturbo di origine psicologica, soprattutto in soggetti giovani, ansiosi e spasmofili. Una visita medica permetterà di eliminare una eventuale causa organica.

• Terapie consigliate
Eleuterococco (1); ginseng (1).

Erezione notturna

• Terapie consigliate
Ninfea (1); valeriana (4).
Estratto centrifugato di lattuga: 100 cc, la sera al momento di coricarsi.

Erisipela Dovuta a un germe microbico, l'erisipela del viso è caratterizzata da una chiazza rossastra, inizialmente centrata sul naso, con tendenza a estendersi ad ala di farfalla sulle guance. La cura di questa infiammazione abbastanza seria deve essere affidata a un medico e si basa generalmente sugli antibiotici.

Eritema Irritazione della pelle, dal caratteristico colore rosato.

• Terapie consigliate
Salice bianco (1); calendula (4); veronica officinale (4).

Vedi anche Naso; Pelle.

Eritema gluteo del lattante

• Terapie consigliate
Quercia: decotto di corteccia; far bollire per 12 minuti 30 g di corteccia in mezzo litro d'acqua; filtrare. Applicare in impacchi.
Consolida maggiore: far bollire per 20 minuti 50 g di radici secche spezzettate in 1 l d'acqua; filtrare. Utilizzare in impacchi.

Eritema da calore Eruzione cutanea, conseguente ad alta temperatura, localizzata soprattutto nelle zone di abbondante traspirazione. I bagni vegetali sono molto utili, ma occorre anche acidificare la pelle con l'aiuto di sapone acido.

• Terapie consigliate

Erica (1); tiglio (1).

Origano di Spagna (*Thymus capitatus*): porre in infusione per 15 minuti in recipiente coperto, con mezzo litro di acqua bollente, 100 g di steli e di fiori (lavati prima con cura in acqua fredda); lasciar raffreddare. Utilizzare per impacchi da applicare tre volte al giorno per tre giorni.

Ernia iatale Passaggio di un organo addominale attraverso il diaframma. Il trattamento è riservato al medico.

Escara Crosta nerastra e dura conseguente alla necrosi infetta di un rivestimento cutaneo che compare soprattutto in corrispondenza dei punti di appoggio in soggetti costretti a una lunga degenza a letto.

• Terapie consigliate

Raccomandiamo particolarmente di praticare due volte al giorno, direttamente sulla piaga, applicazioni di lavanda deterpenata; coprire con garza sterile.

Esofagite Qualsiasi sensazione di dolore o di bruciore nel momento della deglutizione richiede la consultazione di un medico.

Vedi Bruciori di stomaco; Spasmi.

Espettorante Si dice di pianta che fluidifica le secrezioni provenienti dalle vie respiratorie e ne facilita l'espulsione. Così l'anice, il castagno, il limone, l'erisimo, il finocchio, la liquirizia, la saponaria.

Estrogeni naturali Numerose piante contengono degli estrogeni. Essi sono utili nel trattamento della menopausa e dei disturbi mestruali. Così l'olivo, la liquirizia, la salvia, il salice bianco, la calendula.

Eupeptica Che facilita la digestione.

Vedi Digestione difficile.

Eupnoica Numerose sono le piante dette eupnoiche, in quanto facilitano la respirazione, ma il loro uso è riservato al medico (per esempio lauro-ceraso e arnica).

Extrasistole Contrazioni cardiache supplementari che sopravvengono alterando in modo imprevisto il regolare ritmo del cuore.

Le extrasistoli devono essere sottoposte all'esame di uno specialista cardiovascolare.

• Terapie consigliate

Solo in certe forme benigne, la fitoterapia può essere utile.

Cardiaca (1-2); biancospino (1); marrubio bianco (3); melissa (4).

Adonide di primavera (*Adonis vernalis*), il cui uso è riservato al medico.

Vedi anche Cardiotonica.

F

Faringite Infiammazione della faringe che necessita controllo medico se tende a recidivare o a diventare cronica.

• Terapie consigliate

Per le infiammazioni di carattere passeggero: castagno (1); malva (4).
Far bollire per 3 minuti in 1 l d'acqua 50 g di foglie di rovo e 50 g di foglie di noce; filtrare. Praticare gargarismi tre volte al giorno. Non ingerire.

Fatica (per sostenere la) Alcune piante agiscono come vere e proprie droghe, in modo particolare l'eleuterococco. L'azione di questa pianta assomiglia a quella del ginseng. È particolarmente efficace quando viene scientemente utilizzata contro la stanchezza e per sostenere sforzi sia fisici che psichici.

• Terapie consigliate

Eleuterococco (1); ginseng (1-3).
Per mantenersi lucidi e svegli e contrastare il sonno durante un lungo percorso notturno al volante far bollire, per 2 minuti, in 1 l d'acqua, 30 g di fiori secchi di rosmarino e 45 g di pianta intera secca di timo. Berne 1 l durante la notte.

Vedi anche Stanchezza.

Febbre La febbre è una reazione di difesa dell'organismo da una aggressione per lo più microbica. Questo sintomo accompagna numerose malattie; una visita medica è indispensabile.

• Terapie consigliate

La fitoterapia è ricca di piante febbrifughe che si devono utilizzare soltanto dopo che è stata fatta una diagnosi.
Ontano (3); artemisia (1); borragine (1); centaurea minore (5); cardo benedetto (3); eucalipto (3); artiglio del diavolo (4); faggio (1); marrubio bianco (4); salice bianco (2); verbena officinale (2).

Vedi anche Influenza; Convalescenza.

Fegato Alcune piante hanno azione coleretica, aumentano cioè la secrezione della bile. Esse sono molto utili nel trattamento di numerosi disturbi a carico del fegato: insufficienza, costipazione, dilatazione.

• Terapie consigliate

Consigliamo di non superare assolutamente gli 8 giorni di cura e di alternarli con 15 giorni di pausa.
Carciofo (1); asparago (3-4); carota (2); ribes nero (2); cerfoglio (2); cicoria selvatica (1); crescione, crespino (1-2); tarassaco (2); rosmarino (1); saponaria (2); sambuco nero (3); veronica officinale (2).

Vedi anche Ittero; Litiasi; Vescicola biliare.

Ferita Anche nel caso di ferite superficiali, soprattutto se vi è stato contatto con lo sporco, bisogna prevenire il rischio del tetano (a questo scopo controllare la data dell'ultima vaccinazione e consultarsi con il medico).

• Terapie consigliate

Per ferite superificiali.
Achillea: cataplasma di foglie crude schiacciate.
Agrimonia (4); alliaria (impacchi di succo fresco); angelica (6); potentilla (3); betulla (5); erba gatta (3); eucalipto (4); ginepro (9); lavanda (6); tormentilla (2); timo (1).

Vedi anche Cicatrizzazione.

Fibroma uterino È assurdo pensare di curare un fibroma uterino con l'autoterapia. Sono necessari periodici controlli del ginecologo per controllare la sua evoluzione. Alcuni fibromi, se mal curati, possono subire necrosi.

Fistola anale Anomala via di comunicazione, in genere sottile, fra il margine dell'ano e il canale rettale.

• Terapie consigliate

Dopo attento esame medico, e se la terapia non ha dato risultati soddisfacenti, la tradizione popolare suggerisce l'uso dell'*'acqua quadrupla di Raspail'*. Per 1 l di acqua bollente: solfato di zinco (4 g), sale marino (15 g), catrame di ginepro (0,50 g), polvere d'aloe (0,50 g).
Far macerare per 5 minuti, filtrare e conservare in una bottiglia di vetro al riparo dall'aria e dalla luce.
In applicazione locale: un impacco mattino e sera.

Flebite Infiammazione delle pareti venose che necessita uno scrupoloso trattamento medico perché suscettibile di molte complicazioni.
Una volta guarita la flebite, possiamo apportare un miglioramento alla situazione di base.

Vedi Circolazione del sangue (disturbi della).

Fluidificante dei bronchi Alcune piante hanno la proprietà di rendere più fluide, meno vischiose, quindi più facili da espettorare, le secrezioni delle vie respiratorie. Fra di esse, malva, pino e tussilagine.

Vedi anche Bronchite.

Fobia Sensazione di angoscia, accompagnata da timore, che si instaura, però, in situazioni prive di pericolo.

Vedi Nervosismo (le piante sedative); Angoscia.

Formicolio delle estremità Sensazione strana di pizzicore in una parte del corpo. Questo sintomo si ritrova nei casi di spasmofilia e nei soggetti che presentano disturbi circolatori.

• Terapie consigliate
Ginkgo (1); amamelide (1), un bicchierino da marsala mattino e sera; vite (2).

Vedi anche Intorpidimento delle estremità; Bagno.

Foruncolosi Malattia caratterizzata dalla comparsa ripetuta di foruncoli.
Questa affezione, che può colpire talvolta tutta una famiglia, è molto tenace, anche se trattata con antibiotici. La cura migliore è quella preventiva. Infatti la foruncolosi è dovuta a un batterio, lo *stafilococco aureo*.

• Terapie consigliate
Per curare bene una foruncolosi è necessario disinfettare energicamente le zone infette. Far bollire la biancheria personale e da letto.
Chiedere consiglio al farmacista.
Cure di lievito di birra: un cucchiaino da caffè al giorno per 20 giorni.
Infusioni di bardana: berne abbondantemente durante la giornata.

Fotosensibilizzante Alcune piante sono fotosensibilizzanti, vale a dire acuiscono la reazione della pelle ai raggi solari. Il loro uso è riservato al medico. Alcune piante usate in autoterapia sono fotosensibilizzanti. Così l'angelica, l'iperico, il fico e il bergamotto.

Vedi Abbronzatura.

Frattura Dopo il controllo medico e radiologico e l'immobilizzazione con ingessatura, sono utili cure per remineralizzare e consolidare definitivamente la frattura.

• Terapie consigliate
Equiseto (2).

Vedi anche Demineralizzazione.

Freddolosità Alcune persone soffrono sempre il freddo, probabilmente perché hanno una cattiva circolazione venosa e capillare.

• Terapie consigliate
Ribes nero; ginkgo (1); amamelide (1); vite (2).

Frigidità Assenza del desiderio sessuale nella donna e impossibilità di ottenere una normale soddisfazione durante il rapporto sessuale. Spesso vi è, all'origine, un problema di carattere psicologico.

• Terapie consigliate
È necessario consultare un medico. Possiamo però aiutare la paziente anche con la fitoterapia.
Panace (4); eleuterococco (1); ginseng (1-2-3); iperico (2); santoreggia (2).

Vedi anche Sessuali (disturbi).

Fungicida Una pianta è detta fungicida quando aggredisce i funghi microscopici e i lieviti. Hanno questa proprietà soprattutto le essenze delle piante. Infatti il trattamento, che rientra nell'ambito dell'aromaterapia, spetta solo al medico.

G

Galattagoga È detta galattagoga la pianta che aumenta la secrezione lattea.

Vedi Allattamento.

Gargarismo Alcuni preparati vegetali contenenti tannino, applicati con gargarismi, danno buoni risultati contro le irritazioni della gola.

• Terapie consigliate
Noce (1); rovo (2).

Gastralgia Dolore allo stomaco. Tutte le gastralgie richiedono un'accurata visita medica, spesso anche una fibroscopia gastrica: il fibroscopio è un cordone, portatore di un raggio luminoso, che viene fatto ingerire al paziente e permette allo specialista di 'vedere' la mucosa dello stomaco.
Questo tipo di esame è più affidabile di una radiografia.

Vedi Stomaco; Dolore.

Gastrite Irritazione della mucosa dello stomaco. Come la gastralgia, richiede una visita medica coscienziosa ed esami radiologici.

Vedi Bruciori di stomaco; Stomaco; Digestione.

Gastroenterite Irritazione dello stomaco e dell'intestino tenue che si manifesta spesso con febbre, diarrea, nausea e anche vomito.
Talvolta si tratta di intossicazione alimentare. Solo il medico può praticare una cura.

Geloni Lesione a colorazione rossastra o violacea, pruriginosa, talvolta screpolata, che colpisce soprattutto le estremità, dovuta al freddo-umido.

• Terapie consigliate
La fitoterapia è efficace. Nei bambini deve essere associata alla assunzione di vitamina D.
Alliaria officinale (2); tasso barbasso (4); carota (3), un'applicazione mattino e sera; quercia (1); noce (1).
Succo di cipolla cruda.
Purea di giglio bianco (passare 100 g di fiori di giglio nel frullatore. Applicare in impacchi quotidiani).
Frizioni leggere: olio essenziale di lavanda deterpenata, 3 gocce al giorno.
Ogni volta che ci si lava le mani, soprattutto d'inverno, asciugarle con cura.

Vedi anche Screpolatura.

Gengive Le piante emollienti e quelle ricche di tannino hanno una azione tonificante sulle gengive.

• Terapie consigliate
Quercia (2); altea (2); rovo (3); salvia (4); tormentilla (1).
Per rinforzare le gengive, utilizzare come dentifricio polvere di potentilla (in farmacia).

Vedi anche Bocca; Stomatite.

Giradito Infezione cronica che si manifesta sul bordo esterno delle unghie.

Vedi Ascesso; Unghia.

Glaucoma Aumento della pressione interna dell'occhio. È un'affezione che richiede un controllo oftalmologico costante.
La belladonna è formalmente controindicata alle persone affette da glaucoma.

Glicosuria Presenza di glucosio nelle urine. Si osserva nei diabetici.
Esige sempre l'intervento del medico.

Globulo rosso *Sinonimi*: emazie ed eritrociti.
Cellule senza nucleo presenti nel sangue, al quale danno il suo colore rosso. I globuli rossi sono i veicoli che trasportano l'ossigeno nel sangue.

Vedi Anemia.

Glossite Irritazione della lingua. Spetta al medico identificarne la causa.

Vedi Bocca.

Gotta Eccesso di acido urico nel sangue. È una malattia dovuta spesso a errori alimentari.

• Terapie consigliate

L'autoterapia è del tutto controindicata; essendo la gotta soggetta a numerose complicazioni, la sua cura va affidata solo al medico.

Sempre sotto il suo controllo possiamo, però, aiutare il paziente con preparati vegetali capaci di favorire l'eliminazione dell'acido urico.

Calamo aromatico (1); mirtillo rosso (1); alkekengi (1); bardana; fiordaliso (4); betulla (2); ribes nero (2); fragola (2); frassino (2); migliorino (2); vischio (4); pino (5); tarassaco (4); regina dei prati (4); salsapariglia (2); sambuco nero (4); senecio (1).

La fitoterapia alimentare gioca invece un ruolo importantissimo nei gottosi. Si consiglia di far consumo di: carciofi, carote, sedano, cerfoglio, ciliegie, cicoria selvatica, cavolo, limone, finocchio, fave, fragole, ribes, rape, nespole, olive, tarassaco (come verdura, detta anche insalata matta), pere, mele, prugne, radici (o scorzonera), pomodoro, topinambour.

Gozzo Ipertrofia (aumento del volume) della tiroide. Trattamento riservato al medico.

Gravidanza È assolutamente sconsigliabile somministrare medicine, e anche preparati vegetali, alle donne in stato di gravidanza. Solo il medico può farlo. Alcune piante, tuttavia, possono, efficacemente e senza pericolo alcuno, risolvere qualche piccolo problema; naturalmente, chiedere sempre l'approvazione del medico.

• Terapie consigliate

In caso di piccoli malesseri, quali vertigini, eccetera: angelica (3); melissa (4).

In caso di edema: regina dei prati (5).

In caso di costipazione: crespino (1); rosa (1-2).

In caso di cistite (sotto stretto controllo medico): mirtillo rosso (1); altea (1).

In caso di diarrea: gelatina di carragahen; rosa canina (3); fragola (2).

In caso di stanchezza: timo (2).

In caso di emorroidi: quercia (4); vite (1).

In caso di singhiozzo: dragoncello (3), cura di 8 giorni; menta (2), cura di 8 giorni.

In caso di irritabilità: meliloto (2); arancio (2); tiglio (4).

Contro l'ansia del parto: ginestrino (1).

Per aver cura della pelle: tarassaco (4).

Contro le smagliature: equiseto (3), impacchi.

Contro la nausea: verbena (1).

Vedi anche Smagliature.

H

Herpes simplex Malattia virale tenace e recidivante che si manifesta come una piccola eruzione, con bruciore e prurito, che compare in diverse occasioni (periodo mestruale, esposizione al sole, shock psicologici) o in concomitanza con un'affezione virale e con un episodio febbrile. Questa eruzione compare per lo più sulle labbra, ma anche nella regione vaginale. La cura è riservata al medico, ma la fitoterapia può dare un aiuto prezioso.

• Terapie consigliate
Borragine (1); viola selvatica (1); saponaria (1); salsapariglia (5): cerfoglio (1).

Herpes zoster Il trattamento dell'herpes zoster con la fitoterapia dà risultati così notevoli e costanti che ci sembra giusto informarne il pubblico.

La malattia esige un assiduo controllo da parte del medico; i risultati saranno migliori se il trattamento sarà stato iniziato all'insorgere dei primi sintomi di questa fastidiosa malattia.

• Terapie consigliate
Applicare, tre o quattro volte al giorno, su tutte le zone colpite, la seguente preparazione a base di oli essenziali che qualsiasi farmacista è in grado di approntare: origano (9 g), lavanda (9 g), geranio (5 g), rosmarino (5 g), santoreggia (5 g), salvia (2,5 g), timo (2,5 g), cipresso (2,5 g), basilico (2,5 g), mirto (2,5 g).
Coprire con garza sterile o garza grassa sterile.
Questo solo trattamento evita già, in quasi tutti i casi, quegli strascichi così dolorosi di fronte ai quali saremmo invece disarmati.

I

Impetigine Infezione microbica della pelle caratterizzata da croste giallastre.
Questa affezione della pelle si diffonde spesso nell'ambiente scolastico sotto forma di piccole epidemie ('malattia delle mani sporche').
È indispensabile il trattamento medico, a causa delle possibili complicazioni dovute al germe che ne è responsabile (si tratta sovente dello streptococco).

• Terapie consigliate
In aggiunta al trattamento medico: bardana (1-2-7); viola selvatica (1).
Salcerella: far bollire per 5 minuti 60 g di sommità fiorite in un quarto di litro di acqua, lasciare in infusione 15 minuti. Berne una tazza mattino e sera.
Cavolo: applicare impacchi di foglie schiacciate (3).

Impotenza Difficoltà o impossibilità, per l'uomo, di avere un rapporto sessuale completo.
Le cause dell'impotenza sono per lo più di origine psicologica, perciò soltanto un medico può condurre una valida terapia.

• Terapie consigliate
Alcune piante con proprietà afrodisiache possono essere di valido aiuto.
Panace (4); eleuterococco (1-2); ginseng (1-2); menta (1); iperico (2); santoreggia (2); salvia (1).

Vedi anche Sessuali (disturbi).

Incubo Sogno penoso, angoscioso, che per la sua intensità può provocare il risveglio.

• Terapie consigliate
Papavero della California (1).
Prendere un bagno caldo immediatamente prima di coricarsi: avvolgere in una garza e far macerare per 15 minuti in acqua bollente, sul fondo della vasca da bagno, 500 g di asperula odorosa; riempire poi la vasca in modo che la temperatura non superi i 35 °C (il sacchetto può servire 2 o 3 volte).

Vedi Bagno.

Indigestione Sensazione di disagio dopo un pasto troppo abbondante.

• Terapie consigliate
Anice (1); menta (2); tiglio (5); verbena odorosa (1).

Indolenzimento

Indolenzimento febbrile
Dolori muscolari, accompagnati da febbre, che generalmente si manifestano in concomitanza con l'influenza o altre malattie infettive.

• Terapie consigliate
In attesa del medico: borragine (3); eucalipto (3); salsapariglia (3).
Alla prima comparsa di brividi si può usare la seguente preparazione: far bollire, per 5 minuti, in recipiente coperto, in mezzo litro d'acqua, cime fiorite di santoreggia fresche 30 g, gambi di cannella 15 g, chiodi di garofano 5 g. Berne un bicchiere due volte al giorno.

Indolenzimento muscolare
Sensazione dolorosa che si manifesta in un muscolo non allenato sottoposto a eccessive contrazioni.

• Terapie consigliate
Un bagno caldo e un'infusione di regina dei prati (4).
Artiglio del diavolo: infusione di 40 g di radici secondarie secche e sminuzzate da far bollire in 1 l d'acqua minerale per 20 minuti; lasciar macerare tutta la notte; filtrare e colare bene. Berne tre bicchieri nella giornata.

Vedi anche Bagno; Influenza.

Infezione primaria È così chiamato il primo contatto, che avviene per lo più nell'infanzia, fra l'organismo e il bacillo della tubercolosi.
Trattamento riservato al medico.

Infezione urinaria Un'infezione urinaria deve essere curata molto attentamente per evitare il rischio di lesioni ai reni.
Gli oli essenziali (aromaterapia) danno buoni risultati.

Vedi Cistite; Aromaterapia; Colibacillosi urinaria.

Influenza La fitoterapia e gli oligoelementi danno ottimi risultati nel trattamento dell'influenza.

• Terapie consigliate

Angelica (1); borragine (3); coriandolo (2); eucalipto (3); matricaria (1-5); salsapariglia (3); salvia (3); timo (1).
Ai primi brividi: oligoelementi di rame, fino a 6 assunzioni al giorno.
Usare la seguente preparazione: cannella (15 g), garofano (5 chiodi), santoreggia (30 g). Far bollire 2 minuti in 1 l d'acqua. Bere durante la giornata.

Vedi anche Febbre; Convalescenza.

Ingorgo mammario Alcune donne, dopo il parto, presentano una secrezione di latte molto abbondante che, oltre a essere piuttosto dolorosa, può anche provocare ascessi al seno.

• Terapie consigliate

Ontano; centocchi; salvia (2); senecio in cure intermittenti.

Vedi anche Allattamento.

Insegnamento della fitoterapia La fitoterapia è una pratica molto antica: fu, senza dubbio, la prima forma di medicina. Per essa ci fu una grande infatuazione nel XVII e nel XVIII secolo. Il XIX la ripudiò giudicandola una medicina approssimativa, poco esatta, perché basata su metodi empirici. Alcuni medici, però, si prodigarono affinché non fosse dimenticata. Fondarono associazioni e organizzarono corsi di insegnamento per i medici che volevano essere iniziati a questa terapeutica.

Vedi anche Pericoli della fitoterapia.

Insetti (per allontanare gli)

Formiche: mettere un limone nell'armadio infestato e lasciarlo ammuffire.
Api, vespe: frizionare sulle parti da proteggere foglie di noce schiacciate.
Mosche: bruciare foglie di alloro.
Zanzare: assenzio (4); asperula odorosa; alloro.
Tarme: calamo aromatico; asperula odorosa.
Cimici: mettere delle foglie di fagiolo sotto il materasso.
Pidocchi, pulci: senecio; lavanda (6).
Il geranio rosato allontana la maggior parte degli insetti.

Insufficienza cardiaca Solo un medico può prescrivere un trattamento. L'autoterapia è assolutamente esclusa.

Intercostale (dolore) Un dolore intercostale può essere talvolta sintomo di una malattia grave (herpes zoster) e richiede quindi la consultazione di un medico.

• Terapie consigliate

Regina dei prati (4); senecio (3) una tazza mattino e sera.

Intestino Secondo i casi *vedi* Colica; Costipazione; Diarrea; Flatulenza; Gastroenterite; Meteorismo; Spasmi.

Intorpidimento delle estremità Disturbo circolatorio, che si manifesta prevalentemente in posizione seduta.

• Terapie consigliate

Ribes nero (1); ginkgo (1); vite (4).
Se il disturbo diventa persistente è opportuno un controllo da parte del medico. In ogni caso consumare molte frutta e verdure ricche di vitamina C.

Vedi anche Astenia; Bagni; Circolazione.

Intossicazione Una intossicazione da medicamenti esige cure immediate. In attesa, rivolgersi al più vicino centro antiveleni.

Invecchiamento La fitoterapia, associata agli oligoelementi, costituisce uno dei migliori trattamenti contro l'invecchiamento precoce. Ma poiché ogni caso presenta aspetti particolari, il ruolo del medico è fondamentale.

Vedi anche Arteriosclerosi.

Ipercloridria Eccesso di acido cloridrico nei succhi gastrici.

Vedi Bruciore di stomaco; Stomaco.

Iperfollicolinismo Eccessiva secrezione di estrogeni, o follicolina, da parte delle ovaie.
Da questo consegue una tensione dei seni e dell'addome, con ritenzione di liquidi nella settimana che precede le mestruazioni.

Ipertensione arteriosa Aumento della pressione sanguigna all'interno delle arterie.
In caso di ipertensione arteriosa si rendono necessari accurati esami clinici (occhi, reni, cuore) e controlli frequenti; infatti, trascurando questo sintomo, si può andare incontro a gravi complicazioni.

• Terapie consigliate
Con l'approvazione del medico si può integrare la cura con preparati vegetali.
Aglio (1-2); biancospino (3); panace (2); crespino (1); fumaria (2), tre tazze al giorno; vischio (1); olivo (1); pilosella (1); regina dei prati (1); valeriana (4).

Ipnotica Che provoca il sonno.
Fra le piante che hanno questa proprietà citiamo: arancio (fiori), tiglio (brattee), passiflora (fiori), valeriana (radici, foglie).

Vedi anche Sonno.

Ipotensione arteriosa Abbassamento, sotto il normale limite, della pressione sanguigna all'interno delle arterie.
Alcune persone hanno tendenza all'ipotensione ; per questo motivo si stancano più facilmente delle altre e possono essere soggette ad altri disturbi (vertigini, astenia eccetera).

• Terapie consigliate
Vi sono preparati vegetali che hanno proprietà ipertensive, ma consigliamo di usarli solo sotto controllo medico.
Rosmarino (4) un bicchierino da marsala come aperitivo; salvia (1).

Vedi anche Svenimento.

Ipotiroidismo Insufficiente secrezione dell'ormone tiroideo. Può essere trattata solo dal medico.

Irritabilità

• Terapie consigliate
Cardiaca (2); camomilla romana (5); passiflora (1); papavero (1); valeriana (2-3).

Vedi anche Nervosismo.

Ittero Colorazione gialla della pelle e delle mucose, dovuta a un aumento del pigmento biliare (bilirubina) nel sangue.
Molte possono esserne le cause: spetta al medico identificarle.

• Terapie consigliate
L'autoterapia non è soltanto controindicata, ma addirittura pericolosa.
Soltanto su precisa indicazione del medico si può fare appello alla fitoterapia.
Alkekengi (1); carciofo (1-2); cerfoglio (2); cicoria selvatica (1); fumaria (5); eringio (1); rosmarino (1); saponaria (2); tiglio (5); veronica officinale (1).

Vedi anche Fegato.

L

Labbra Possono essere sede di numerose affezioni.

Vedi Tagli; Foruncoli (consultare subito il medico); Screpolatura; Herpes; Afta.

Labbra aride
Applicare burro di cacao o olio di mandorle dolci.

Laringite Infiammazione della laringe. Richiede un esame delle corde vocali e della laringe e un attento controllo medico in caso di persistenza del disturbo.

Vedi anche Voce.

Lassativa *Vedi*, sotto la voce costipazione, le avvertenze date sull'uso prolungato di piante lassative o purgative.

Lentiggini Esse aumentano in numero e in dimensione con l'esposizione al sole.

• Terapie consigliate
Betulla bianca (8); crescione; cipolla; tarassaco; vite.

Leucorrea Secrezione biancastra proveniente dalla vagina, per lo più di origine infettiva. La leucorrea è spesso particolarmente tenace: va sottoposta quindi a esame ginecologico ed a uno striscio a scopo diagnostico.

• Terapie consigliate
Dopo consultazione e approvazione da parte del medico: lavanda (6); rovo (4); salcerella (1); salvia (1); tormentilla (2).

Linfoghiandole La comparsa di ghiandole linfatiche, sia nell'adulto sia nel bambino, richiede la visita di un medico per determinarne l'origine.

Lingua L'esame della lingua consente di diagnosticare numerose malattie.

Vedi Glossite.

Lingua patinata
Vedi Colica; Costipazione.
Evitare l'abuso di alcol e di tabacco.

Lingua gonfia
Consultare urgentemente un medico. Può essere il primo sintomo di un edema diffuso di origine allergica.

Scottature della lingua
Vedi Scottatura.

Lipoma Rigonfiamento benigno, costituito da un accumulo localizzato di grasso, che si sviluppa soprattutto a livello della nuca, del collo o della schiena.
Il trattamento è soltanto di tipo chirurgico.

Litiasi Formazione di calcoli nell'apparato renale o nelle vie biliari.La malattia è complessa e può essere curata solo da uno specialista.
L'autoterapia è controindicata perché, in assenza di controllo medico, si può provocare la migrazione di un calcolo ed esporre l'organismo a gravi complicazioni (pancreatite, emorragia, coliche epatiche o nefritiche).

• Terapie consigliate
Con l'approvazione dello specialista, possiamo integrare la terapia con: sedano (1); aglio (6); alkekengi (1); asperula odorosa (2); balsamina (3); bardana (6); borragine (6); crespino (1-2); fragola (1-3); frassino (1); tarassaco (2).

Livido

• Terapie consigliate
Acanto; sedano; angelica; agrimonia (5); arnica (1); cavolo verde (cataplasma); issopo (2); mirto (4); centocchi (1); calendula (4); tanaceto (2).

Vedi anche Ecchimosi.

Lombaggine Una lombaggine, soprattutto se recidiva, richiede la consultazione di un medico.

• Terapie consigliate
Per uso interno: tiglio (1-2); valeriana (4).

Per uso esterno: cataplasma di foglie di quercia, immerse nell'acqua bollente e poi schiacciate con un matterello fra due pezzuole, da applicare sulla parte dolente.

M

Magistrale Il fitoterapeuta, quando prescrive dei preparati vegetali, redige una 'prescrizione magistrale'; così è chiamato, infatti, il preparato eseguito secondo una precisa ricetta medica. Infatti, soltanto associando la competenza dell'esperto alla qualità delle piante utilizzate si possono ottenere risultati significativi.

Magnesio Elemento chimico indispensabile alla vita e al buon equilibrio del sistema neurovegetativo.

Vedi Spasmofilia.

Magrezza Esiste una magrezza costituzionale, quella delle persone 'magre per natura' che difficilmente riescono a ingrassare.
Invece i dimagramenti senza causa apparente richiedono la consultazione di un medico.

• Terapie consigliate
Assenzio (1); acoro odoroso (2); angelica (3); enula officinale (1); fieno greco (1); genepì (1); genziana (3); luppolo (1); imperatoria (1); origano (1); acetosa (3); veronica officinale (1).

Vedi anche Appetito; Astenia.

Malaria Il paludismo è dovuto a un parassita che vive nel sangue trasmesso dalla zanzara anofele. Evidentemente un attacco di malaria esige cure mediche.

• Terapie consigliate
Per abbassare la febbre: crespino (3); marrubio bianco (4); china (1).

Mal di montagna

• Terapie consigliate
Senecio (3) (su prescrizione del medico).

Mal di ventre Se il dolore è acuto e persistente bisogna chiamare d'urgenza il medico.
Altrimenti, più specificamente, *vedi* Colica; Costipazione; Diarrea; Flatulenza; Gastroenterite; Meteorismo; Spasmo.

Mal di viaggio Fastidiosa sensazione di malessere e di nausea di cui soffrono alcuni individui viaggiando in automobile, in autobus o in aereo.

• Terapie consigliate
Prendere un bicchierino di vino d'assenzio prima di intraprendere un viaggio.

Malto Grano di orzo (ma anche di altri cereali) che ha già subìto un inizio di germinazione. La farina di malto è ricca di enzimi capaci di migliorare la digestione.

Manna Dall'incisione della corteccia di una particolare varietà di frassino (*Fraxinus ormus*, originario della Sicilia e della Calabria) si ottiene una sostanza zuccherina che si addensa a contatto con l'aria; essa è chiamata manna e possiede proprietà diuretiche e lassative.

Mano

• Terapie consigliate
Per la cura della pelle delle mani consigliamo questa formula: glicerina officinale (30 ml), succo di limone (30 ml), acqua di rose (30 ml); frizionare una volta al giorno.

Vedi anche Pelle; Reumatismo.

Memoria Mediante la fitoterapia si può mantenere o migliorare il livello della memoria.

• Terapie consigliate
Eleuterococco (1); ginkgo (2); ginseng (1-3); melissa (6); rosmarino (2).

Vedi anche Preparazione agli esami.

Menopausa Per molte donne la menopausa è un periodo difficile, in cui è consigliabile uno scrupoloso controllo medico e l'effettuazione di regolari esami preventivi.

• Terapie consigliate
Dopo controllo da parte del medico e in accordo con lui: achillea (1); alchimilla (3); biancospino (1); ballota (2); borsa pastore (2); gramigna (1); cipresso (3); vischio (3); salvia (2); calendula (1-2); valeriana (2); vite (2-4).

Mestruazioni I disturbi mestruali riflettono talvolta uno squilibrio endocrino e solo un medico può intervenire. La fitoterapia, comunque, può venire in aiuto con numerosi preparati a effetto benefico generale.

• Terapie consigliate

Nei casi di flusso eccessivo: equiseto (1); salcerella (1 o 2).

Nei casi di mestruazioni dolorose (dismenorrea): assenzio (1); alchimilla (2); panace (6); camomilla (2); erba gatta (4); genepì (2); ginepro (7); lamio bianco (4); alloro (5); edera rampicante (5); marrubio bianco (5); matricaria (2-5); origano (5); salvia (3).

Nei casi di flusso scarso: assenzio (1 o 3); achillea (1); cardiaca (3); lamio bianco (4); salvia (3); senecio (4); calendula (1-2); tanaceto (2); timo (1).

Vedi anche Dismenorrea

Meteorismo Gonfiore addominale, dovuto all'accumulo di gas intestinali, che può causare vari disturbi. Questi gas devono essere eliminati.

• Terapie consigliate

Sedano (3); calamo aromatico (polvere, 1 g in un cucchiaino di miele prima dei pasti); cardiaca (1); alchimilla (2); aneto odoroso (2); anice (2); balsamina (3); basilico (1); carota selvatica (1); coriandolo (1); cumino (2); finocchio selvatico (1); menta piperita (4); santoreggia (1); serpillo (3); timo (1); verbena (1).

Vedi anche Aerofagia.

Metrite Infiammazione dell'utero di origine per lo più infettiva. Deve essere curata da un medico; l'autoterapia è controindicata.

Metrorragia Emorragia, di provenienza uterina, che si verifica nell'intervallo fra due mestruazioni. Sintomo non trascurabile che richiede esami clinici scrupolosi.

• Terapie consigliate

Dopo esami regolari da parte del ginecologo: borsa pastore (1); cipresso (3); ortica (5); equiseto (1); vite (2).

Vedi anche Emorragia.

Micosi Infezione della pelle o delle mucose dovuta a microscopici funghi. Le micosi possono essere curate con oli essenziali, quindi con l'aromaterapia, sotto stretto controllo medico.

Morbillo Malattia infettiva che richiede assiduo controllo medico a causa dei rischi di complicazioni.

• Terapie consigliate

Borragine (1); crespino (3).

Morbo di Parkinson Alcune piante come il delfinio e il fiorcappuccio sembra diano risultati apprezzabili. Ma il loro uso è riservato esclusivamente al medico.

Morso In caso di morso di animale è meglio consultare il medico per evitare rischi di infezioni e tetano.

• Terapie consigliate

Bardana (2).

Mosche volanti Percezione di puntini mobili e lucenti nel campo visivo. È meglio consultare un medico perché, se persistente, il disturbo ha cause patologiche (ipertensione arteriosa, anemia, ipercolesterolemia, arteriosclerosi, predisposizione all'emicrania).

Mucillagine Sostanza che si rigonfia a contatto con l'acqua. Alcune piante che ne contengono vengono usate in fitoterapia per combattere le costipazioni.

Mughetto Patina biancastra che compare sulla lingua e sulle mucose della bocca, più frequentemente nei neonati, ma talvolta anche nell'adulto sottoposto a prolungate cure a base di antibiotici.

• Terapie consigliate

Si può curare facendo sciacqui di acqua e bicarbonato (un cucchiaino da caffè di bicarbonato di sodio in 1 l d'acqua).

Decotto di foglie di salvia: far bollire per 10 minuti 100 g di foglie secche in 1 l d'acqua; filtrare, usare per sciacqui tre volte al giorno.

N

Narcotica Si dice narcotica la pianta capace di provocare un sonno profondo. Tipico il papavero (*Papaver somniferum*) il cui uso è riservato al medico.

Naso rosso

• Terapie consigliate
Cerfoglio (3); rosa (3).

Vedi anche Couperose.

Nausea Stimolo al vomito che non giunge però al vomito vero e proprio.

• Terapie consigliate
Anice (1); badiana (1); melissa (1); menta (1); tiglio (5); verbena odorosa (1).
Bere un bicchiere di acqua tepida con l'aggiunta del succo di un limone.

Vedi anche Vomito; Gravidanza.

Nebulizzato o estratto secco Questo termine indica una particolare preparazione farmaceutica a base vegetale. Per capire che cosa è il nebulizzato in rapporto alla pianta da cui è ricavato, facciamo l'esempio seguente: 50 kg di equiseto vengono posti a macerare per 15 giorni in 10 l d'acqua. Al termine di questo periodo tutti i principi attivi della pianta sono stati trasferiti all'acqua. Facendo evaporare quest'ultima si ottiene una polvere che è appunto il 'nebulizzato' o 'estratto secco' di equiseto. Il nebulizzato rappresenta quindi i principi attivi della pianta in concentrazione elevata. Il nebulizzato di eleuterococco è 10 volte più concentrato della pianta secca. Si tratta quindi di un medicamento la cui prescrizione spetta soltanto al medico e la cui utilizzazione deve essere assolutamente esclusa dall'autoterapia.
Di una stessa pianta esistono diversi nebulizzati, con diversa concentrazione di principi attivi. Questo spiega la mancata omogeneità di risultati, dovuta appunto all'insufficiente concentrazione di alcuni preparati. Un buon fitoterapeuta deve conoscere bene il medicamento che prescrive al suo paziente, altrimenti rischia di rendere totalmente inefficace la cura.

Nefrite Infiammazione acuta o cronica dei reni. Si tratta di una sindrome grave che esige le cure di uno specialista. L'autoterapia è assolutamente da escludere.

Nei Si deve evitare di irritare un neo (con la rasatura, lo sfregamento della spallina di un reggiseno, eccetera). In caso di infiammazione o modificazione di un neo consultare immediatamente un dermatologo.

Nervi (crisi di) Si manifesta con tremito, singulto, spesso in concomitanza con uno shock affettivo.

• Terapie consigliate
Biancospino (1-2); camomilla romana (5); vischio (3); menta (2); passiflora (1); tiglio (3-4); valeriana (1-2-3).

Vedi anche Nervosismo.

Nervosismo Stato permanente di irritabilità, per lo più a carattere costituzionale, che richiede le cure di uno specialista.

• Terapie consigliate
La fitoterapia offre molte piante sedative, da usare però sotto stretto controllo medico. La scelta è molto ampia. Cardiaca (1-2); asperula odorosa (2); biancospino (2); ballota (1); basilico (4); camomilla romana (5); erba gatta (2); papavero (1); luppolo (3); lavanda (3); ginestrino (1); maggiorana (2); marrubio bianco (3); malva (4); meliloto (2); arancio (2); salvia (3); salice bianco (3); senecio (3); tiglio (4); valeriana (1-2); verbena (1).

Nevralgia Dolore che si estende lungo il tragitto di un nervo, o dello stesso tronco nervoso, come, per esempio, nella sciatica.
Le cause di una nevralgia possono essere le più svariate, quindi non è pensabile un intervento di autoterapia.

• Terapie consigliate
Sotto controllo medico: matricaria (3-5); meliloto (3); menta (1); arancio amaro (4); origano (3); passiflora (3); valeriana (5).
Si può anche frizionare la parte dolorante con olio di iperico.

Nevrastenia La nevrastenia è caratteristica degli stati depressivi. Le persone soggette a questo disturbo devono essere curate da un medico.

Nevrosi cardiaca In occasione di shock emotivi o di sovraffaticamento, alcune persone accusano facilmente palpitazioni. Naturalmente in caso di persistenza del disturbo si deve consultare un cardiologo.

• Terapie consigliate
Cardiaca (1-2); biancospino (1-2); marrubio bianco (3); passiflora (1); valeriana (4).

Evitare di bere il tè e soprattutto il caffè, che può essere vantaggiosamente sostituito dall'orzo torrefatto o dalla cicoria.

Vedi anche Palpitazioni.

Ninfomania Si tratta di un'esasperazione dell'impulso sessuale nella donna che arriva a raggiungere carattere morboso.

• Terapie consigliate
Ninfea (1).

O

Obesità L'obesità non si cura né con le medicine né con preparati vegetali. Serve solo un regime alimentare. Qualsiasi altro criterio di trattamento dell'obesità è pericoloso, illusorio e disonesto.

• Terapie consigliate
Si può soltanto integrare il regime alimentare ricorrendo a piante diuretiche, calmanti, lassative, depurative. Agrimonia (3); carciofo (2); asparago (1); frangula (1); ribes nero (1); visciolo (1); finocchio selvatico (5); frassino (2); fumaria (5); marrubio bianco (3); muschio di Corsica (2); malva (4); tarassaco (1); regina dei prati (3); valeriana (4); vite (1).

Vedi anche Bulimia.

Occhi La fitoterapia è molto efficace contro tutti i danni che oggigiorno subiscono i nostri occhi. Con la sola riserva di porre molta attenzione a eventuali reazioni allergiche: quando si usa un nuovo preparato vegetale è sempre meglio fare una prima applicazione di prova e controllarne l'effetto.

In caso d'infiammazione delle palpebre: ribes nero (1); tiglio (5).

In caso di stanchezza o irritazione degli occhi: fiordaliso (3); eufrasia (1-2); altea (3); malva (8); meliloto (1); rosa (3); sambuco nero (5).

Occhiaie Molte persone, anche senza presentare altre particolari affezioni, hanno tendenza ad avere le occhiaie. Prima di tutto è necessario curare il disturbo che ne è responsabile (insonnia, sovraffaticamento mentale, eccetera).

• Terapie consigliate
In aggiunta al trattamento medico possiamo consigliare: un trattamento locale a base di rosmarino, di malva e di rosa: lasciar macerare 15 g di ciascuna pianta in 250 g di acqua bollente per 20 minuti; filtrare; conservare in frigorifero. Utilizzare in impacchi imbevuti di soluzione fredda. Anche l'amamelide dà ottimi risultati. Camomilla (6); issopo (4).

Occhio di pernice Il trattamento è identico a quello di calli e duroni.

Vedi Calli e duroni.

Occlusione intestinale Arresto completo di feci e di gas in una parte dell'intestino.
Richiedere urgentemente l'intervento del medico.

Oftalmia Infiammazione dell'occhio.

• Terapie consigliate
Camomilla romana (6); eufrasia (1-2); meliloto (1).

Vedi anche Occhi.

Oligoelementi Definizione data ai minerali presenti nell'organismo in minima quantità.
Essi hanno un ruolo essenziale nel metabolismo cellulare. La loro carenza è all'origine di numerose malattie, come l'artrosi e le malattie reumatiche, l'artrite, eccetera. Nei trattamenti di base la prescrizione di oligoelementi è quasi d'obbligo; in altri casi essi integrano efficacemente l'azione delle piante medicinali.
Il loro veicolo ideale è una alimentazione equilibrata, dalla quale, però, siamo oggi purtroppo molto lontani; gli attuali metodi di coltivazione di frutta e verdura comportano l'uso di numerosi prodotti chimici che alterano la proporzione ottimale degli oligoelementi negli alimenti. Si instaurano così carenze che, a lungo andare, conducono a situazioni patologiche.

Oli alimentari

Olio di cartamo
Estratto di cartamo (*Carthamus tinctorius*) che ha la proprietà di ridurre il tasso di grassi.

Olio di colza
Estratto di semi di colza (*Brassica Napus*) che contiene però principi tossici per il muscolo cardiaco (miocardio).

Olio d'oliva
Ricavato dal frutto dell'olivo (*Olea europaea*) ha proprietà delicatamente lassative (un cucchiaio mattina e sera) e

favorisce la secrezione biliare (noi lo riteniamo controindicato per i soggetti ad alto tasso di colesterolo).

Olio di soia
Estratto dai semi di soia (*Soja hispida*) è indicato per soggetti ipercolesterolici.

Olio di girasole
Estratto di semi di girasole (*Helianthus annuus*) particolarmente adatto a soggetti ipercolesterolici.

Vedi anche Colesterolo.

Oli essenziali Gli oli essenziali o essenze vegetali sono principi chimici ricavati, generalmente per distillazione, da piante dette aromatiche cioè ricche di essenze.
Gli oli essenziali hanno numerose proprietà di cui la principale è quella antisettica; sono infatti in grado di distruggere microbi, virus e anche microscopici funghi (per esempio la *Candida albicans*). In base a questo criterio li abbiamo classificati in tre categorie.

Classificazione di Belaiche.

Essenze forti Sono intensamente antisettiche, infatti le rileviamo spesso nei risultati dell'aromatogramma.
Sono gli oli essenziali di cannella, garofano, origano di Spagna, santoreggia, timo, albero del tè.

Essenze medie Anch'esse hanno potere antisettico, ma nettamente inferiore. Sono molte e non potendo citarle tutte ne diamo solo qualche esempio: oli essenziali di cajeput (*Melaleuca leucadendron*, Mirtacee), limoncina, eucalipto, mirto, pino.

Essenze a efficacia sporadica Queste essenze vengono rilevate soltanto dall'aromatogramma. Esso ne indicherà una in particolare, specifica per quel malato, in grado di distruggere il microbo di cui egli è portatore.
Si dovrà quindi non solo somministrargli quel tipo di essenza, ma verificare anche che appartenga alla stessa partita il cui campione è servito per l'aromatogramma.

Gli oli essenziali hanno anche altre proprietà: sono antispastici, carminativi, coleretici, colagoghi, ma solo il medico è in grado di usarli correttamente.

Ultima importante caratteristica è che sono molto variabili. Nella medesima specie botanica, il timo per esempio, l'olio essenziale varia secondo il grado di insolazione, l'umidità del suolo, la latitudine, l'altitudine, il metodo di distillazione, e numerosi altri fattori che fanno sì che la somministrazione di timo a un malato non significhi nulla se non si conosce bene la provenienza della pianta e non se ne fa una analisi approfondita.
Il timo può essere efficace contro il colibacillo o non esserlo, e ciò dipende dai suoi elementi costitutivi; una essenza di pianta è infatti un insieme di molti differenti elementi. La presenza in quantità abbondante di alcuni di essi la rendono efficace contro il colibacillo.
In breve, è utile sapere che:
— gli oli essenziali sono sommamente variabili, di qui la necessità di controllare sempre la qualità del prodotto.
Attenzione Esistono delle essenze di sintesi di pessima qualità. In linea di massima solo il circuito commerciale farmaceutico, che deve sottostare a norme precise, offre delle buone garanzie;
— gli oli essenziali sono tossici a certe dosi, quindi non devono assolutamente essere strumento di autoterapia. La prescrizione, l'uso, il controllo di essi è riservato al medico;
— gli oli essenziali costituiscono un settore della fitoterapia che si chiama aromaterapia.

Vedi anche Aromaterapia; Aromatogramma.

Olio di Cade Ottenuto per distillazione dal legno di ginepro rosso (*Juniperus oxycedrus*), ha proprietà antisettiche e antiparassitarie.
È utilizzato soprattutto nel trattamento dei capelli grassi e dell'eczema.

Olio di mandorle dolci Antinfiammatorio e cicatrizzante è ricavato dalla mandorla del nocciolo del frutto del mandorlo dolce (*Prunus amygdalus dulcis*). Possiede anche proprietà delicatamente lassative.

Ombelico (infiammazione dell') L'ombelico è talvolta sede di infiammazioni o di infezioni.

• Terapie consigliate
Disinfettare con alcol iodato e successivamente applicare una goccia di olio essenziale di lavanda deterpenato.

Oppressione respiratoria Alcune persone presentano difficoltà nella respirazione, precisamente nel momento in cui inspirano, senza motivo apparente. Questo sintomo si riscontra spesso nella spasmofilia.
Se questa oppressione è associata all'angoscia, alla stanchezza al momento del risveglio, o addirittura all'insonnia, è meglio consultare il medico.

Orchite Infiammazione del testicolo. Il trattamento deve essere affidato al medico.

Orecchio Un dolore all'interno dell'orecchio, specialmente nel bambino, richiede un'immediata valutazione medica.

• Terapie consigliate
Melissa (1); verbena odorosa (2).

In caso di penetrazione di un corpo estraneo: consultare con urgenza il medico. In attesa, e soltanto se si tratta di un piccolo insetto: mettere 8 gocce di olio di oliva tiepido nel condotto uditivo, attendere 1 minuto, rovesciare il capo per far uscire l'olio. Generalmente l'insetto fuoriesce con esso.

In caso di ronzio: *vedi* Acufene.

In caso di ostruzione: *vedi* Cerume.

Orecchioni Malattia virale molto contagiosa che deve essere oggetto di cure mediche.

Orticaria Violenta eruzione cutanea, molto pruriginosa.

• Terapie consigliate
Fumaria (4); viola selvatica (1).
Decotto di ortica: far bollire per 20 minuti 100 g di pianta in 1 l d'acqua, berne una tazza tre volte al giorno, prima dei pasti principali.

Vedi anche Prurito (le piante che possono attenuarlo).

Orzaiolo Piccolo foruncolo sul bordo della palpebra per il trattamento del quale è meglio chiedere consiglio al medico.

• Terapie consigliate
Fiordaliso (2); eufrasia (1-2); sambuco nero (5).
ATTENZIONE Le piante usate per applicazioni oculari devono essere accuratamente lavate, prima in acqua corrente, poi in acqua bollita, prima di essere trattate in decotti, infusioni, eccetera.
Non solo, ma, qualunque sia la preparazione, dovrà alla fine essere accuratamente filtrata attraverso una garza sterile.

Orzo perlato Grani di orzo privati del loro involucro. Il loro decotto è emolliente.

Ossessione In alcuni casi, previa approvazione del medico, si possono usare piante sedative.

Vedi Nervosismo.

Ossiuri Piccoli vermi parassiti dell'intestino.

Vedi Parassitosi intestinale.

Osteoporosi Demineralizzazione progressiva delle ossa che conferisce al tessuto osseo un carattere poroso. Va tenuta sotto stretto controllo medico.

• Terapie consigliate
Equiseto (2).

Vedi anche Demineralizzazione.

Otite Infiammazione dell'orecchio medio. Consultare urgentemente il medico.

P

Pallore Biancore della pelle e dei tegumenti. Spesso è sintomo di anemia.

Vedi Anemia; Carnagione.

Palpitazioni Accelerazione del ritmo cardiaco, per lo più di origine nervosa. Si possono presentare anche in caso di spasmofilia. È opportuno un controllo medico.

• Terapie consigliate
Cardiaca (1-2); asperula odorosa (2); biancospino (1-2); menta (3); arancio amaro (2); tiglio (1); valeriana (4); verbena (1).

Vedi anche Nevrosi cardiaca.

Parassitosi intestinale Numerose piante sono in grado di contrastare i vermi intestinali.
Citiamo solo le principali.

• Terapie consigliate

Contro i vermi in genere
Aglio (5); dragoncello (1); iperico (4); scrofularia (1); timo (4).

Contro l'ascaride
Assenzio (2); lino (1); matricaria (4); muschio di Corsica (1); rosmarino (2).

Contro gli ossiuri
Assenzio (2); genziana (4); matricaria (4); muschio di Corsica (1); tanaceto (2).

Contro la tenia
Zucca (2).

Patereccio Infezione localizzata a un dito, da sottoporre a controllo medico.

• Terapie consigliate
Fieno greco (3); equiseto (3).

Pelle

• Terapie consigliate
Pelle poco tonica
Betulla (7).

Pelle grassa
Achillea millefoglie (5-8); salice bianco (4); tussilagine (1).

Pelle arida
Altea (5); tiglio (3).

Periartrite della spalla Infiammazione di tendini, muscoli e legamenti della spalla.

• Terapie consigliate
Artiglio del diavolo (2).

Pericoli della fitoterapia Le piante medicinali non sono innocue. Alcune sono persino decisamente tossiche; in questo manuale ne menzioniamo alcune.
Consigliamo vivamente il lettore di utilizzare soltanto piante perfettamente conosciute e fornite da uno specialista del ramo, di cui siano note la competenza e l'onestà. Attualmente, purtroppo, circolano sul mercato numerosissime piante medicinali di cattiva qualità.
Quelle poste in vendita, invece, nel circuito commerciale farmaceutico sono sottoposte a controlli e devono rispondere a precise norme. Ciò costituisce, per il consumatore, una notevole garanzia circa la idoneità del prodotto.

Pertosse Malattia infettiva, contagiosa, epidemica, caratterizzata da una tosse convulsa, spesso accompagnata da vomito. Questa malattia infantile grave, un tempo spesso mortale, esige un attento controllo medico e una terapia appropriata.

• Terapie consigliate
Solo con l'approvazione del medico curante e ad integrazione delle terapie mediche, possiamo consigliare: basilico (2); drosera (2); grindelia (2); lavanda (4); edera rampicante (1); marrubio bianco (3); maggiorana (4); menta piperita (6); arancio (2); origano (5); serpillo (1); timo (3).
Aglio (latte ricavato con metodo Vassilief): 150 g di bulbi sbucciati; passare nel frullatore; lasciare in infusione per 25 minuti in 400 g di latte bollente. Prenderne un cucchiaio mattino e sera.
Lichene d'Islanda: mettere a bagno in acqua minerale

per tutta una notte 30 g di lichene secco; lavare poi la pianta in acqua molto calda; far cuocere 20 minuti a fuoco lento; filtrare; aggiungere una quantità equivalente di zucchero; far cuocere a bagnomaria per concentrare (mescolando continuamente). Prenderne un cucchiaino da caffè quando si verificano accessi di tosse.

Pidocchi I pidocchi possono provocare una malattia della pelle, la pitiriasi o pedicolosi.

• Terapie consigliate
Lavanda (6); origano (4); timo (5).
Cospargere la zona infestata con polvere di piretro naturale.

Piedi *Vedi* Bagno; Calli e duroni; Geloni; Alluce valgo; Reumatismo; Traspirazione.

Piedi stanchi e doloranti
Salice bianco (5).

Poliartrite reumatoide Malattia degenerativa delle articolazioni. Il trattamento fitoterapico e con oligoelementi spetta al medico. Escludere l'autoterapia.

Poliomielite Il solo trattamento efficace contro la poliomielite è la vaccinazione preventiva.

Polline Il polline, quando si diffonde nell'aria in primavera o estate, provoca l'aggravarsi delle malattie allergiche (raffreddore da fieno, orticaria, asma, eccetera). Il medico, intervenendo sul terreno allergico, potrà migliorare la situazione.

Polmone Tutte le malattie polmonari richiedono esami e terapie particolari. Sia chiaro quindi che noi prendiamo in considerazione solo un trattamento medico.

• Terapie consigliate
La tradizione popolare, confermata dalla pratica clinica, dimostra che alcune piante possono attenuare i disturbi respiratori.
Aglio (3); tasso barbasso (1); drosera (2); lavanda (7); lichene d'Islanda (2-5); marrubio bianco (5); melissa (3); menta (6); iperico (2); pino silvestre (1-3); poligala (2).

Vedi anche Enfisema polmonare.

Potassio È un elemento indispensabile alla vita. Alcune piante, come la borragine, la fumaria e la parietaria, ne contengono in quantità elevata.

Preparazione agli esami

• Terapie consigliate
Per evitare l'eccessiva tensione emotiva si può intervenire, nei tre giorni che precedono la prova, con una cura di valeriana (4), la sera prima di coricarsi; inoltre si è dimostrata molto utile l'assunzione di uno specifico rimedio omeopatico, *gelsemium* alla diluizione 9CH, di cui andrà presa una dose alla vigilia e una la mattina dell'esame (2 ore prima della prova).

Vedi anche Memoria.

Prevenzione La fitoterapia è una medicina preventiva. Può infatti modificare la costituzione fisica della persona, quel tanto che gli consenta di resistere meglio alle insidie esterne.
Questo vale particolarmente nel caso di malattie infettive, quando si interviene con l'aromaterapia, che deve essere però praticata, come abbiamo più volte precisato, esclusivamente dal medico.

Prostata Tutte le malattie della prostata richiedono esami e controlli accurati. Solo il medico può decidere una fitoterapia.

Prurito Può avere le più svariate cause (nervose, parassitarie o metaboliche, come nel diabete). Se è persistente deve essere chiesto un controllo medico.

• Terapie consigliate
Alcune piante possono attenuarlo.
Bardana (3); tasso barbasso (5); camomilla romana (5), soprattutto per il prurito vulvare; carota (2); cerfoglio, applicazioni locali di succo crudo; scabiosa (5).

Psoriasi Malattia ribelle della pelle di origine ignota, caratterizzata da placche rossastre ricoperte da squame bianche. Sedi elettive sono il cuoio capelluto, i gomiti, l'incavo del ginocchio. Ma può anche essere estesa altrove.

• Terapie consigliate
Consolida maggiore (2); artiglio del diavolo (1); viola selvatica (1); saponaria (1-2).

Puntura d'insetto

• Terapie consigliate
Se di vespa o di ape, togliere il pungiglione e strofinare con una mezza cipolla appena tagliata, o con dei petali di calendula o, in mancanza di questi, con petali di fiori qualsiasi.

Vedi anche Insetti.

Purgativa È chiamata purgativa una pianta che possiede proprietà intensamente lassative.
Per esempio la frangula e la sena.
Esse possono essere utilizzate solo sotto controllo medico, e per periodi limitati, perché sono irritanti dell'intestino.

Vedi Costipazione.

R

Rachitismo Malattia infantile, dovuta a carenza di vitamina D, che provoca un ritardo nella crescita con sintomi di carattere neurologico e osseo.
Un bambino regolarmente seguito dal pediatra è al riparo dal rachitismo e questo in particolare nei nostri paesi. Infatti l'assimilazione di vitamina D avviene quasi naturalmente con l'esposizione al sole, non solo, ma sottoalimentazione o gravi errori dietetici sono pressoché assenti nei paesi industrializzati. Per motivi esattamente opposti il rachitismo è invece diffuso nei paesi sottosviluppati.
Si ritiene comunque che un'alimentazione equilibrata e la somministrazione di vitamina D possono efficacemente prevenirlo.

• Terapie consigliate

La tradizione popolare riporta il benefico effetto di alcuni bagni a base di preparati vegetali, che devono essere praticati per la durata di 15 minuti tre volte alla settimana.
Bagno di quercia marina: far bollire 12 minuti 250 g di pianta in 1 l d'acqua, aggiungere all'acqua del bagno.
Bagni di foglie di noce: far bollire per 15 minuti 300 g di foglie fresche in 3 l d'acqua, aggiungere poi all'acqua del bagno.
Bagno di salvia: far bollire per 10 minuti 300 g di salvia in 3 l d'acqua, aggiungere all'acqua del bagno.
Bagno di aghi di pino: far bollire per 12 minuti 300 g di aghi in 5 l d'acqua, aggiungere all'acqua del bagno.
Bagno di calamo aromatico: far bollire per 15 minuti 10 g di rizomi in 3 l d'acqua, aggiungere all'acqua del bagno.

Vedi anche Bagno.

Raffreddore Affezione benigna di carattere stagionale.

• Terapie consigliate

Alcune piante affrettano la guarigione e disinfettano le fosse nasali.
Basilico (3); eucalipto (1-2); mirto (2).

Raffreddore da fieno
Vedi Pericoli della fitoterapia nei casi di asma.

Ragade anale Ulcerazione molto dolorosa che si può formare ai margini dell'ano. Questo disturbo tenace e recidivo deve essere sottoposto all'esame di uno specialista (rettoscopia).

• Terapie consigliate

La lavanda deterpenata, usata pura per applicazioni locali, porta buoni risultati.
Semicupi di radici di quercia: far bollire per 20 minuti 300 g di radici secche di quercia in 2 l d'acqua; aggiungere la quantità di acqua necessaria a un semicupio.

Raucedine Cambiamento brusco o progressivo del timbro della voce, imputabile a fattori diversi, infettivi o tossici (tabacco) o a sovraffaticamento vocale.

• Terapie consigliate

È necessario un esame otorinolaringoiatrico. In attesa del responso: agrimonia (2); tasso barbasso (3); drosera (1); finocchio selvatico (2); issopo (5); pino silvestre (4); rovo (2).
Si consiglia di fare dei gargarismi con il miele.

Vedi anche Voce.

Remineralizzante Una pianta è chiamata remineralizzante quando apporta all'organismo sali minerali e oligoelementi.
Così il fieno greco, la galeopsis, l'equiseto, la polmonaria, la corengiola.

Reni Alcuni reni hanno tendenza a produrre calcoli. Il fitoterapeuta dispone di numerosi preparati adatti che il malato, però, non può utilizzare in autoterapia, perché il loro uso esige una lunga pratica e abilità nei dosaggi: sono a base di betulla, calluna cinerea, rapanello nero, sassifraga, eccetera.

• Terapie consigliate

In attesa del medico qualcosa si può fare.
Corbezzolo (1); uva ursina (3); ribes nero (2); cerfoglio (1); gramigna (1); veronica officinale (3).

Vedi anche Litiasi.

Reumatismo Le malattie reumatiche sono numerose; la principale, il reumatismo artrosico, è la più difficile da curare. La fitoterapia, per mezzo degli oligoelementi, dà ottimi risultati, purché sia condotta da un medico molto esperto di queste terapeutiche.

• Terapie consigliate

Le piante antireumatiche sono numerose e la tradizione popolare è eloquente in proposito.
Sedano (2); achillea (4), pomata; calamo aromatico, uso esterno; mirtillo (1); alkekengi (3); fiordaliso (6); borragine (5); calluna (1), uso esterno; ribes nero (1); gramigna (1); frassino (3); artiglio del diavolo (7); lavanda (8), uso esterno; alloro (3-5), uso esterno; edera rampicante (6), uso esterno; regina dei prati (4); saponaria (3); salice (1), uso esterno; serpillo (4); tiglio (2).

Vedi anche Artrite.

Revulsivante Si dice revulsivante una pianta che provochi irritazione o arrossamento della pelle o delle mucose. Così la clematide, la senape nera, l'ortica e anche l'essenza di trementina.
I preparati di queste piante sono revulsivi, accrescono cioè la circolazione sanguigna nella zona alla quale sono applicati.

Rinofaringite del bambino La rinofaringite ripetuta viene debellata dagli oligoelementi e dagli oli essenziali (aromaterapia).
Nessuna autoterapia. Consultare il medico.

Risolutiva Si chiama risolutiva la pianta che stimola la guarigione di un edema, di un ingorgo circolatorio, di un'infiammazione. Così l'artiglio del diavolo e altri.

Ritenzione di urina È urgente l'intervento del medico.

Vedi Diuresi; Diuretica.

Rughe

• Terapie consigliate

Cerfoglio (3); papavero selvatico (4); tiglio (1); tussilagine (1).
Cocomero: applicare una maschera di cocomero fresco sminuzzato per 30 minuti, tutte le sere, per 20 giorni, poi due volte alla settimana.

S

Salivazione L'eccesso di salivazione è sintomo da sottoporre al medico. Le cause possono essere diverse: gotta, gengivite, malattie del tubo digerente, dell'esofago in particolare.
Le piante medicinali possono curare sia l'eccesso che l'insufficienza di salivazione, ma devono essere prescritte solo dal medico.

Salpingite Infezione delle trombe uterine.
Richiede un trattamento specialistico, spesso a base di antibiotici. Gli oli essenziali e gli oligoelementi possono dare buoni risultati, ma devono essere prescritti dal medico. In attesa, consigliamo di mettersi a riposo e di evitare di porre sul ventre borse di acqua calda o altro di simile.

Sciatica Dolore acuto che partendo dalla regione lombare o dalla natica può scendere fino alle dita dei piedi. Consultare il medico.

• Terapie consigliate
Cavolo (3), uso esterno.

Vedi anche Reumatismo.

Sclerosi a placche Malattia di origine sconosciuta che si svolge alternando accessi di aggravamento a periodi di remissione. Impensabile qualsiasi autoterapia.

Scoliosi Deformazione della colonna vertebrale che esige un trattamento di tipo meccanico (rieducazione). In caso di dolori *vedi* Reumatismo.

Scorbuto Malattia dovuta a carenza di vitamina C. Una volta colpiva soprattutto i navigatori di lungo corso, la cui alimentazione era carente di frutta e verdure fresche. Ormai, alle nostre latitudini, è una malattia rara.

• Terapie consigliate
Il suo trattamento consiste nella somministrazione di vitamina C, integrata con preparati vegetali e con una alimentazione ricca di frutta e verdure che contengano la vitamina C in forti dosi.
Fra le piante che contengono la vitamina C citiamo: rafano, crescione, lampone, ribes nero, cinorrodo (frutto della rosa canina), pompelmo, limone.
Cavolo (1).

Scottatura Lesione della pelle o delle mucose dovuta al calore. L'autoterapia ha, in questi casi, dei limiti molto precisi e non può essere adottata se non a certe condizioni: tutte le scottature estese, anche quelle che risparmiano la pelle, richiedono un controllo medico.
Tutte le scottature aperte dove, cioè, la pelle è stata distrutta e lascia a nudo una superficie di color rosso vivo, sono da considerarsi ustioni di secondo grado ed esigono una medicazione e delle precauzioni sotto sorveglianza medica.
Le piante spesso possono essere portatrici di germi e quindi applicare cataplasmi non perfettamente sterili su una piaga può provocare gravissime infezioni; di qui la necessità di lavare le piante molto accuratamente in acqua bollita. Osservate queste precauzioni, l'autoterapia a base di preparati vegetali dà spesso risultati rilevanti in caso di bruciature superficiali.

• Terapie consigliate
Acanto; tasso barbasso (4); carota; cavolo sminuzzato; consolida; rosa canina; edera; iperico (3).
Cataplasma di patata sbucciata cruda e, se possibile, finemente sminuzzata.

Screpolatura Lesione della pelle o delle mucose dovuta per lo più al freddo.

• Terapie consigliate
Screpolatura delle labbra
Applicare alla connessura labiale una goccia di olio essenziale di lavanda deterpenata, tutti i giorni per 20 giorni, oppure strofinare le labbra con un cocomero fresco sbucciato.

Screpolatura della pelle
Olio essenziale di lavanda deterpenata: applicare una goccia al giorno per 20 giorni.
Quercia (1).

Screpolatura delle mani
Achillea millefoglie; agrimonia (4); quercia (1); consolida maggiore (2).
Una soluzione utilissima per l'inverno: acqua di rose (30 cc), glicerina (30 cc), succo di limone (30 cc).
Da applicare dopo ogni lavaggio delle mani. Frizionare bene fino a completa penetrazione.

Screpolatura del capezzolo (quando il bimbo è svezzato)
Olio essenziale di lavanda deterpenata: una goccia al giorno applicando delicatamente; achillea millefoglie (7) in impacchi tre volte al giorno.

Seno La donna dovrebbe sottoporre a esame i seni una volta all'anno.
Ogni modificazione di aspetto riscontrata, ogni nodulo scoperto mediante l'autopalpazione esige l'immediata visita di un medico.
In caso di ascesso è necessario consultare con urgenza il medico.

• Terapie consigliate
In caso di gonfiore o dolori prima delle mestruazioni: ribes nero (2); o anche porre in infusione per 15 minuti in 200 cc di acqua bollente 30 g di foglie secche di agno casto e 30 g di pianta intera secca di migliarino. Berne una tazza al mattino e una alla sera nei 25 giorni che precedono le mestruazioni.

In caso di prolasso mammario: frizioni con lozione di salvia officinale (200 g di salvia per 400 ml di alcol a 90 gradi), una frizione al giorno in cure di 15 giorni alternate con un mese di pausa (per tre volte); oppure, frizioni alla lozione di erba medica (200 g di erba medica per 300 ml d'alcol a 90 gradi), una frizione tutti i giorni in cure di 15 giorni alternate con un mese di pausa (per tre volte).

In caso di mastosi (seni infiltrati da piccoli noduli doloranti prima delle mestruazioni): è indispensabile la consultazione del medico.

Vedi anche Ascesso caldo; Allattamento; Screpolature; Ingorgo mammario.

Sessuali (disturbi)

• Terapie consigliate
Eccesso di desiderio sessuale: ninfea (1).

Assenza di desiderio sessuale: ginseng (1-2).

Vedi anche Eiaculazione precoce; Erezione notturna.

Sete Ogni sete eccessiva, quando non sia in concomitanza con febbre alta o sforzi fisici di rilievo, deve sembrare sospetta. Consultare il medico, perché numerose malattie, come il diabete e l'ipercolesterolemia, possono esserne responsabili.

Silice Numerose piante contengono la silice (composto chimico che partecipa alla vita dell'osso) di cui l'organismo necessita per il suo equilibrio. Così la galeopsis, l'equiseto, la polmonaria, la corengiola.

Vedi Demineralizzazione.

Singhiozzo Contrazione brusca del diaframma.
Il singhiozzo persistente in una persona anziana richiede la consultazione del medico.

• Terapie consigliate
Calamo aromatico (3); anice (1); calaminta (2); dragoncello (3); menta (2).

Sinusite Infiammazione dei seni paranasali, spesso di origine infettiva. È indispensabile l'intervento del medico, soprattutto perché in questi casi si deve far ricorso agli oli essenziali (aromaterapia).

• Terapie consigliate
Eucalipto (5); mirto (3); timo (2).

Smagliatura La fitoterapia non ha efficacia alcuna contro le smagliature.

• Terapie consigliate
Poiché la silice protegge il sistema connettivo, consigliamo impacchi di piante ricche di silice da applicare due volte al giorno a scopo preventivo.
Decotto di equiseto: far bollire per 12 minuti, poi la-

sciare in infusione per 15 minuti, 300 g di fusti secchi in 1 l d'acqua.
Decotto di corengiola: far bollire per 10 minuti, poi lasciare in infusione per 15 minuti, 150 g di pianta intera secca in 1 l d'acqua.
Decotto di calluna: far bollire per 15 minuti, poi lasciare in infusione per 10 minuti, 300 g di sommità fiorite secche in 1 l d'acqua.
Decotto di galeopsis: far bollire per 15 minuti, poi porre in infusione per 10 minuti, 400 g di pianta fiorita secca in 1 l d'acqua.
Decotto di alchemilla: far bollire per 12 minuti, poi porre in infusione per 10 minuti, 100 g di pianta intera senza la radice in 1 l d'acqua.

Sole Il sole è fondamentalmente benefico per la salute (per esempio nel rachitismo). Tuttavia può essere responsabile, in alcuni soggetti, di sgradevoli disturbi.

Vedi Abbronzatura; Fotosensibilizzazione.

Sonno I disturbi del sonno, l'insonnia in particolare, sono oggi molto frequenti.
In caso di insonnia persistente è meglio chiedere consiglio al medico.

• Terapie consigliate
Numerose piante con proprietà soporifere possono integrare le cure.
Alchemilla (2); asperula odorosa (1); biancospino (1-2); basilico (2); tasso barbasso (4); altea (4); luppolo (4-5); alloro (7); maggiorana (2); marrubio bianco (3); meliloto (2); melissa (4-5); passiflora (2); salice bianco (3); tiglio (1-4); valeriana (1-3).

Per ottenere un sonno profondo: ballota (3); papavero selvatico (3).

Vedi anche Fatica.

Sonnolenza digestiva La sonnolenza dopo i pasti è dovuta a un cattivo funzionamento delle vie biliari.

Vedi Fegato; Digestione.

Sovraffaticamento Vero e proprio flagello della vita moderna, il 'surmenage', come ormai è generalmente chiamato, è responsabile di un numero sempre maggiore di malattie cardiovascolari e della spasmofilia.
Il solo trattamento possibile è il riposo, con relativo rilassamento fisico e psichico.

Vedi Astenia; Sonno; Spasmofilia.

Spasmo Alcuni preparati vegetali combattono gli spasmi dolorosi dell'apparato digestivo (stomaco, vescicola biliare, intestini).

• Terapie consigliate
I dolori persistenti richiedono la consultazione del medico; quelli lievi e occasionali possono essere efficacemente trattati con l'aiuto delle piante.
Anice (1); basilico (2); calaminta (2); menta (1); passiflora (1); liquirizia (1); santoreggia (2).

Vedi anche Spasmofilia.

Spasmofilia La spasmofilia è caratterizzata dalla tendenza dell'organismo a subire delle contrazioni a causa di una permanente ipereccitabilità neuromuscolare.
Tre sintomi sono particolarmente importanti.
L'angoscia, che sopravviene bruscamente o insidiosamente, spesso senza apparente motivo, più spesso in seguito a shock emotivi o affettivi.
La stanchezza al momento del risveglio mattutino: anche dopo una notte di sonno il soggetto si sveglia stanco, addirittura spossato. Essa può attenuarsi durante la giornata e riapparire verso le 18 o, al contrario, durare tutto il giorno.
L'insonnia o un eccessivo bisogno di sonno: spesso si tratta di insonnia della seconda parte della notte. Il malato, spossato, si addormenta verso le ore 21-22, si risveglia verso le 4, per poi riaddormentarsi verso le 7 quando sarebbe ora di alzarsi.

Altri sintomi: aerofagia, dolori e crampi allo stomaco, digestione difficile, coliche addominali, stomaco contratto, crisi di fegato;
— ansietà, emotività, pessimismo, tendenza al pianto,

crisi di nervi, depressione, crisi di malinconia, tendenze suicide, irritabilità;
— incubi, soprassalti notturni, risvegli frequenti, sonnanbulismo, sonno troppo pesante, digrignamento dei denti durante il sonno;
— claustrofobia, paura della folla e del traffico, paura di rimanere soli;
— difficoltà di respirazione, oppressione, affanno, gola serrata, dolore retrosternale;
— dolori muscolari, contrazioni, crampi, lombaggini, strappi frequenti, stiramenti;
— emicranie, pesantezza del capo, sensazione di vertigini quando si cambia posizione del capo;
— diminuzione dell'attenzione, cattivo rendimento scolastico, incapacità di decisione, confusione mentale, balbettamenti, perdita di conoscenza, convulsioni, tetania;
— impotenza, frigidità, perdite seminali, minore vigore sessuale;
— sudorazione abbondante, vampe di calore, freddolosità, tremito emotivo, brividi;
— psoriasi, verruche, proliferazioni cutanee a carattere benigno;
— carie frequenti, fragilità dei denti.

La spasmofilia è una malattia ereditaria, il suo trattamento è molto lungo (2 anni, talvolta di più); la fitoterapia e gli oligoelementi danno buoni risultati.
L'AUTOTERAPIA È IMPOSSIBILE, bisogna evitare assolutamente qualsiasi intervento di carattere neuropsichiatrico (tranquillanti, ansiolitici, sonniferi, eccetera). Il male si manifesta e si mantiene anche a causa dello stress e l'igiene di vita gioca un ruolo fondamentale nella guarigione.

• Terapie consigliate
Norme di condotta: è necessario consultare uno specialista che procederà ad alcuni esami tra cui un eventuale elettromiografia (tracciato che studia la contrattilità muscolare), a un dosaggio del calcio, del magnesio, del potassio e di altri elementi. Il trattamento della spasmofilia è complesso e laborioso: sono necessari, da parte del medico, competenza e impegno particolari.

Spondilite Malattia reumatica particolare che colpisce le articolazioni sacro-iliache e intervertebrali.
La fitoterapia e gli oligoelementi danno risultati molto interessanti.

Sport Si dice che, per migliorare il loro rendimento alle Olimpiadi di Monaco, gli atleti russi facessero uso di eleuterococco.

Stanchezza La stanchezza è un sintomo molto importante; come un segnale di allarme avverte che l'organismo sta entrando in una zona 'pericolosa' ai limiti della normalità.
Essa ha un significato diverso secondo l'ora in cui si manifesta.

Stanchezza al risveglio mattutino
Deriva da uno squilibrio del sistema neuro-vegetativo. Spesso è accompagnata da ansia, insonnia e altri disturbi difficilmente definibili. Solo uno specialista può curare questo problema.

Stanchezza di fine mattinata ('stanchezza delle 11')
Si manifesta in soggetti che fanno una prima colazione insufficiente o che hanno tendenza all'ipoglicemia (abbassamento del tasso di zucchero nel sangue). Questo tipo di stanchezza richiede una visita medica ed esami di laboratorio.

Stanchezza durante la digestione
Vedi Digestione.

'Stanchezza delle 17'
È una stanchezza che si può definire normale. È necessario riposare, rilassarsi e cercare di cambiare ritmo di vita. La fitoterapia può dare un prezioso aiuto in tal senso.

• Terapie consigliate
Calaminta (4); coriandolo (2); rosa canina; genziana (1); alloro (1); pilosella (3); rafano (1); serpillo (2-5); veronica officinale (4).

Starnutatoria Una pianta si dice starnutatoria quando provoca lo starnuto. Così la mostarda nera.

Sterilità La sterilità è l'incapacità di un soggetto, uomo o donna, di avere figli.
Spesso è difficile scoprirne la causa. Qualsiasi trattamento spetta allo specialista.

Stiramento muscolare Strappo muscolare dovuto per lo più allo sforzo intenso di un muscolo non allenato. È urgente consultare un medico ma, in attesa, mettersi assolutamente a riposo.

• Terapie consigliate
Al malato già in via di guarigione per evitare le ricadute: senecio: fare un decotto di 30 g di pianta secca in 1 l d'acqua; far bollire per 5 minuti e lasciare in infusione per altri 5. Prenderne una tazza mattino e sera per 2 mesi.
Sedano (2); agrimonia (5); angelica; arnica (1); issopo (2); iperico (2); mirto (4); calendula (3); valeriana (1).
Olio essenziale di garofano e di cannella: frizionare delicatamente con 3 gocce di olio essenziale di cannella e 2 di olio essenziale di garofano.
Alcol canforato: come frizione.

Vedi anche Contrattura.

Stomachica Una pianta è così chiamata quando favorisce la digestione. Così la centaurea, la genziana, il trifoglio fibrino, la veronica.

Stomaco Un mal di stomaco persistente richiede un controllo medico. La fitoterapia può essere utile solo nei casi piuttosto lievi.

• Terapie consigliate
In casi di dilatazione, digestione lenta, atonia, dispepsia: enula officinale (1); erba benedetta (1-2); calaminta (1); erba gatta (1); edera terrestre (4); centocchi (2); santoreggia (4); serpillo (2); timo (1).

In caso di spasmi gastrici: anice (1); basilico (2); maggiorana (1); origano (3).

In caso di gastralgie, dolori, bruciori: consolida maggiore (2); cumino (2); melissa (3); liquirizia (1), sotto il controllo del medico.

Fitoterapia alimentare: è di fondamentale importanza consumare frutta, verdure ed erbe aromatiche che facilitino la digestione. Mandorle, asparagi, sedano, castagna, cotogna, dragoncello, fichi, fragole, ribes, more, pesche, pere, uva, rabarbaro, timo, topinambour.

Vedi anche Bruciori di stomaco; Digestione; Ulcera del duodeno.

Stomatite Infiammazione delle mucose della bocca.

• Terapie consigliate
Sambuco nero (5).

Vedi anche Bocca; Mughetto; Afte.

Stress Parola di origine anglosassone, sinonimo di 'aggressione'.
Vi possono essere diversi tipi di aggressione: dispiaceri, lutti, preoccupazioni, perdita del lavoro, fallimenti o, al contrario, grandi soddisfazioni e persino il successo.
Se le cause sono svariate il problema resta lo stesso: l'organismo deve adattarsi all'aggressione per potervi far fronte.

Vedi Stanchezza.

Sudorazione Traspirazione abbondante.
Quando la traspirazione è eccessiva si deve consultare il medico.

• Terapie consigliate
Per diminuire il fenomeno: betulla (1); equiseto (3); salvia (2), una tazza mattino e sera.

Per provocarla: calamo aromatico (1), una tazza mattino e sera; bardana (5); borragine (1-2); sambuco nero (6). Fare anche consumo abbondante di lamponi e di rape.

Svenimento Perdita temporanea della coscienza.
Bisogna consultare un medico anche quando si ha la sensazione di imminente perdita di coscienza, anche senza svenire.

• Terapie consigliate
Angelica (3) e acqua di melissa.

T

Tabagismo Alcuni preparati vegetali aiutano a combattere questo 'flagello', con maggiore o minore efficacia. Il solo rimedio efficace è una forte motivazione a smettere il vizio da parte del fumatore.

• Terapie consigliate
Possiamo favorire la disintossicazione mangiando aglio o sostituendo il tabacco con foglie di arnica, di betonica o di salvia, mescolate a tussilagine. Ma si tratta di palliativi.

Tachicardia Accelerazione significativa del ritmo cardiaco.

Vedi Palpitazioni.

Taglio Se si tratta di un taglio profondo, con emorragia persistente, è necessario l'intervento di un medico. Se invece si tratta di un taglio superficiale consigliamo la disinfezione con alcol o, meglio, con alcol di olio essenziale di lavanda deterpenata che è il cicatrizzante per eccellenza.

Vedi anche Cicatrizzazione.

Tannino I tannini sono sostanze che si trovano in certe varietà di piante conferendo loro proprietà astringenti. Così l'ontano, la quercia da galla, il rovere, il frutto della cotogna, l'amamelide, il noce, l'ortica, la corengiola, il rovo. Le piante da tannino hanno grande importanza in fitoterapia.

Vedi anche Astringente.

Temporale Il temporale provoca in alcune persone una specie di malessere o anche dolori articolari.

• Terapie consigliate
In caso di malessere: cardiaca (1-2); biancospino (1).

In caso di dolori articolari: artiglio del diavolo (2).

Tendinite Infiammazione di un tendine dopo uno sforzo prolungato o eccessivo. Consultare il medico per evitare che diventi cronica.

• Terapie consigliate
Artiglio del diavolo (4).

Tenifuga È detta tenifuga una pianta che riesce a combattere la tenia.

• Terapie consigliate
Zucca (2).

Tetania La crisi di tetania è la manifestazione più grave della spasmofilia. Si manifesta con contratture delle mani molto caratteristiche, dette 'mani da ostetrico', ma anche di altre parti del corpo.
La crisi di tetania richiede l'urgente intervento del medico e il trattamento di base della spasmofilia.

Vedi Spasmofilia.

Tic *Vedi*, sotto la voce Nervosismo, l'elenco delle piante sedative.

Tigna Malattia del cuoio capelluto dovuta a un microscopico fungo.
Va curata dal medico perché può provocare la definitiva caduta dei capelli.

• Terapie consigliate
Viola selvatica (1).

Tintura vegetale Per ottenere una tintura vegetale si lascia macerare la pianta in una miscela di acqua e alcol in proporzioni variabili.
Le tinture-madri costituiscono le preparazioni di base dei prodotti omeopatici.

Tonico-amara Le piante tonico-amare hanno la doppia proprietà di tonificare l'organismo e di stimolare l'appetito. Così il calamo aromatico, la camomilla, il crespino, il luppolo e lo zafferano.

Vedi anche Appetito; Astenia.

Tonsillite Infiammazione acuta o cronica delle tonsille.

Vedi Angina.

Torcicollo Il torcicollo si manifesta con una contrazione dolorosa di uno dei muscoli del collo.

• Terapie consigliate
Menta (1); rosmarino (4).

Tosse La fitoterapia è ricca di piante che combattono la tosse.
Tuttavia è pericoloso, in caso di tosse persistente, provvedere con l'autoterapia. Solo dopo che il medico ha visitato il malato e fatta la diagnosi si può ricorrere alla fitoterapia.

• Terapie consigliate
Per combattere la tosse: aglio (4); anice (2); balsamina (1); basilico (3); erba gatta (5); castagno (1); finocchio (2); vischio (2); lavanda (2-4); menta (6); origano (5); poligala amara (1); liquirizia (2); serpillo (1); timo (3).

Per favorire l'espettorazione: sedano (1); enula officinale (2); tasso barbasso (3); borragine (1); carota (1); cerfoglio (2); papavero selvatico (2); altea (4); issopo (5); lichene d'Islanda (2); marrubio bianco (3); malva (3-4); mirto (2); senecio (2); tussilagine (1).

Contro la tosse ribelle: quando le cure non hanno dato risultato alcuno, capelvenere (1).

Tracheite Infiammazione della trachea accompagnata da lieve tosse e sensazione di pizzicore. Se persistente, ricorrere al medico.

• Terapie consigliate
Acanto (1); agrimonia (1); alchemilla (1); tasso barbasso (2); edera rampicante (2); origano (4); tussilagine (1).

Traspirazione dei piedi

• Terapie consigliate
Equiseto; tussilagine (2).
Ma anche spargere all'interno delle calzature della polvere di salvia.

Trementina (essenza di) L'essenza di trementina è estratta da numerose specie di piante.

Trementina di Bordeaux
È la più nota, ed è estratta dal pino marittimo (*Pinus pinaster*).

Trementina di Venezia
È estratta dal larice (*Larix europaea*).

Balsamo del Canadà
È estratto da una conifera (*Abies balsamea*).

Trementina di Strasburgo
È estratta dall'abete bianco (*Abies alba*).
Sono tutti preparati antisettici, balsamici e antitosse.

Tubercolosi Gli antibiotici sono insostituibili; la fitoterapia, praticata parallelamente alle cure mediche, accelera la guarigione e previene le ricadute.

U

Ubriachezza

• Terapie consigliate

Per combattere i primi sintomi di ubriachezza (vertigini) si raccomanda di masticare, per due o tre minuti, tre mandorle amare.

Vedi anche Alcolismo.

Ulcera cutanea Perdita di sostanza cutanea che determina l'apertura di una piaga, localizzata per lo più alle membra inferiori, in zone di insufficiente vascolarizzazione.

Il trattamento della malattia venosa deve essere fatto dal medico.

• Terapie consigliate

Le piante cicatrizzanti possono venire in aiuto.

Aglio (7); angelica (6); carota (3); consolida maggiore (2); iperico (3); rovo (4); calendula (4); veronica (1).

È utile anche l'olio di lavanda deterpenata: due gocce su un impacco sterile mantenuto in loco mediante bendaggio.

Ulcera del duodeno Il duodeno è la prima parte dell'intestino tenue e può essere sede di un'ulcera. Il trattamento di un'ulcera, sia gastrica sia duodenale, spetta al medico.

• Terapie consigliate

Con preparati vegetali si può calmare il dolore.

Consolida maggiore (2); cumino (2); melissa (3).

Attenzione La liquirizia ha proprietà sedative dei dolori gastrici, ma il suo abuso è pericoloso (rischio di ipertensione arteriosa, di riduzione del potassio e anche di infarto del miocardio).

Vedi Stomaco

Unghie Le unghie fragili, scanalate, che si spezzano o si sdoppiano, sono il sintomo di uno stato generale non perfetto e di mancanza di sali minerali.

• Terapie consigliate

Fare per due mesi una cura di equiseto (2) e di magnesio.

Per mantenere le unghie in buono stato frizionarle tutte le sere con la seguente soluzione: cloruro di magnesio (50 g), succo di limone (30 ml), acqua di rose (70 ml).

Uremia Il rialzo del tasso di urea nel sangue richiede un attento esame medico per identificarne le cause.

I preparati vegetali, usati con l'approvazione del medico, possono parallelamente apportare beneficio.

• Terapie consigliate

Calamo aromatico (1); alkekengi (1); carciofo (2); betulla (2); uva orsina (4); ribes nero (2); frassino (2); fagiolo (1); lespedeza (1-2); eringio (1); pilosella (4); tarassaco (4); regina dei prati (4); salsapariglia (2).

Uretrite Infiammazione dell'uretra (canale che porta l'urina dalla vescica all'esterno).

Gli oli essenziali e l'aromaterapia danno risultati interessanti.

Urico-eliminatrice Una pianta si chiama così quando favorisce l'eliminazione dell'acido urico.

V

Vaccinazione Le vaccinazioni non sono incompatibili con un trattamento fitoterapico. Noi siamo generalmente favorevoli alle vaccinazioni pur avanzando grandi riserve sulla vaccinazione antivaiolosa (che d'altra parte non è più obbligatoria in molti paesi).

• Terapie consigliate
In caso di rialzo febbrile dopo una vaccinazione consigliamo un infuso di borragine.

Vedi anche Febbre.

Vaginismo Spasmo della vagina che impedisce lo svolgersi del rapporto sessuale.
Questo disturbo è spesso di origine psichica; si riscontra talvolta nei casi di spasmofilia.

Vampe di calore

• Terapie consigliate
Cipresso (3); salvia (2).

Vedi anche Menopausa.

Varice Contro questo disturbo serve soltanto un trattamento preventivo, perché, una volta sviluppatasi, la varice non regredisce più.
È indispensabile l'intervento del medico.

• Terapie consigliate
Achillea (1); alchemilla (3); borsa pastore (2), una tazza mattino e sera; cipresso (1), una tazza mattino e sera in cure di 20 giorni; ginkgo (2); amamelide (1), una tazza mattino e sera; lamio bianco (4), una tazza mattino e sera; viola selvatica (1), una tazza mattino e sera; pungitopo (1), una tazza mattino e sera; tarassaco (3); vite (4).

Vedi anche Ulcera cutanea.

Varicella Malattia infettiva, contagiosa, epidemica, per la quale è necessario consultare il medico.

Vasocostrittrice Una pianta è così chiamata quando restringe il calibro dei vasi mediante la contrazione delle loro fibre muscolari lisce. Così l'amamelide.

Vasodilatatrice Una pianta è vasodilatatrice quando aumenta il calibro dei vasi sanguigni migliorando l'afflusso di sangue e quindi la nutrizione dei tessuti. Così l'aglio, il cipresso, il ginkgo, il piccolo agrifoglio.

Verruca

• Terapie consigliate
Celidonia, applicazioni di succo fresco due volte al giorno; drosera, applicazioni di succo fresco due volte al giorno; calendula (5).
E anche cure a base di magnesio.

Vedi anche Calli e duroni.

Versamento articolare La visita medica è indispensabile.

• Terapie consigliate
Per evitare l'edema: artiglio del diavolo (4); senecio del Canada (1).

Vertebroterapia Medicina manuale che permette, in certi casi, di risolvere problemi meccanici dell'organismo. È complementare alla fitoterapia.

Vertigini Sgradevole sensazione di spostamento degli oggetti circostanti. È necessario consultare il medico. Nessuna autoterapia.

Vescicante Si chiama vescicante la pianta che irrita la pelle e le mucose.

Vescicola biliare Alcune piante facilitano la contrazione della vescicola biliare e quindi la fuoriuscita della bile. Perciò migliorano la digestione.

• Terapie consigliate
Per favorirne il regolare funzionamento.
Artemisia (3); carciofo (1); boldo (2); eupatoria (1); fumaria (5); rosmarino (1), una tazza al mattino a digiuno.

Vista (disturbi della) La fitoterapia permette di migliorare alcuni disturbi della vista grazie ad alcune piante ricche di carotenoidi.

Queste sostanze si depositano su alcune cellule della retina chiamate 'bastoncelli', migliorando così la visione notturna e crepuscolare.

• Terapie consigliate
Per migliorare la visione diurna: succo di carota centrifugato in ragione di 150 cc al giorno.

Per migliorare la visione crepuscolare: mirtillo in tutte le sue forme: succo, in ragione di 100 g al giorno; decotto, far bollire per 3 minuti 100 g di bacche in 1 l d'acqua, lasciare in infusione 20 minuti, berne 1 l nella giornata; consumare semplicemente 100 g di bacche fresche ogni giorno.
E anche erba medica, pomodoro e peperone dolce, che sono molto ricchi di carotenoidi.

Vitiligine È una depigmentazione della pelle, ancora di origine ignota.
Il rindomolo può avere una certa efficacia nella terapia di questo disturbo, ma il suo uso, che richiede molta cautela, è riservato al medico.

Voce

• Terapie consigliate
Per le persone che devono sostenere uno sforzo vocale intenso (cantanti, oratori, eccetera), inalazioni di eucalipto: porre nell'inalatore una manciata di foglie, inspirare con la bocca per 20 minuti. Praticare questa inalazione poco tempo prima dello sforzo vocale.

Vedi anche Raucedine.

Vomito In caso di vomito persistente è bene consultare il medico: può essere il sintomo di una malattia grave (meningite, appendicite acuta, o altro).

• Terapie consigliate
Calamo aromatico (4); aneto (1); anice (1); artemisia (3); basilico (1); lichene d'Islanda (1), una tazza mattino e sera; verbena (1).

Vulneraria Si chiama vulneraria la pianta che accelera la cicatrizzazione di ferite o contusioni. Così il finocchio, l'agno casto, la lavanda, la veronica officinale.

Le piante officinali

A

Acanto

Acanthus mollis

Famiglia botanica Acantacee

Questa pianta fu molto apprezzata da Greci e Romani che la usarono non soltanto per le sue proprietà terapeutiche, ma anche come simbolo ornamentale: gli architetti antichi ne fecero una decorazione ricorrente nei colonnati. Il grande fitoterapeuta Dioscoride la raccomandava per i suoi effetti contro la diarrea acuta e le bruciature (in impacchi). Malgrado questo passato 'glorioso', l'acanto fu in seguito dimenticato. Noi lo includiamo nelle 'cinque piante emollienti'. Gli italiani vantarono i suoi meriti contro il morso spietato della tarantola.

Descrizione Pianta perenne, robusta e molto elegante. Taglia da 0,40 a 1,50 m. Fusto eretto. Foglie molto grandi, frastagliate, molli. Fiori (in estate) bianchi striati di rosa, riuniti in spighe e muniti di brattee spinose.
Raro allo stato selvatico, coltivato come pianta ornamentale, l'acanto cresce in tutta l'Europa mediterranea.

Proprietà Emolliente, mucillaginosa, vulneraria.

Parti utili Fiori.

Quando e come utilizzare *In caso di infiammazione della gola*: decotto per gargarismi (1).

Contro le irritazioni intestinali e la diarrea: infuso, una tazza al giorno divisa in due dosi (2).

Sulle scottature superficiali: cataplasma di foglie fresche schiacciate (lavare prima accuratamente la pianta).

Sulle ecchimosi: cataplasma di foglie cotte in acqua e schiacciate.

Sulle punture di ragno: frizionare con foglie fresche.

PREPARAZIONI
(1) Far bollire per 5 minuti 15 g di fiori secchi, lasciare in infusione 10 minuti.
(2) Porre in infusione per 10 minuti 10 g di foglie secche in 1 l d'acqua, filtrare.

Acetosa

Rumex acetosa

Famiglia botanica Poligonacee

Come si legge nei testi di Dioscoride e dello scrittore latino Plinio (23-79 d.C.), gli antichi conoscevano l'acetosa e le sue proprietà. Essi la coltivavano, ma la usavano poco come alimento. Nel Medio Evo, invece, e nei secoli successivi se ne fece ampio uso in cucina, come si continua a fare tutt'oggi. Verso la fine del '700 il succo di acetosa serviva come antisettico e antidoto contro le febbri intermittenti. Più tardi il dottor Missa ne scoprì l'efficacia contro alcuni veleni vegetali. Mentre manipolava alcune erbe, aveva masticato una radice di aro. Gola e bocca gli si erano dolorosamente gonfiate: istintivamente, per cercare sollievo, afferrò le prime foglie che aveva sottomano e ne masticò qualcuna. Dolore e gonfiore sparirono. Quelle foglie erano di acetosa.

Descrizione Pianta perenne di cui si coltivano numerose varietà. Taglia da 0,30 a 1 m. Fusto diritto, rossastro, cavo, foglie a ferro di lancia, molto grandi, verde scuro. Fiori piccoli, in grappoli, verde pallido o rossastri (da maggio a settembre).
L'acetosa cresce allo stato selvatico nei campi e nei pascoli, ai bordi delle strade, in tutta l'Europa temperata.

Proprietà Aperitiva, rinfrescante, diuretica, lassativa.

Parti utili Foglie, fusti freschi, radici.

Quando e come utilizzare *Contro l'acne*: infuso, due tazze al giorno, mattino e sera (1 o 2).

In caso di anoressia, per stimolare l'appetito: brodo, da prendere all'inizio del pasto (3).

Per ottenere effetto depurativo: decotto, in cure di tre settimane, tre tazze al giorno (4).

PREPARAZIONI
(1) Porre in infusione per 10 minuti 20 g di foglie secche in 1 l di acqua bollente.
(2) Porre in infusione per 10 minuti 40 g di radici secche in 1 l di acqua bollente. ►

▷ (3) Far cuocere per 2 ore in un recipiente smaltato 50 g di foglie fresche in 1 l d'acqua.
(4) Far bollire per 5 minuti 30 g di radici secche in 1 l d'acqua.

ATTENZIONE L'acetosa è controindicata per i soggetti artritici, reumatici e per i sofferenti di gotta o di litiasi renale.
Il suo uso è incompatibile con quello dell'acqua minerale. Non deve mai essere né conservata né cotta in recipiente di rame.

Acetosella

Oxalis acetosella

Famiglia botanica Oxalidacee

CONTROINDICATA IN AUTOTERAPIA Pianta in certe dosi tossica. L'uso è riservato al medico.

Achillea millefoglie

Achillea millefolium

Famiglia botanica Composite

L'achillea fa parte del gruppo di piante medicinali chiamate 'millefoglie', in assoluto quelle usate in epoca più antica. Dioscoride ne fa grandi elogi e la dichiara «di incomparabile efficacia contro le piaghe sanguinanti, le ulcere vecchie o nuove». L'abbadessa santa Ildegarda, grande fitoterapeuta del XII secolo, la raccomandava come rimedio contro le mestruazioni dolorose, il sangue da naso, le mosche volanti e l'epilessia. Queste, infatti, sono le proprietà comuni a tutte le piante ricche di tannino. L'achillea è soprattutto una pianta 'cicatrizzante vascolare', attiva contro le emorroidi, le fistole anali e le screpolature del seno, come ha dimostrato il fitoterapeuta Henri Leclerc.

Descrizione Pianta perenne, erbacea, aromatica. Taglia da 30 a 70 cm. Fusto duro, solcato, foglie molto frastagliate (da cui il nome), lunghe e molli. Fiori rosa o bianchi (da maggio a ottobre).

L'achillea millefoglie cresce nei prati, lungo le strade, in Europa e in Africa del Nord.

Proprietà Antisettica, cicatrizzante, antispastica, emmenagoga, tonica.

Parti utili Pianta intera, foglie, semi, sommità fiorite.

Quando e come utilizzare *Per migliorare la circolazione*: infuso, due tazze al giorno, tra un pasto e l'altro (1).

Contro i disturbi della menopausa (irregolarità del ciclo, perdite, eccetera): infuso, tre tazze al giorno (1).

Come tonico e aperitivo: vino, un bicchierino prima dei pasti (3).

Contro i dolori articolari: pomata (4).

Contro l'acne: infuso, tre tazze al giorno, una delle quali a digiuno, fra un pasto e l'altro (5).

Per calmare il dolore provocato dalle emorroidi: fare impacchi di decotto (2).

Come coadiuvante nel trattamento della cellulite: infuso sedativo, una tazza, tre volte al giorno, una delle quali a digiuno, tra un pasto e l'altro (6).

Su una ferita superficiale: fare un cataplasma di foglie crude schiacciate.

Per stimolare la crescita dei capelli: frizione e massaggio quotidiano con il decotto (7).

Per le pelli grasse: usare l'infuso come lozione (8).

PREPARAZIONI
(1) Porre in infusione per 10 minuti 40 g di sommità fiorite secche in 1 l di acqua bollente.
(2) Fare bollire per 10 minuti 50 g di sommità fiorite fresche in 1 l di acqua.
(3) Far macerare 50 g di sommità fiorite fresche in 1 l di vino bianco.
(4) Mescolare 15 g di succo fresco e 15 g di strutto.
(5) Porre in infusione per 10 minuti 20 g di fiori o di foglie secche in 1 l d'acqua bollente.
(6) Porre in infusione per 10 minuti 50 g di sommità fiorite secche in 1 l d'acqua bollente. ►

▷ (7) Far bollire per 10 minuti 50 g di pianta intera, sminuzzata, in 1 l d'acqua.
(8) Porre in infusione per 10 minuti 50 g di sommità fiorite secche in 1 l di acqua bollente.

Avvertenze Non usare recipienti di metallo per la conservazione dei preparati (anneriscono e perdono l'aroma).

Aconito

Aconitum napellus

Famiglia botanica Ranuncolacee

Anche se l'uso di questa pianta è assolutamente controindicato nell'autoterapia, ne faremo breve cenno.
Osservando attentamente un fiore di aconito, si rileva, come fece a suo tempo l'abate Fournier, una forte somiglianza con la forma dell'elmo di Minerva, il cui cimiero è qui rappresentato da uno dei cinque petali.
Pianta di grande bellezza, dal punto di vista botanico, ma di temibile tossicità, è un medicamento molto pericoloso, anche se manipolato da mani esperte.
Affermiamo categoricamente che in nessun caso questa pianta può essere usata in autoterapia.
D'altro canto è una pianta pericolosa anche per i pascoli; infatti bovini e ovini, se la brucano in quantità elevata, possono morirne. Si danno anche casi di avvelenamento dovuti a miele tossico.
Nei suoi primi combattimenti l'uomo adoperò il veleno di aconito per impregnare le sue frecce.
L'aconito fu anche usato dagli Indiani per eseguire le condanne a morte. Plinio, fra gli altri, lo chiama 'l'arsenico vegetale'. I contadini che, nel Medio Evo, vivevano ai margini delle foreste si sbarazzavano di lupi e volpi usando come esca carne marinata nel succo di aconito.
Storie mirabolanti sono state tramandate su di esso. Nel 1524, a Roma, sotto il papa Clemente VII, alcuni medici sperimentarono la tossicità dell'aconito e l'efficacia di eventuali antidoti. Si racconta che un pover'uomo uscì indenne da questi sinistri esperimenti grazie a ripetute frizioni con un unguento appositamente preparato.
Tutte queste osservazioni sono state comunque interessanti perché hanno permesso di identificare i segni clinici della intossicazione da aconito.
La tossicità della pianta è dovuta e un principio chimico (alcaloide), chiamato 'aconitina', che è un temibile veleno per il sistema nervoso.
Le sue proprietà analgesiche nelle malattie molto dolorose, come la nevralgia del trigemino o i postumi dolorosi dell'herpes zoster, sono sfruttate dai fitoterapeuti, ma con la massima cautela.

Controindicazione all'autoterapia Pianta molto tossica: il suo uso è assolutamente riservato al medico.

Adonide

Adonis vernalis

Famiglia botanica Ranuncolacee

Assolutamente controindicata in autoterapia Pianta tossica il cui uso è riservato al medico.

Aglio

Allium sativun

Famiglia botanica Liliacee

La storia dell'aglio inizia nella più remota antichità. Gli Egiziani lo adoravano e si racconta che il Faraone Cheope rifornisse abbondantemente di aglio gli operai addetti alla costruzione della Piramide. Pare, anzi, che tutti i Faraoni della IV dinastia che costruirono le piramidi rimpinzassero letteralmente di aglio i loro schiavi: era una moneta di scambio contro il massacrante lavoro che richiedevano le gigantesche tombe.
I Romani lo inserivano abbondantemente nella dieta dei legionari.
Dioscoride ne ha fatto quasi un toccasana e la tradizione popolare l'ha sempre tenuto in grande considerazione per i suoi meriti contro l'ipertensione arteriosa, il diabete e alcune malattie infettive.
La storia dell'aglio può sovrapporsi, per certi aspetti, a quella della medicina dal XVIII secolo a oggi. Esso fu sempre oggetto di appassionanti ricerche della chimica.

Anche noi abbiamo studiato a lungo le sue proprietà nel trattamento dell'ipercolesterolemia e nella prevenzione delle malattie cardiovascolari. Sarebbe noioso enumerare qui, tanto sono numerose, tutte le proprietà dell'aglio descritte dai vari autori.

Descrizione Pianta perenne a bulbo. Odore forte e piccante. Taglia da 30 a 50 cm. Foglie allungate e piatte. Fiori a ombrello bianchi o rosa. Bulbo rigonfio a spicchi. Originario dell'Asia centrale, venne introdotto in Europa in epoca remota. L'aglio è coltivato in tutte le zone temperate.

Proprietà Antisettica, cardiotonica, ipotensiva, stimolante, tonica, vermifuga, antispastica, antiaggregante piastrinico.

Parti utili Bulbo.

Quando e come utilizzare *Per la circolazione*: mangiare aglio crudo o cotto.

Per proteggere le arterie: decotto (1).

Contro l'ipertensione: sciroppo, tre cucchiai da minestra al giorno (2).

Per alleviare le difficoltà respiratorie: decotto, due tazze al giorno (3).

Contro la pertosse: sciroppo, due cucchiai da minestra al giorno (4).

Contro i parassiti intestinali, solo per gli adulti: cura con liquido di macerazione, una tazza al mattino a digiuno per 21 giorni (5).

Contro i calcoli renali: decotto, una tazza al giorno (6).

Per favorire la cicatrizzazione delle ulcere delle gambe: frizionare con aceto d'aglio (7).

Per accelerare la maturazione di un ascesso: impacchi di succo fresco d'aglio.

Punture di insetti: strofinare la parte colpita con uno spicchio d'aglio.

Contro l'azione deleteria del tabacco: mangiare aglio crudo giornalmente.

PREPARAZIONI

(1) Far bollire per 5 minuti in una tazza di latte 2 spicchi sbucciati e schiacciati.
(2) Far bollire per 30 minuti 20 g di aglio e 40 g d'acqua, passare e spremere, aggiungere pari peso di zucchero.
(3) Rompere uno spicchio in piccoli pezzi, far bollire per 15 minuti in 1/2 l di latte, filtrare, zuccherare.
(4) Porre in infusione per 15 minuti 100 g di bulbi schiacciati in 200 g di acqua bollente, filtrare, aggiungere pari peso di zucchero.
(5) Grattugiare tre spicchi, metterli a macerare per 12 ore in una tazza di latte.
(6) Far bollire per 5 minuti 3 spicchi schiacciati in una tazza di latte, filtrare.
(7) Porre in infusione in recipiente coperto per 30 minuti 25 spicchi schiacciati in 1 l d'acqua.

ATTENZIONE Non usarlo per i bambini senza il consiglio e il controllo del medico.
Non adatto alle donne che allattano.
Usarlo con moderazione in casi di irritazione del tubo digerente.
Controindicato nei casi di malattie della pelle.

Agno casto

Vitex agnus castus

Famiglia botanica Verbenacee

L'agno casto ha un profumo che ricorda quello del pepe. Il suo nome latino *vitex* ricorda che se ne utilizzavano i rami per costruire cesti.
Era ritenuto una pianta anafrodisiaca, capace cioè di inibire l'istinto sessuale. Citata, identificata e 'messa all'indice', nonostante Dioscoride la raccomandasse contro i dolori uterini, fu accompagnata dalla sua cattiva reputazione fino al XIII secolo. La fervida fantasia popolare immaginava che fosse sufficiente portare su di sé un coltello dal manico di agno casto per allontanare ogni fantasia voluttuosa.

Descrizione Arbusto ornamentale dall'aspetto elegante,

dall'odore pepato, da cui il suo nome popolare di 'pepe dei monaci'. Taglia da 1 a 2 m. Foglie simili a quelle dell'ippocastano. Fiori in spighe blu-violette (da luglio ad agosto).
L'agno casto cresce in Francia nelle località umide della Linguadoca-Roussillon.

Proprietà Stimolante, antispastica, può contrastare alcuni effetti della follicolina.

Parti utili Semi.

Quando e come utilizzare *In caso di affaticamento e di nervosismo*: infuso, due tazze al giorno (1).

Contro i disturbi della premenopausa: infuso, tre tazze al giorno (2).

PREPARAZIONI
(1) Far bollire 15 g di semi per 5 minuti in 1 l d'acqua (utilizzare una pentola smaltata accuratamente coperta), lasciare macerare per 15 minuti.
(2) Prendere un pizzico di semi di agno casto, luppolo (strobili), ginseng (radici), passiflora (sommità fiorite), ginestrino (pianta), cardiaca (sommità fiorite), biancospino (sommità fiorite); mettere in 1 l di acqua bollente, lasciare in infusione 5 minuti.

Agrifoglio

Ilex aquifolium

Famiglia botanica Aquifoliacee

Controindicato in autoterapia Le bacche sono tossiche. Pianta riservata alla prescrizione medica.

Agrimonia

Agrimonia eupatoria

Famiglia botanica Rosacee

Questa pianta fu a lungo confusa con l'eupatoria. Dioscoride le attribuì proprietà epatobiliari, ma fu il re Mitridate Eupatore (132-63 a.C.) a renderla celebre nella fitoterapia antica (da lui deriva il suo secondo nome, responsabile di quella confusione).
L'abbadessa santa Ildegarda (XII secolo) raccomandava l'agrimonia contro la febbre e i disturbi della memoria. Ma è un autore del XVIII secolo, il Fleitchmann, che segnala per primo le sue notevoli proprietà contro la raucedine e le irritazioni della faringe. Infatti fu usata per questo scopo, con giovamento, da molti cantanti.
Il nostro collega Henry Leclerc consiglia l'agrimonia nelle affezioni del fegato e della cistifellea.

Descrizione Pianta perenne, erbacea, molto comune. Taglia da 40 a 60 cm. Fusto cilindrico, rossastro, peloso. Grandi foglie grigiastre. Fiori, da giugno a settembre, molto numerosi, gialli, piccoli, disposti in lunghe spighe. L'agrimonia cresce nei terreni incolti, nei boschi, lungo le siepi di tutta l'Europa e dell'Africa del Nord.

Proprietà Astringente, cicatrizzante, diuretica e vulneraria.

Parti utili Fiori, sommità fiorite.

Quando e come utilizzare *Contro il mal di gola*: gargarismi di decotto, 1 l al giorno (1).

Contro la raucedine: gargarismi di decotto concentrato due volte al giorno (2).

Contro l'irritazione intestinale, la diarrea, la debolezza epatica: infuso, due tazze al giorno (3).

Come coadiuvante nel trattamento dell'obesità (azione diuretica): infuso, tre tazze al giorno (3).

Per la cicatrizzazione di ferite superficiali: lavaggi con il decotto (4).

Su ecchimosi e contusioni: impacchi di decotto caldo (5).

PREPARAZIONI
(1) Far bollire per 2 minuti 50 g di foglie secche, lasciare in infusione 5 minuti, filtrare con cura, addolcire con miele.
(2) Far bollire per 4 minuti 100 g di foglie secche in 1 l d'acqua. ►

> ▷ (3) Far bollire 30 g di fiori e foglie secchi in 1 l d'acqua, lasciare in infusione 15 minuti.
> (4) Far bollire per 10 minuti 80 g di foglie e sommità fiorite in 1 l d'acqua.
> (5) Far bollire per 15 minuti 100 g di foglie secche in 1 l d'acqua, lasciare in infusione per 15 minuti, filtrare.

DA NOTARE L'infuso ha colore rosa e gusto gradevole.

Alchemilla

Alchemilla vulgaris

Famiglia botanica Rosacee

Guardando i piccoli petali dell'alchemilla ci si domanda come questa pianta possa far parte della prestigiosa famiglia delle rose. Essa deriva il suo nome dagli alchimisti, che pensavano che la rugiada dei fiori di alchemilla fornisse la celebre 'acqua celeste' indispensabile alla preparazione della pietra filosofale con la quale, fra l'altro, si 'fabbricava' l'oro.

Descrizione Pianta perenne, identificabile facilmente per l'abbondante rugiada raccolta durante la notte dalle sue grandi foglie. Taglia da 10 a 40 cm. Fusto gracile, verde chiaro leggermente colorato di rosso. Foglie grandi, quasi rotonde, a lobi dentati. Fiori, da maggio a ottobre, gialloverdastri, molto piccoli, senza petali, raggruppati in corimbi.
L'alchemilla cresce nei pascoli umidi, nei boschi, nelle radure di tutta l'Europa a eccezione delle regioni mediterranee.

Proprietà Antidiarroica, antinfiammatoria, astringente, tonica, vulneraria.

Parti utili Pianta intera, esclusa la radice.

Quando e come utilizzare *Contro il mal di gola*: decotto per gargarismi, 1 l al giorno (1).

Per un effetto sedativo: infuso, tre tazze al giorno (2).

In caso di mestruazioni dolorose: infuso, due tazze al giorno per una settimana prima dell'inizio del ciclo (2).

Contro i disturbi circolatori della menopausa: decotto (3).

Contro le irritazioni intestinali e la diarrea: vino di alchemilla (infuso caldo al vino), un bicchiere al giorno (4).

Contro il meteorismo: infuso, una tazza dopo i pasti (2).

> PREPARAZIONI
> (1) Far bollire 100 g di foglie secche in 1 l d'acqua, lasciare in infusione 10 minuti, addolcire con miele.
> (2) Porre in infusione per 10 minuti 30 g di foglie e fusti secchi in 1 l d'acqua.
> (3) Far bollire per 10 minuti 30 g di foglie secche in 1 l d'acqua, lasciare in infusione per 5 minuti.
> (4) Porre in infusione per 10 minuti 10 g di pianta intera o secca in un quarto di litro di vino bollente.

Alkekengi

Physalis alkekengi

Famiglia botanica Solanacee

La voce popolare assimila questa pianta alla lanterna di Diogene. Effettivamente questo strano vegetale ha un aspetto molto insolito per i suoi frutti che assomigliano a lampioncini.
L'alkekengi era raccomandato da Dioscoride per combattere le malattie del fegato. Nel XII secolo l'abbadessa santa Ildegarda lo raccomandava invece contro il mal di orecchi. Venne poi dimenticato e furono probabilmente gli Zigani a reintrodurne l'uso, nel XVII secolo. Attualmente, in Europa, la sua bacca è normalmente consumata come un frutto.

Descrizione Pianta perenne, facilmente identificabile per i suoi fiori a forma di lampioni. Taglia da 20 a 60 cm. Fusto eretto, angoloso, leggermente vellutato. Foglie ovali appuntite. Fiori bianchi (da maggio a ottobre) il cui calice si gonfia progressivamente in forma di vescica costoluta di un vivace colore rosso-arancio.
L'alkekengi cresce in terreni aridi, soprattutto in zone viticole, in Europa meridionale.

Proprietà Diuretica, febbrifuga, uricolitica.

Parti utili Bacche, foglie, fusti.

Quando e come utilizzare *Come aperitivo, diuretico e depurativo*: vino di macerazione, un bicchiere prima di ciascun pasto (2).

Contro i calcoli renali e biliari: decotto, 1 l al giorno (1).

Come depurativo, per eliminare l'acido urico (gotta): decotto, tre tazze al giorno (1).

Contro i dolori reumatici: cure di infuso, tre tazze al giorno per 20 giorni (3).

PREPARAZIONI

(1) Far bollire per 5 minuti 30 g di bacche secche in 1 l d'acqua, lasciare in infusione per 15 minuti.
(2) Far macerare per 8 giorni 100 g di bacche fresche schiacciate in 1 l di buon vino bianco secco, filtrare, zuccherare leggermente.
(3) Porre in infusione una manciata (circa 50 g) di bacche secche per 10 minuti in 1 l d'acqua.

Alliaria

Alliaria officinalis

Famiglia botanica Crucifere

È comunemente chiamata 'erba all'aglio' a causa del suo odore caratteristico.
Misconosciuta dagli antichi, questa pianta ebbe notorietà dal XVI secolo in poi. Il fitoterapeuta Henry Leclerc la utilizzò durante la guerra '14-'18 contro le suppurazioni delle ferite di guerra.

Descrizione Pianta biennale che emana un forte odore di aglio. Taglia da 40 a 80 cm. Fusto eretto fronzuto. Foglie larghe a forma di cuore arrotondato nella parte bassa del fusto, appuntito nella parte superiore. Fiori bianchi (fra marzo e giugno) riuniti in grappoli terminali. L'alliaria officinale cresce nei luoghi freschi e ombreggiati, a ridosso delle siepi, in tutta l'Europa tranne che nelle regioni mediterranee.

Proprietà Antisettica, diuretica, espettorante.

Parti utili Pianta intera.

Quando e come utilizzare *Contro le affezioni bronchiali*: infuso, tre tazze al giorno (1).

Sulle ferite superficiali: impacchi di succo fresco.

Sui congelamenti ulcerati e sulle ferite per accelerare la cicatrizzazione: fasciature imbevute di lozione-decotto (2).

PREPARAZIONI

(1) Porre in infusione 50 g di pianta intera fresca in 1 l d'acqua.
(2) Far bollire per 15 minuti 100 g di pianta intera fresca in 1 l d'acqua, lasciare in infusione per 10 minuti.

DA NOTARE La pianta va utilizzata fresca, perché, altrimenti, perde gran parte delle sue proprietà.
Si può usarla come condimento per le insalate (i fiori e le foglie tenere).

Alloro

Laurus nobilis

Famiglia botanica Lauracee

Molto conosciuto dai Greci, era il principale ornamento della valle di Tempé.
Sacro ad Apollo, era simbolo della poesia, della gloria, della vittoria e della pace. Gli si attribuiva il potere della veggenza, quello di allontanare il fulmine, di preservare dalle malattie contagiose e dalle punture di scorpione e quello di purificare e disinfettare l'aria e l'acqua.
Nel Medio Evo l'alloro divenne una vera e propria panacea. Santa Ildegarda lo raccomandava contro l'emicrania, la gotta, l'asma, le malattie di fegato...
Oggi l'alloro sembra essere relegato all'uso culinario.

Descrizione Bell'albero aromatico sempreverde. Taglia da 1,50 a 10 m. Tronco liscio a corteccia scura. Foglie ovali allungate verde scuro, lucenti e robuste. Fiori bianchi o giallo pallido (marzo-aprile) raggruppati in ombrelli.

Bacche nere ovoidali delle dimensioni di una ciliegia. L'alloro cresce nelle regioni mediterranee.

Proprietà Stimolante, antisettica, antispasmodica, digestiva, antiparassitaria.

Parti utili Foglie, bacche.

Quando e come utilizzare *Per combattere l'astenia*: infuso, due tazze al giorno nell'intervallo fra i pasti (1).

Per facilitare la digestione: infuso, bere una tazza dopo ogni pasto (2).

Per eliminare la stanchezza: bagno di macerazione (4).

Per garantire un buon sonno: infuso, bere una tazza ogni sera (7).

Come antidolorifico in caso di indolenzimenti, dolori articolari e muscolari: decotto da usare in frizione (3).

Contro i dolori articolari: frizione all'olio di foglie (6).

In caso di mestruazioni dolorose: infuso, due tazze al giorno per una settimana prima e durante le mestruazioni (5).

Per allontanare mosche e zanzare: bruciare delle foglie.

PREPARAZIONI

(1) Porre in infusione per 15 minuti 3 foglie secche in una tazza di acqua bollente.
(2) Porre in infusione per 10 minuti 30 g di foglie secche in 1 l di acqua bollente.
(3) Far bollire per 2 ore 150 g di foglie secche in 1 l d'acqua.
(4) Far macerare per 2 giorni 250 g di bacche e foglie secche in 3 l di acqua fredda. Spremerne il succo, filtrare e versare nel bagno caldo.
(5) Porre in infusione per 5 minuti 20 g di foglie per ogni litro d'acqua.
(6) Mettere a macerare per 2 giorni in recipiente coperto e in luogo tiepido (30 °C almeno) 100 g di foglie secche in 1 l d'olio d'oliva. Riscaldare poi a bagnomaria, senza bollire, per 2 ore, filtrare. Conservare in recipiente tappato al riparo dalla luce.
(7) Porre in infusione per 10 minuti 15 g di foglie secche in 2 l di acqua bollente.

Altea

Althaea officinalis

Famiglia botanica Malvacee

Pianta utilizzata fin dai tempi antichi per le sue proprietà cicatrizzanti ed emollienti della pelle e delle mucose. Dioscoride la prescriveva in molti casi, sia per uso esterno sia interno. L'abbadessa Ildegarda la raccomandava contro l'emicrania. Fu coltivata dapprima solo nei monasteri benedettini, in seguito si diffuse nelle zone rurali. Per il suo alto contenuto di mucillagine è la più celebre delle piante emollienti.
Con l'antennaria, il tasso barbasso, il papavero selvatico, la tussilagine, la violetta fa parte delle 'specie pettorali'. Una buona associazione vegetale per le irritazioni dello stomaco è la seguente: altea, tormentilla (ricca di tannino), camomilla (ricca di amari). È interessante notare che le fibre di fusti e di radici possono sostituire la iuta e perfino servire alla fabbricazione della carta.

Descrizione Grande pianta perenne, robusta, coltivata tanto per le sue caratteristiche decorative quanto per le sue virtù medicinali. Taglia da 0,60 a 1,50 m. Fusto solido, cilindrico, vellutato. Foglie larghe, spesse, verde argenteo, coperte di peluria. Grandi fiori bianco-rosati, molto decorativi. Radice allungata, carnosa, di un grigio giallastro.
L'altea cresce sui poggi, sulle scarpate, nei prati umidi dell'Europa temperata.

Proprietà Antinfiammatoria, emolliente (particolarmente dei bronchi).

Parti utili Fiori, foglie, radici.

Quando e come utilizzare *Per la sua azione emolliente, in caso di infiammazione dolorosa della vescica*: infuso, due tazze al giorno (1).

Contro le irritazioni dell'apparato respiratorio: macerazione, due tazze al giorno (6).

In caso di infiammazione urinaria o intestinale: macerazione, due tazze al giorno (6).

Contro la tosse: sciroppo, due cucchiai al giorno (4).

Contro l'insonnia: sciroppo, un bicchierino da liquore prima di coricarsi (4).

In caso di gengivite: sciacqui orali con decotto (2).

Per curare le palpebre: lavaggio quotidiano con lozione-decotto (3).

Per migliorare la pelle secca: lozione-decotto (5).

Per facilitare la crescita dentaria nei bambini: radici da masticare.

PREPARAZIONI

(1) Porre in infusione per 10 minuti 40 g di fiori in 1 l di acqua bollente.
(2) Far bollire per 5 minuti 50 g di radici tagliuzzate in 1 l d'acqua, poi lasciare in infusione per 30 minuti.
(3) Fare bollire per 10 minuti 30 g di radici in 1 l d'acqua.
(4) Porre a macerare per 4 ore 50 g di radici in 1 l d'acqua con un bicchierino di alcol, filtrare. Far bollire aggiungendo 250 g di zucchero, mescolando, fino ad ottenere uno sciroppo.
(5) Far bollire per 20 minuti 50 g di pianta intera in 1 l d'acqua.
(6) Porre a macerare per 4 ore, in 1 l di acqua tiepida (30 °C), 20 g di radici. Addolcire con miele.

Amamelide

Hamamelis virginiana

Famiglia botanica Hamameliacee

Questa piccola pianta è chiamata il nocciolo delle streghe, sia per la sua somiglianza con il nocciolo, sia per la fama di magia che le veniva attribuita dalle streghe indiane.
L'amamelide è una pianta originaria dell'America del Nord e fu un certo Callinson a introdurla per la prima volta in Europa nel 1735.
È una pianta molto usata in fitoterapia per le sue notevoli proprietà nei casi di disturbi del sistema venoso.

Descrizione Arbusto folto con portamento simile a quello del nocciolo. Taglia da 3 a 7 m. Foglie alterne a peduncolo corto, ovali, asimmetriche alla base, molto dentellate. Fiori giallo pallido (in autunno), raggruppati in piccoli mazzi ascellari. Frutti capsulari.
L'amamelide è originaria delle foreste umide dell'America del Nord.

Proprietà Tonica venosa, antidiuretica, acceleratrice del ritmo respiratorio.

Parti utili Foglie.

Come e quando utilizzare *Negli stati infettivi*: tre tazze al giorno (1).

Per combattere le varici e le emorroidi: quattro tazze al giorno, lontano dai pasti (2).

In caso di poliuria (eccesso di secrezione urinaria): tre tazze al giorno (1).

In caso di insufficienza respiratoria, per tutte le manifestazioni legate a una difettosa circolazione, come arrossamenti diffusi, formicolii eccetera: tre tazze al giorno (3) o applicazioni locali (3).

PREPARAZIONI

(1) Far bollire per 3 minuti poi lasciar macerare per 10 minuti in 1 l d'acqua 10 g di foglie secche, filtrare.
(2) Far macerare per un'ora in 1 l d'acqua bollente 5 g di foglie secche di amamelide, 5 g di foglie secche di carciofo, 5 g di radici secche spezzettate di pungitopo, 5 g di pianta intera secca di passiflora e 5 g di bacche secche di mirtillo, filtrare.
(3) Far macerare per un'ora in 1 l d'acqua bollente 5 g di foglie secche di amamelide, 5 g di foglie secche di vite rossa e 5 g di petali secchi di rosa. Filtrare.

Anemone bianco

Anemone nemorosa

Famiglia botanica Ranuncolacee

Controindicata in autoterapia Pianta tossica, uso strettamente riservato al medico.

Anemone epatico

Hepatica nobilis

Famiglia botanica Ranuncolacee

Controindicata in autoterapia Pianta tossica, uso strettamente riservato al medico.

Aneto odoroso

Anethum graveolens

Famiglia botanica Ombrellifere

L'aneto viene spesso confuso con il finocchio; nel linguaggio popolare, d'altronde, è chiamato proprio 'aneto-finocchio'. Pianta originaria della Persia, si è poi diffusa nell'Europa meridionale, mantenendo sempre la sua caratteristica di pianta 'orientale'. Nell'antichità essa fu coltivata sia come verdura e condimento sia come pianta medicinale. Nel Vangelo secondo Matteo si fa l'ipotesi che gli ebrei ortodossi fossero addirittura tassati sul consumo di aneto.
Nel Medio Evo fu largamente utilizzato e santa Ildegarda lo consigliava contro ogni sorta di malattie, dall'epistassi (sangue da naso) fino alla gotta. Durante la prima guerra mondiale Henry Leclerc guarì con esso una epidemia di singhiozzo che si era diffusa fra i soldati colpiti da malattie infettive.

Descrizione Pianta annuale, il cui forte aroma ricorda, anche se meno gradevole, quello del finocchio, con il quale spesso è confusa. Taglia da 20 a 50 cm. Fusto striato e incavato, verde bluastro, foglie divise in strisce filiformi. Fiori gialli (da aprile a luglio) a ombrello. Frutti (a settembre) costoluti e piccoli (qualche millimetro di lunghezza).
L'aneto odoroso cresce nei terreni aridi dell'Europa meridionale e dell'Africa del Nord.

Proprietà Antispastica, stomachica, carminativa.

Parti utili Semi.

Quando e come utilizzare *Per calmare i dolori gastrici e le coliche*: infuso, due tazze al giorno da bersi in due volte dopo i pasti (1).

Contro l'aerofagia e il meteorismo intestinale: infuso, una tazza dopo i pasti principali (1).

Contro il singhiozzo ribelle: infuso caldo (3).

Per aumentare la secrezione lattea: infuso, tre tazze al giorno (4).

PREPARAZIONI

(1) Porre in infusione per 10 minuti 8 g di semi secchi in 1 l d'acqua bollente.
(2) Porre in infusione per 10 minuti 30 g di semi secchi in 1 l d'acqua bollente. Bere caldo.
(3) Porre in infusione per 10 minuti un pizzico (2 g circa) di semi secchi in 1/4 l di acqua bollente, aggiungere il succo di 1/2 limone.
(4) Porre in infusione per 10 minuti 50 g di semi secchi in 1 l d'acqua bollente.

Da notare L'infuso di aneto è molto profumato e gradevole al palato.
L'aneto è un condimento molto apprezzato. Si usano le sue foglie tritate per profumare le insalate e i suoi semi per aromatizzare certe preparazioni di pesce, di aceto, di liquori.

Angelica

Angelica archangelica

Famiglia botanica Ombrellifere

Pianta che prospera nell'Europa del Nord. I Lapponi la apprezzavano talmente da conservarla, cotta e insaccata, negli stomaci delle renne, che appendevano poi a stagionare, come noi facciamo con i prosciutti di campagna. Nel XIV secolo essa fu introdotta nella normale coltivazione, specialmente attorno ai monasteri, dove le attribuivano doti preventive contro la peste nera (donde, forse, il suo nome di 'erba dello Spirito Santo').

Più tardi l'angelica fu coltivata in tutta l'Europa e si riporta il caso di un nizzardo, morto a centoventi anni, la cui longevità egli attribuiva al fatto che masticava abitualmente radici di angelica.
Un autore, all'inizio del XIX secolo, sosteneva addirittura che, se si fosse dovuta importare questa pianta, la si sarebbe pagata a peso d'oro.
Tanti erano i pregi che le si attribuivano.

Descrizione Pianta biennale, alta, maestosa, molto aromatica. Taglia da 1 a 2,5 m. Fusto robusto, rossastro, molto ramificato. Foglie dentellate, verde-gialle, più chiare nella pagina inferiore che in quella superiore. Fiori giallo-verdastri (da giugno ad agosto) raggruppati in ombrelli che talvolta raggiungono i 40 cm di diametro. Frutti ovoidali appiattiti.
L'angelica cresce allo stato selvatico, ma è anche coltivata nelle regioni soleggiate dell'Europa del Nord.

Proprietà Carminativa, digestiva, antispastica, espettorante, stimolante, tonica.

Parti utili Foglie, radici, gambi, semi.

Quando e come utilizzare *Come tonico, stimolante dell'appetito (anoressia e convalescenza).*

Contro i disturbi digestivi di origine nervosa.

Per facilitare la digestione: infuso di radici (1), una tazza dopo ogni pasto; infuso di semi (2), due tazze al giorno, prima dei pasti; vino (3), due bicchierini da liquore al giorno; liquore (4), un bicchierino da liquore prima di ciascun pasto.

Per combattere la stanchezza nella convalescenza, in casi di astenia e di crampi: polvere di radici, mezzo cucchiaino da caffè, mescolato a composta o a marmellata, tre volte al giorno.

Contro gli spasmi della digestione o i bruciori di stomaco (pirosi): tintura di radici (5), prendere 20 gocce quattro volte al giorno su una zolletta di zucchero o in una tisana sedativa (per esempio tiglio).

Contro le affezioni polmonari e dei bronchi: infuso di radici (1), due tazze al giorno.

Sulle ecchimosi, le contusioni, le ulcere: foglie fresche sovrapposte e compresse a formare un impacco.

Sulle ferite superficiali: lavare la ferita con il decotto (6).

PREPARAZIONI

(1) Porre in infusione per 15 minuti 30 g di radici secche in 1 l d'acqua.
(2) Porre in infusione per 15 minuti 50 g di semi in 1 l d'acqua.
(3) Far macerare per 3 giorni in ambiente caldo 50 g di foglie e radici fresche in 1 l di vino rosso. Conservare in recipiente chiuso.
(4) Far macerare insieme per 5 giorni 40 g di fusti freschi tagliati a pezzetti, un pizzico di noce moscata, un pizzico di cannella in polvere in 1 l di alcol. Mescolare successivamente a uno sciroppo fatto con 1 l d'acqua e 500 g di zucchero. Lasciar riposare una settimana al fresco, poi filtrare.
(5) Sminuzzare finemente 100 g di radici fresche, farle macerare in 1 l d'alcol, in ambiente caldo, per 4 giorni. Premere per estrarne i succhi delle radici, rimettere a macerare per 4 giorni, filtrare.
(6) Far bollire per 10 minuti 100 g di radici secche in 1 l d'acqua.

Anice

Pimpinella anisum

Famiglia botanica Ombrellifere

È una pianta di origine orientale, particolarmente diffusa nel bacino orientale del Mediterraneo. Sia i Greci sia i Romani la utilizzavano.
È antispastica e la tradizione popolare afferma che, per guarire le coliche di un neonato, è sufficiente che la sua balia ne beva un infuso.

Descrizione Pianta erbacea annuale che assomiglia un po' al cerfoglio ed emana un profumo caratteristico. Taglia da 20 a 60 cm. Fusto sottile e cavo verde chiaro. Foglie di forme diverse secondo la loro collocazione: trifogliate e dentellate nella parte bassa del fusto, arrotondate nella centrale, suddivise alla sommità. Fiori bianchi, piccoli, disposti a ombrello. Frutti piccoli ovoidali. Spontanea nei paesi del Mediterraneo orientale, l'anice è coltivato in tutta l'Europa.

Proprietà Antispastica, carminativa, espettorante, stimolante, stomachica.

Parti utili Semi secchi.

Quando e come utilizzare *Per calmare gli spasmi e i crampi gastrici*: tintura, 10 gocce su una zolletta di zucchero o in un infuso di tiglio, due volte al giorno (1); polvere, 2 g due volte al giorno, da prendere in un cucchiaino di miele o sciolta in un bicchierino di acqua zuccherata; infuso, due tazze al giorno (2).

Contro l'aerofagia e il meteorismo: infuso, una tazza dopo ogni pasto (2); liquore, un bicchierino da liquore dopo ogni pasto (3).

Contro la tosse spasmodica: infuso, tre tazze al giorno fra un pasto e l'altro (2).

Per favorire la secrezione lattea: infuso, due tazze al giorno dopo i pasti (4).

Per aumentare il candore dei denti: polvere, da usare sullo spazzolino due volte alla settimana.

PREPARAZIONI

(1) Far macerare per 12 giorni un cucchiaino da caffè di semi in 100 g d'alcol, filtrare.
(2) Porre in infusione per 10 minuti un cucchiaino da caffè di semi (circa 4 g) in un quarto di litro di acqua bollente.
(3) Far macerare per 6 settimane in 1 l di acquavite 50 g di semi, 500 g di zucchero, mezzo baccello di vaniglia, un pizzico di cannella. Filtrare.
(4) Porre in infusione per 10 minuti 50 g di semi in 1 l di acqua bollente.

DA NOTARE Il gusto molto buono dell'infuso di anice è sfruttato per profumare numerose tisane altrimenti sgradevoli da ingerire.

Aquilegia

Aquilegia vulgaris

Famiglia botanica Ranuncolacee

CONTROINDICATA IN AUTOTERAPIA Pianta tossica: il suo uso è strettamente riservato al medico.

Arancio amaro

Citrus aurantium amara

Famiglia botanica Rutacee

Come altri agrumi anche l'arancio amaro è originario dell'Estremo Oriente.
Nel passato fu considerato un frutto raffinato e, come tale, riservato a pochi.
Forse potremmo identificarlo con le famose 'mele d'oro del giardino delle Esperidi' delle quali Ercole doveva impadronirsi per compiere una delle sue dodici fatiche.
Dalla distillazione dei suoi fiori si ottiene la famosa essenza di Neroli che dà buoni risultati nella cura delle malattie del sistema neurovegetativo.

Descrizione Grande arbusto elegante, fu introdotto in Europa dai Crociati. Taglia da 2 a 3 m. Tronco diritto a corteccia scura. Foglie di un bel verde scuro brillante. Fiori bianchi, abbondanti e profumati. Frutti amari, piccoli, di colore arancio caldo.
L'arancio amaro cresce ovunque nel bacino mediterraneo.

Proprietà Antispastica, sedativa, stomachica.

Parti utili Foglie, fiori.

Quando e come utilizzare *Per combattere l'insonnia*: infuso, tre tazze al giorno una delle quali al momento di coricarsi (1).

Per calmare l'eccessivo nervosismo: bagno completo, in fine giornata, a base di infuso (2).

Contro l'aerofagia: infuso, da bere caldo dopo il pasto serale (3).

Per calmare il mal di testa: infuso, da usare al momento della crisi (4).

PREPARAZIONI

(1) Porre in infusione per 10 minuti 15 g di fiori secchi in 1 l d'acqua.
(2) Porre in infusione per 10 minuti una manciata di fiori secchi in 1/2 l d'acqua, filtrare. Aggiungere all'acqua del bagno.
(3) Porre in infusione per 10 minuti 10 g di fiori secchi in 1 l d'acqua.
(4) Porre in infusione per 10 minuti 20 g di foglie secche in 1 l d'acqua.

Arenaria

Spergularia rubra

Famiglia botanica Cariofillacee

In medicina il suo uso risale circa al 1881, quando i Maltesi la adottarono contro i dolori delle vie urinarie.

Descrizione Piccola pianta annuale o perenne. Taglia fino a 25 cm. Foglie a coppie opposte, filiformi. Fiori piccoli, rosa, lilla o rossi. Profumo aromatico.
L'arenaria cresce in terreni sabbiosi nelle regioni temperate.

Proprietà Diuretica, antisettica urinaria, antinfiammatoria.

Parti utili La pianta intera prima della fioritura.

Quando e come utilizzare *In caso di insufficienza urinaria*: due tazze al giorno lontano dai pasti (1).

In caso di calcoli dell'apparato urinario: due tazze al giorno, lontano dai pasti (2).

In caso di cistite o di vaginite: una tazza mattino e sera (3).

PREPARAZIONI

(1) Far bollire per 5 minuti in 1 l d'acqua 40 g di pianta secca, lasciar macerare per due o tre ore, poi filtrare.
(2) Far bollire per 10 minuti 30 g di pianta secca di arenaria, 10 g di alburno di tiglio, 10 g di radici secche di altea in 1 l d'acqua bollente, lasciar macerare per un'ora, poi filtrare. ►

▷ (3) Porre in 1 l d'acqua bollente 20 g di pianta secca di arenaria, 20 g di foglie secche di uva orsina, far bollire per 5 minuti, lasciare poi macerare per parecchie ore.

Arnica

Arnica montana

Famiglia botanica Composite

Viene citata una prima volta dall'abbadessa santa Ildegarda; ma solo nel XVII secolo questa pianta diviene celebre con il nome di 'panacea delle cadute'. Essa è tossica se ingerita, quindi deve essere rigorosamente riservata all'uso esterno.

Descrizione Pianta erbacea perenne che abbonda nei pascoli di montagna. Taglia da 20 a 70 cm. Fusto eretto vellutato. Foglie ovali, verde pallido, disposte in rosetta alla base del fusto. Fiori di un bel colore giallo-aranciato (da maggio a luglio).
L'arnica cresce nei terreni acidi di montagna in tutta l'Europa.

Proprietà Astringente, cicatrizzante, vulneraria.

Parti utili Pianta intera, fiori, foglie.

Quando e come utilizzare *Per trattare contusioni, ecchimosi e traumi diversi*: impacchi di decotto (1).

Contro le contrazioni muscolari, gli indolenzimenti, i dolori muscolari e articolari: impacchi di tintura (2).

Contro l'acne: spennellare due volte al giorno i brufoli chiusi con un cotton-fioc imbevuto di lozione-decotto (1).

PREPARAZIONI

(1) Far bollire per 10 minuti 15 g di fiori e foglie secche, filtrare, lasciar raffreddare. Utilizzare molto freddo.
(2) Far macerare per due settimane in un recipiente chiuso una manciata di pianta intera seccata in una quantità di alcol pari a 10 volte il suo peso. Filtrare e conservare in recipiente ►

▷ chiuso. Al momento dell'uso mescolare 20 gocce di tintura con un volume d'acqua 10 volte superiore.

ATTENZIONE L'arnica, a meno che sia espressamente prescritta dal medico, è riservata all'uso esterno.

Artemisia

Artemisia vulgaris

Famiglia botanica Composite

L'artemisia fa parte del genere omonimo, che deve il suo nome alla dea Artemide, dea, fra l'altro, della verginità. Allo stesso genere appartengono anche il dragoncello e l'assenzio.
Poiché ha il potere di favorire la comparsa delle mestruazioni questa pianta ha sempre avuto grande fama nella superstizione popolare; si diceva anche che guarisse la febbre a chi ne ponesse sul capo una corona.
Era chiamata anche 'fiore di Santa Giovanna' perché sui fuochi, in occasione della sua festa, si gettavano corone di artemisia.
Gli autori del passato attribuivano anche particolari virtù antiepilettiche alle radici annerite che venivano raccolte in occasione di quella ricorrenza.

Descrizione Pianta erbacea perenne, simile all'assenzio. Taglia da 50 a 150 cm. Fusto eretto rossastro. Foglie verde scuro nella pagina superiore, biancastre in quella inferiore, molto frastagliate in lobi appuntiti. Fiori gialli (da luglio a ottobre) a piccoli capolini raggruppati in spighe. L'artemisia cresce nei terreni incolti di tutta l'Europa e dell'Africa del Nord.

Proprietà Antispastica, emmenagoga, febbrifuga, tonica, vermifuga.

Parti utili Panta intera, sommità fiorite.

Quando e come utilizzare *Per calmare la febbre*: infuso, una tazza (1).

Contro l'amenorrea: cure di succo fresco, 40 g a digiuno per 10 giorni.

Reumatismi, spossatezza, anchilosi delle membra inferiori: bagni (2).

Contro il vomito: infuso, una tazza (3).

Per facilitare la ricomparsa delle mestruazioni: infuso, tre tazze al giorno, una delle quali a digiuno, 4 settimane dopo il parto (3).

PREPARAZIONI
(1) Porre in infusione per 10 minuti 15 g di sommità fiorite secche in 1 l di acqua bollente.
(2) 100 g di pianta intera fresca nel bagno.
(3) Porre in infusione per 10 minuti 20 g di sommità fiorite secche in 1 l di acqua bollente.

ATTENZIONE L'artemisia, se assunta in dosi troppo elevate, può essere tossica.
Il suo uso è proibito alle donne incinte.

Artemisia marittima

Artemisia maritima

Famiglia botanica Composite

CONTROINDICATA IN AUTOTERAPIA Pianta tossica a certe dosi; il suo uso è riservato al medico.

Artiglio del diavolo

Harpagophitum procumbens

Famiglia botanica Pedaliacee

Questa pianta costituisce una delle migliori acquisizioni della fitoterapia. La sua storia è sorprendente, così come le sue proprietà antireumatiche. L'adozione terapeutica di questa pianta risale al 1904, all'epoca della rivolta della popolazione indigena degli Ottentotti nel Sud-Africa. Un indigeno gravemente ferito venne salvato dallo stregone della sua tribù grazie a una pianta misteriosa. Un fattore tedesco a nome Mehnert, incuriosito da quella guarigione miracolosa, fece seguire le tracce dello stregone da due cani da caccia e scoprì il luogo da dove la radice era stata sterrata. La pianta fu identificata e diffusa in Europa. Viene chiamata 'artiglio del diavolo' perché produce un frutto che, seccando, forma, raso terra, una specie di riccio di mare irto di ami. Gli ovini e i bovini che calpestano un campo di artiglio del diavolo, si feriscono le unghie e possono anche morirne. Chi vede queste povere bestie agitarsi freneticamente cercando di liberarsene, può credere siano possedute dal demonio, donde il nome di 'artiglio del diavolo'.

Descrizione Basso cespuglio spinoso che si sviluppa raso terra. Foglie semplici, dentellate, opposte, verde chiaro. Fiori tubolari, rosa pallido, tendenti al violetto alla maturazione. Frutti caratteristici irti di aculei uncinati. L'artiglio del diavolo cresce nei deserti freddi della Namibia.

Proprietà Diuretica, antinfiammatoria, ipocolesteromizzante, ipouricemica, ipoglicemizzante, antilitiasica, decongestionante della prostata, febbrifuga.

Parti utili Radici secondarie.

Quando e come utilizzare *Per combattere l'insufficienza urinaria*: bere a piccole dosi nel corso della giornata (4) accompagnando, in stagione, con almeno mezzo chilo di fragole.

Per calmare i dolori reumatici: bere in 4 dosi, lontano dai pasti (2).

Per abbassare il tasso di colesterolo: bere in tre dosi prima dei pasti, masticando uno spicchio d'aglio (3).

Per far abbassare il tasso di acido urico e in caso di edema: piccole dosi lungo tutta la giornata (4) accompagnando, in stagione, con mezzo chilo di fragole fresche al giorno.

Per fare abbassare il tasso di zucchero nel sangue: piccole dosi, lontano dai pasti (5) accompagnando con brodo di cipolle bianche.

Per calmare dolori biliari: bere durante la giornata lontano dai pasti (6) accompagnando con due cucchiai di succo di rapanello nero preparato all'ultimo momento con la centrifuga.

Per alleviare le fitte dovute ai calcoli renali e in caso di stanchezza: prendere a piccole dosi lungo la giornata (7) accompagnando via via con 1 l di acqua minerale non gasata al giorno.

Come decongestionante nell'ipertrofia prostatica (calma lo stimolo a urinare): da una a tre tazze al giorno (8).

PREPARAZIONI

(1) Far bollire in una pentola smaltata per 10 minuti in 1 l di acqua di sorgente 10 g di radici. Lasciar macerare tutta la notte e filtrare il mattino dopo.

(2) Far bollire in una pentola smaltata per 10 minuti in 1 l d'acqua di sorgente 20-25 g di radici. Lasciar macerare tutta la notte e filtrare il mattino dopo.

(3) Far bollire in una pentola smaltata per 10 minuti in 1 l di acqua di sorgente 15 g di radici di artiglio, 5 g di foglie di carciofo, 10 g di radici di tarassaco. Lasciar macerare tutta la notte e filtrare il mattino dopo.

(4) Far bollire in una pentola smaltata per 10 minuti in 1 l di acqua di sorgente 15 g di radici di artiglio, 15 g di foglie fresche di frassino. Lasciare macerare tutta la notte e filtrare il mattino dopo.

(5) Far bollire in una pentola smaltata per un'ora in 1 l d'acqua di sorgente 20 g di radici di artiglio, 10 g di baccelli di fagioli, 30 g di radici di ginseng, 10 g di ribes nero. Filtrare.

(6) Far bollire per un'ora in una pentola smaltata, ben chiusa, 20 g di radici di artiglio, 5 g di combretum. Filtrare.

(7) Far bollire per un'ora in una pentola smaltata ben chiusa 20 g di radici di artiglio, 20 g di foglie di arenaria, 5 g di fiori di malva. Filtrare.

(8) Far bollire per 15 minuti nella dose di una tazza di acqua 5 g di radici di artiglio, 2 g di corteccia di castagna d'India, 2 g di strobili di luppolo. Filtrare.

ATTENZIONE Soltanto la radice cosiddetta secondaria è efficace, non solo, ma, se essa non contiene una sufficiente concentrazione di principio attivo, è del tutto inefficace. Ecco spiegati i numerosi insuccessi dovuti alla frode. Il trattamento deve quindi essere condotto da un medico esperto.

Asparago

Asparagus officinalis

Famiglia botanica Liliacee

Gli asparagi, che si trovano già raffigurati in Egitto sui templi dei faraoni, furono considerati, come i carciofi, un cibo da re.
Sono apprezzate da sempre le qualità diuretiche delle loro radici. Esse trasmettono alle urine un caratteristico odore sgradevole che diventa, però, stranamente simile a quello della violetta con l'aggiunta di qualche goccia di essenza di trementina.

Descrizione Pianta perenne, può raggiungere un metro di altezza e presenta in primavera un fusto formato da squame ricoperte di piccole fronde che, crescendo, gli danno l'aspetto di un arbusto grazioso e fragile.
L'asparago predilige i terreni leggeri e sabbiosi. Cresce praticamente in qualsiasi clima, preferibilmente in quelli mediterranei ed è largamente coltivato per i suoi germogli dal gusto delicato.

Proprietà Aperitiva (l'asparago fa parte delle 5 radici dette aperitive: sedano, finocchio, prezzemolo, pungitopo), depurativa, diuretica, sedativa.

Parti utili Rizomi, giovani germogli (comunemente mangiati come verdura).

Quando e come utilizzare *Contro l'anemia (in aggiunta al trattamento medico)*: sciroppo di punte di asparagi, in cure di 20 giorni alternate con 15 giorni di pausa (2).

Contro la ritenzione d'acqua (sotto controllo medico): tre o quattro volte lontano dai pasti (1).

Per ottenere un'azione depurativa sul fegato: prendere un cucchiaino da caffè al giorno, a digiuno, in cure di 20 giorni alternate con 20 giorni di pausa (3); un cucchiaio da minestra prima di ogni pasto, diluito in un bicchiere d'acqua, in cure di 20 giorni alternate con 20 giorni di pausa (4).

PREPARAZIONI

(1) Far bollire a fuoco lento per 5 minuti 40 g di rizomi in 1 l d'acqua. Lasciar macerare per 20 minuti, poi filtrare.
(2) Sciroppo di punte di asparago. Il succo è ottenuto con la centrifuga, poi scaldato a bagnomaria per 20 minuti. Filtrare e aggiungere doppio peso di zucchero.
(3) Far macerare per 10 giorni 20 g di rizomi in 1 l d'alcol a 20 °C.
(4) Sciroppo alle 5 radici. Porre in infusione per due ore in un litro e mezzo d'acqua bollente 100 g di radici secche di sedano selvatico, 100 g di finocchio, 100 g di prezzemolo, 100 g di asparagi e 100 g di pungitopo. Filtrare, aggiungere un litro e mezzo d'acqua; sciogliervi 2 kg di zucchero.

DA NOTARE L'azione diuretica delle radici di asparagi non è molto costante.
Non bisogna usarne in caso di disturbi infiammatori (cistite) e di gotta.

Asperula odorosa

Asperula odorata

Famiglia botanica Rubiacee

Questa pianta, ora caduta in disuso, fu molto apprezzata dalla tradizione popolare fino al Medio Evo, quando era chiamata 'madre delle foreste' o 'regina dei boschi'. In Belgio, in Germania e nell'Est della Francia si usa ancora bere quello che convenzionalmente è chiamato il 'vino di maggio'. Basta lasciare in infusione nel vino bianco zuccherato l'asperula odorosa prima della sua fioritura. Questo vino è benefico per il fegato e il cuore. L'asperula mette anche in fuga gli insetti.

Descrizione Bella pianta perenne di sottobosco, molto più profumata secca che fresca. Taglia da 10 a 30 cm. Fusto liscio, a sezione quadrata. Foglie verde scuro. Piccoli fiori bianchi (da aprile a giugno).
L'asperula odorosa cresce nel sottobosco fresco in gran parte dell'Europa.

Proprietà Antispastica, colagoga, diuretica, sedativa, vulneraria.

Parti utili Tutta la pianta, esclusa la radice.

Quando e come utilizzare *Per conciliare il sonno, soprattutto nei bambini*: infuso, una tazza prima di coricarsi (1).

Contro il nervosismo: infuso, due tazze al giorno (2).

Come diuretico e contro la litiasi renale: infuso, tre tazze al giorno (2).

Per allontanare le zanzare e le tarme e profumare la biancheria negli armadi: sacchettini di pianta seccata.

PREPARAZIONI

(1) Porre in infusione per non più di 5 minuti un cucchiaio da minestra di sommità fiorite secche in una tazza d'acqua bollente.
(2) Porre in infusione per 5 minuti 40 g di pianta secca in 1 l di acqua bollente.

Assenzio

Artemisia absinthium

Famiglia botanica Composite

L'assenzio era già conosciuto nel 1600 a.C.; infatti è citato nel papiro Ebers. Anche Dioscoride, Plinio e Galeno (medico e filosofo greco) citano la famiglia delle 'Artemisie'. Nel XIX secolo fu intensamente coltivato in Francia, Svizzera, Inghilterra, Ungheria e Romania finché il decreto del 1912, che proibiva il liquore di assenzio, pose un freno alla sua coltivazione. Questa pianta, quindi, ebbe il suo momento di gloria nella medicina antica. Il grande Dioscoride vantava le sue proprietà diuretiche e digestive, la raccomandava contro l''offuscamento della vista' e contro le malattie del fegato.
Per lo stesso motivo Tabernae Montanus (1588) la raccomandava alle donne biliose e bisbetiche (non abbiamo ancora verificato questa proprietà interessante). Essa aveva il potere di tener lontane le mosche e le tarme e, mescolata all'inchiostro da stampa, preservava i libri, per il suo sentore amaro, dalla golosità di topi e ratti. Infatti è tossica soprattutto l'essenza di assenzio, ottenuta per distillazione; ma il liquore omonimo ne contiene molto meno di quelli di anice e di issopo che sono addirittura epilettogeni.
A titolo di curiosità riportiamo la composizione del liquore di assenzio, sulla base di 100 l.
Assenzio, 2 kg; anice, 10 kg; finocchio, 8 kg; issopo, 600 g; melissa, 350 g; piccolo assenzio, 600 g; ginepro, 3 kg; cannella, 600 g; angelica, 150 g.
Assenzio in tedesco si dice *Wermut* e il vermouth, il cui nome deriva da quest'ultimo, è un vino a base di assenzio. Il consumo abituale di liquore di assenzio porta a una grave malattia, un'intossicazione cronica degenerativa del sistema nervoso (disturbi sensoriali e psichici, allucinazioni, epilessia, convulsioni, alienazione mentale). L'assenzio infatti è stato un vero flagello all'inizio del secolo e, fortunatamente, il suo uso fu proibito.

Descrizione Pianta perenne, vive circa una decina d'anni, molto aromatica. Taglia da 0,40 a 1 m. Fusto lanuginoso, grigio-verde argenteo, foglie profondamente dentellate, setose, verde-argentee nella pagina inferiore, bianche in quella superiore. Fiori (da luglio a settembre): capolini gialli disposti a grappoli.
L'assenzio cresce spontaneamente nei terreni aridi, pietrosi, incolti, dovunque in tutta l'Europa centrale e meridionale.

Proprietà Antisettica, diuretica, emmenagoga, febbrifuga, stimolante dell'appetito, tonica, vermifuga.

Parti utili Foglie e sommità fiorite.

Quando e come utilizzare *Per stimolare l'appetito (l'assenzio è un potente tonico dello stomaco) in casi di convalescenza, stanchezza, anoressia, eccetera*: vino di pianta: un bicchierino da liquore al giorno, prima del pasto di mezzogiorno (1).

Come vermifugo (ossiuri e ascaride): polvere di foglie e di sommità fiorite, da 2 a 3 g a digiuno per 5 giorni; oppure olio d'assenzio, due cucchiaini da caffè al giorno (2).

Per combattere l'amenorrea, soprattutto nelle giovani: vino d'assenzio, un bicchierino da liquore al giorno (1);

oppure tintura, 20 gocce due volte al giorno, prima dei pasti, in una bevanda zuccherata (3).

Per evitare le punture di insetti (mosche e api): infusione per frizioni (4).

E anche: per allontanare le tarme dagli armadi.
Come insetticida naturale contro il pidocchio delle rose.

PREPARAZIONI

(1) Versare 1 l di buon vino bianco secco su 30 g di foglie e di sommità fiorite secche, lasciar macerare una notte a 30 °C o 4 giorni a temperatura ambiente. Filtrare.
(2) Far macerare per 10 giorni 60 g di foglie ►

▷ e sommità fiorite secche in 500 g d'olio di oliva.
(3) Far macerare per ventiquattr'ore 30 g di foglie secche di assenzio in 60 g di alcol a 60 gradi, colare e filtrare.
(4) Porre in infusione per 10 minuti 15 g di foglie secche in 1 l d'acqua.

AVVERTENZE Non prolungare mai eccessivamente un trattamento a base di assenzio per non incorrere in disturbi digestivi o nervosi.
L'uso di questa pianta è sconsigliabile in gravidanza e allattamento come pure a soggetti nervosi, di temperamento sanguigno o sofferenti di disturbi digestivi.

B

Badiana

Illicium verum

Famiglia botanica Magnoliacee

La badiana è originaria della Cina. Il nome *illicium* significa 'esca', infatti il suo profumo gradevole di anice ha una forte attrattiva. In Cina era usata come pianta da masticare o per profumare i templi. Fu importata dagli inglesi in Europa nel XVI secolo. Va segnalato che essa ha le proprietà dell'anice, ma è più tossica: a forti dosi, agisce sul sistema nervoso come uno stupefacente (in essenza). La badiana, inoltre, entra nella composizione di numerosi liquori come l'anisetta, l'anice, eccetera.

Descrizione Arbusto molto bello, simile alla magnolia. Taglia da 4 a 5 m. Corteccia bianca. Foglie perenni, allungate, lisce, di colore verde brillante. Grandi fiori isolati. I frutti, verdi, diventano, una volta secchi, marroni-rossicci: il loro odore e sapore gradevoli sono dovuti a una essenza ricca di anetolo, contenuta nel rivestimento.

Proprietà Carminativa, stimolante, stomachica, antispastica.

Parti utili Frutti, semi.

Quando e come utilizzare *Per calmare le nausee di origine digestiva*: infuso da bere molto caldo, lentamente (1).

Contro i crampi di stomaco e le coliche dolorose: infuso, due tazze da bere molto calde durante la giornata (1).

> PREPARAZIONI
> (1) Porre in infusione per 15 minuti 5 g di semi secchi in 1 l d'acqua bollente.

ATTENZIONE La badiana contiene un'essenza tossica; usarla quindi in dosi limitate e mai in cure prolungate.

Ballota

Ballota foetida

Famiglia botanica Labiate

La ballota ha uno sgradevole odore che Henry Leclerc paragonava a quello della muffa nelle cantine umide. Nonostante ciò, per curioso fenomeno, le api sono golosissime del suo nettare.
La ballota non fu utilizzata diffusamente fino al XVIII secolo; fu il Leclerc a renderne sistematico l'uso terapeutico nelle malattie del sistema nervoso.

Descrizione Pianta perenne assai comune, facilmente riconoscibile per il suo odore penetrante di muffa. Taglia da 60 a 80 cm. Fusto eretto. Foglie abbondanti, vellutate, dentellate. Fiori rosa o rossi (da maggio a settembre) in grappoli mescolati a corte brattee.
La ballota è molto comune in Europa. Cresce su ogni genere di terreno.

Proprietà Antispastica, tonica.

Parti utili Sommità fiorite.

Quando e come utilizzare *Per lottare contro il ronzio delle orecchie (acufene)*: infuso, due tazze al giorno (1).

Per calmare nervosismo e angoscia: infuso, tre tazze al giorno (1).

Per un'azione sedativa nei disturbi della menopausa: infuso, due tazze al giorno (2).

Per garantire un buon sonno: bagno completo di infuso concentrato (3).

> PREPARAZIONI
> (1) Porre in infusione per 10 minuti 50 g di sommità fiorite secche in 1 l di acqua bollente.
> (2) Porre in infusione per 10 minuti 30 g di sommità fiorite secche in 1 l d'acqua bollente.
> (3) Porre in infusione per 15 minuti 100 g di sommità fiorite secche in 1 l d'acqua bollente. Aggiungere all'acqua del bagno.

Balsamina

Chrysanthemum balsamita

Famiglia botanica Composite

Gli scrittori del Medio Evo e poi santa Ildegarda ne fe-

cero grandi elogi; quest'ultima la considerava una pianta antiepilettica, antidoto al veleno, rimedio contro la lebbra e i pidocchi.
Nel XVII secolo se ne facevano delle frittelle per il mal di stomaco; solo recentemente questa pianta è stata ufficialmente adottata nella terapia delle colecistopatie.

Descrizione Pianta perenne, molto aromatica, che emana un gradevole profumo di menta e limone. Taglia da 0,50 a 1 m. Fusto eretto, coperto di fine peluria. Foglie ovali, dentellate. Fiori gialli (da luglio a settembre).
La balsamina cresce nel'Europa meridionale, coltivata nei giardini o spontanea nei terreni fertili.

Proprietà Antispastica, diuretica, stimolante, vulneraria, carminativa.

Parti utili La pianta intera, esclusa la radice.

Quando e come utilizzare *Contro le infiammazioni dei bronchi*: infuso, due tazze al giorno (1).

Contro la depressione: vino, un bicchierino da bere in caso di crisi (2).

Contro il meteorismo: infuso, una tazza dopo i pasti (3).

In caso di litiasi biliare (calcoli): infuso, due tazze al giorno (3).

PREPARAZIONI
(1) Porre in infusione per 10 minuti 40 g di sommità fiorite e di foglie fresche o secche in 1 l d'acqua bollente.
(2) Porre in infusione 10 minuti 15 g di sommità fiorite secche in 1 l di buon vino rosso bollente, filtrare, conservare in bottiglia tappata.
(3) Porre in infusione per 10 minuti 40 g di pianta intera secca in 1 l d'acqua bollente.

Bardana
Arctium lappa
Famiglia botanica Composite

Penso che tutti, nella nostra infanzia, abbiamo lanciato qualche volta dei capolini di bardana, per il piacere di vederli aggrapparsi ai vestiti o ai capelli. D'altronde il termine latino *lappa*, derivato dal greco *labein* (afferrare, prendere), allude proprio a questa caratteristica della bardana.
Dioscoride la chiamò *Arctium* (che deriva dal greco *arteon* che significa 'orso') per indicare il suo aspetto peloso. Egli sottolineò l'importanza di questa pianta contro le 'vecchie ulcere delle gambe'. Ma fu soprattutto prescritta come antidoto al morso della vipera, alla puntura di vespa, di ape, di zanzara, e al morso di ragno.

Descrizione Pianta biennale robusta e ispida. Taglia da 0,50 a 2 m. Fusto molto robusto, anellato. Grandi foglie a forma di cuore, verdi nella pagina superiore, grigio argento vellutato in quella inferiore. Fiori rosa-violetti (da giugno a settembre) raggruppati in grandi capitolini circondati da brattee. La bardana cresce in tutta l'Europa, in pianura e fino a 1800 m di altitudine.

Proprietà Depurativa, diuretica, coleretica, sudorifera, antiofidica.

Parti utili Radici, foglie, semi.

Quando e come utilizzare *Per combattere l'acne*: decotto, tre tazze al giorno nell'intervallo fra i pasti (1), oppure decotto concentrato, tamponare due volte al giorno i brufoli non aperti con un cotone imbevuto (2).

Contro la pitiriasi: tamponare con la lozione decotto (2).

Per calmare il prurito: lavare la parte con il decotto più volte al giorno (3).

Per rinfrescare la pelle: decotto, tre tazze al giorno in cure di 3 settimane (7).

Per il suo effetto sudorifero: decotto, tre tazze al giorno (5).

Per far maturare un ascesso: decotto di radici fresche, due tazze al giorno (6).

Contro i dolori della gotta: cataplasma di foglie fresche schiacciate sull'articolazione dolente.

In caso di litiasi renale: decotto, tre tazze al giorno (6).

Contro il morso del ragno, per calmare il bruciore e diminuire il gonfiore: cataplasmi di foglie fresche schiacciate.

Per favorire la crescita dei capelli: frizionare ogni sera per 10 giorni con della purea di radici (prima cotte nell'acqua e poi schiacciate).

Per ammorbidire i capelli e renderli brillanti dopo il lavaggio: risciacquo con l'infuso (7).

PREPARAZIONI

(1) Far bollire per 15 minuti 50 g di radici fresche in 1 l d'acqua.
(2) Far bollire per 20 minuti 150 g di radici fresche in 1 l d'acqua.
(3) Far bollire per 15 minuti e poi lasciare in infusione per 10 minuti 100 g di radici fresche in 1 l d'acqua.
(4) Far bollire per 10 minuti 60 g di radici fresche tagliate in 1 l d'acqua.
(5) Far bollire per 10 minuti e poi lasciare in infusione per 10 minuti 50 g di radici fresche tagliate a pezzetti in 1 l d'acqua.
(6) Far bollire per 5 minuti e poi lasciare in infusione per 10 minuti 30 g di radici fresche in 1 l d'acqua.
(7) Porre in infusione per 10 minuti 50 g di foglie secche in 1 l d'acqua bollente.

Basilico

Ocimum basilicum

Famiglia botanica Labiate

Originario delle Indie, fu coltivato in tutta l'antichità greco-romana. Nelle regioni tropicali lo si fa crescere davanti alle finestre per scacciare le zanzare.
Ha da sempre grande reputazione come condimento. Nel mezzogiorno mediterraneo ha portato alla celebrità il minestrone di verdure.

Descrizione Pianta annuale molto aromatica. Taglia molto varia, da 15 a 30 cm. Fusto a cespuglio. Foglie striate verde scuro. Fiori in corolle bianco-rosati.
Di origine orientale è coltivato da secoli in tutta l'Europa.

Proprietà Antispastica, digestiva, tonica.

Parti utili Pianta intera, foglie, sommità fiorite.

Quando e come utilizzare *Per combattere l'aerofagia*: infuso, due o tre tazze al giorno da bere calde dopo i pasti (1).

Contro il meteorismo: infuso, una tazza dopo i pasti (1).

Contro i crampi allo stomaco e gli spasmi gastrici: infuso, una tazza dopo i pasti (2).

Contro la nausea: infuso (1).

Per calmare la tosse spasmodica: infuso, tre tazze al giorno nell'intervallo fra i pasti (3).

Per combattere il nervosismo: tre tazze al giorno (4).

Per conciliare il sonno: infuso, una tazza al momento di coricarsi (2).

Contro le afte: decotto per spennellate (5).

Su una puntura di vespa o di ape: frizionare la puntura con foglie fresche.

Contro la caduta dei capelli: frizionare il cuoio capelluto con un infuso concentrato (6).

PREPARAZIONI

(1) Porre in infusione per 10 minuti 50 g di pianta in 1 l di acqua bollente.
(2) Porre in infusione per 15 minuti 20 g di pianta in 1 l di acqua bollente.
(3) Porre in infusione per 10 minuti 20 g di sommità fiorite secche in 1 l d'acqua bollente.
(4) Porre in infusione per 10 minuti 40 g di sommità fiorite secche in 1 l d'acqua bollente.
(5) Far bollire per 15 minuti 100 g di foglie secche per ogni litro d'acqua.
(6) Porre in infusione per 20 minuti 150 g di foglie secche in 1 l d'acqua bollente, spremere le foglie per estrarne il succo; filtrare il tutto e usare come lozione.

Belladonna

Atropa belladona

Famiglia botanica Solanacee

CONTROINDICATA IN AUTOTERAPIA Pianta tossica. Uso riservato al medico.

Betonica

Stachys officinalis

Famiglia botanica Labiate

La betonica è un'antica pianta sacra. Plinio la considerava una panacea. Antonius Musa, medico di Augusto, le attribuiva virtù magiche. Dioscoride, per la cura di 35 malattie, cita ben 20 volte la betonica. Autori lionesi, fino al XIX secolo, ne decantano 'le mirabili proprietà, rimedio in quasi tutte le malattie'. In questo campo, però, l'esagerazione talvolta non ha limiti.
In Simon Paulli, medico svedese del XVII secolo, si legge che un cavaliere, cui un fendente aveva spaccato il cranio e scoperto il cervello, fu prontamente guarito da impiastri di betonica.
Per fortuna oggi le proprietà curative della pianta sono state ricondotte a più attendibili proporzioni.

CONTROINDICATA IN AUTOTERAPIA Pianta tossica (rischio di nausea e vomito): uso riservato al medico.

Betulla

Betula alba

Famiglia botanica Betulacee

La betulla è un bellissimo albero il cui tronco è rivestito di setosa corteccia bianca. Era chiamato anche 'l'albero della saggezza' perché con i suoi rami si facevano le giannette con cui venivano puniti i bambini disubbidienti. Plinio stesso diceva che si trattava di un albero 'temibile' perché forniva le verghe ai maestri di scuola. Fortunatamente i tempi sono cambiati e la betulla è usata per tutt'altri scopi.
La prima a rilevarne le proprietà medicinali fu la badessa Ildegarda, che la riteneva efficace contro le ulcere. Nel XVI secolo l''acqua di betulla', cioè probabilmente la sua linfa, è descritta come specifico rimedio contro la litiasi urinaria: la si chiama 'l'albero nefritico d'Europa'. Nel 1938, in un famoso articolo della rivista di fitoterapia, il dottor Leclerc ne dimostrava l'efficacia contro la cellulite.
Nel XIX secolo i grandi nomi della medicina si sono profusi in lodi sperticate: Percy, parlando della linfa di betulla, ha detto che essa «è apportatrice di speranza, di felicità, di toccasana per tutti, ricchi e poveri, grandi e piccini».

Descrizione Bella pianta, elegante dal profumo aromatico. Taglia 30 m circa. Corteccia chiara, bruno-dorata, che diventa bianco-argentea dopo una ventina d'anni, tronco slanciato. Foglie nervate, in forma di triangolo o losanga, di un verde brillante.
La betulla cresce in tutta l'Europa, tranne che nelle regioni mediterranee.

Proprietà Antisettica, cicatrizzante, depurativa, diuretica, stimolante, sudorifera, digestiva, febbrifuga.

Parti utili Germogli, corteccia, foglie, linfa.

Quando e come utilizzare *Per aiutare ad abbassare il tasso di colesterolo nel sangue*: infuso, tre tazze al giorno (1).

Per eliminare l'acido urico in caso di attacco di gotta: infuso (2).

Contro i dolori della gotta: cataplasmi di foglie fresche schiacciate sopra l'articolazione dolente.

In caso di gonfiori (edemi) delle gambe e delle caviglie: vino di corteccia, un bicchierino prima del pasto di mezzogiorno (3).

Per evitare le crisi di sudore notturne: infuso, due tazze al giorno, una delle quali al momento di coricarsi (1).

Come antisettico sulle ferite superficiali: lavaggi con decotto (5).

Contro la pitiriasi: lozione-decotto, tamponare due volte al giorno (4).

Per la carnagione: applicare ogni giorno sul viso la lozione-decotto (6).

Per tonificare la pelle dopo il bagno: frizione con lozione-decotto (7).

Per attenuare le chiazze di rossore: lavaggi con decotto due volte al giorno (8).

PREPARAZIONI

(1) Porre in infusione per 10 minuti 25 g di foglie secche in 1 l d'acqua bollente, lasciare intiepidire, poi filtrare.
(2) Porre in infusione per 15 minuti 50 g di foglie secche sminuzzate in 1 l d'acqua bollente.
(3) Lasciare macerare per 8 giorni 50 g di corteccia fresca in 1 l di buon vino rosso, poi filtrare. Conservare in bottiglia tappata.
(4) Far bollire per 10 minuti 25 g di corteccia secca in 1 l d'acqua.
(5) Far bollire per 10 minuti 60 g di foglie secche per ogni litro d'acqua.
(6) Far bollire per 10 minuti e poi lasciare in infusione per 10 minuti 60 g di corteccia secca per ogni litro d'acqua.
(7) Far bollire per 10 minuti 150 g di foglie secche in 1 l d'acqua.
(8) Far bollire per 15 minuti 50 g di corteccia secca in 1 l d'acqua.

Biancospino

Crataegus oxyacantha

Famiglia botanica Rosacee

La tradizione più antica considerava il biancospino una pianta alimentare. In antiche città lacustri ne sono stati ritrovati numerosi noccioli e nei paesi lambiti dal basso Danubio si faceva una specie di pane con i suoi frutti, fatti seccare e trasformati in farina. Infatti nei paesi dell'Europa centrale i frutti del biancospino erano chiamati 'bacche da farina'. La pianta viene considerata medicinale soltanto verso il 1300.
Il medico di Enrico IV, Quecetanus, vantava le sue proprietà nelle malattie dell'apparato urinario, ma solo dopo il 1816 sono riconosciute le sue proprietà sedative e cardiovascolari.

Descrizione Arboscello a cespuglio, spinoso, dai fiori graziosi e dal legno molto duro. Taglia fino a 4 m. Corteccia liscia, grigio chiaro nella pianta giovane, fessurata e brunastra più tardi. Fogliame caduco verde brillante. Fiori bianchi o rosa (da aprile a giugno).
Il biancospino è diffuso nei boschi e lungo le siepi in tutta l'Europa e in Africa del Nord.

Proprietà Antispastica, astringente, diuretica, ipotensiva, tonica cardiaca, tranquillante.

Parti utili Corteccia, bacche, fiori.

Quando e come utilizzare *Per sedare l'angoscia e il nervosismo*: infuso, tre tazze al giorno, al mattino, a mezzogiorno e la sera prima di coricarsi (1), in cure di almeno 4 settimane; bagno caldo prima di coricarsi (2).

Come coadiuvante nelle cure mediche dell'ipertensione arteriosa: infuso, due tazze al giorno, da centellinare, in cure di 3 settimane (3).

Per calmare il mal di gola: gargarismi di decotto (4).

PREPARAZIONI

(1) Porre in infusione per 15 minuti 50 g di fiori secchi in 1 l di acqua bollente.
(2) Porre in infusione per 15 minuti 500 g di fiori secchi in 3 l d'acqua, poi versare nell'acqua del bagno.
(3) Porre in infusione per 15 minuti un cucchiaio di fiori secchi in una tazza d'acqua bollente.
(4) Porre in infusione per 20 minuti in 1 l d'acqua 50 g di bacche seccate nel forno.

Bistorta

Polygonum bistorta

Famiglia botanica Poligonacee

Dioscoride, chiamandolo poligono maschio, lo adoperava contro gli sbocchi di sangue, il colera, la diarrea e la ritenzione d'urina.
Plinio, nel I secolo, dice che il suo succo, aspirato nelle narici, arresta l'epistassi e, mescolato al vino, è efficace contro ogni forma di emorragia. Anche nel Medio Evo questa pianta è molto rinomata contro gli sbocchi di sangue. Ma nel XVIII secolo non si sente più parlare di essa. Soltanto nel 1840 si manifesta di nuovo un certo in-

teresse finché, qualche anno più tardi, le si attribuisce un ruolo positivo nella cura del diabete.

Descrizione Pianta erbacea, perenne, molto apprezzata dalle api. Taglia da 0,30 a 1 m. Fusto eretto, cilindrico, striato. Foglie non numerose, grandi e allungate. Bei fiori rosa (da maggio a luglio) raggruppati in spighe. Il rizoma è molto grosso e stranamente ritorto due volte, da cui il nome di 'bistorta'.
È diffusa nei prati di montagna in tutta l'Europa, tranne che nelle regioni mediterranee.

Proprietà Astringente, antidiarroica, tonica, vulneraria.

Parti utili Rizomi.

Quando e come utilizzare *In caso di diarrea*: clistere di decotto tiepido (1).

Per combattere l'enuresi: decotto, due tazze al giorno (2).

Contro le emorragie: decotto (2).

Per calmare i dolori delle emorroidi: impacchi imbevuti di decotto (1).

PREPARAZIONI
(1) Far bollire per 15 minuti 60 g di rizomi secchi in 1 l d'acqua, filtrare.
(2) Far bollire per 5 minuti 30 g di rizomi secchi in 1 l d'acqua, lasciare in infusione per 10 minuti.

Boldo

Peumus boldus

Famiglia botanica Monimiacee

Questa pianta proviene dal Cile, dove viene utilizzata per molti scopi. Molto abbondante nella provincia di Valparaiso, è quasi una manna per i cileni che ne consumano i frutti, ne usano il legno per ricavarne un buon carbone, sfruttano il tannino della corteccia per conciare le pelli e ne usano le foglie come condimento.

Descrizione Alberello a cespuglio a foglia persistente. Taglia da 5 a 8 m. Corteccia chiara. Piccole foglie ovali, ruvide, di colore grigio-verde, dall'odore molto aromatico, che si avvicina un poco a quello della menta.
È originario delle regioni aride e soleggiate del Cile. Alle nostre latitudini è coltivato solo in serra.

Proprietà Diuretica, ipotonica, stimolante generale.

Parti utili Foglie.

Quando e come utilizzare *Per favorire le funzioni digestive e come stimolante generale*: vino di foglie, un bicchiere da vino prima dei pasti principali in cure di 10 giorni ogni tre mesi (1).

Contro la litiasi biliare (calcoli) e le infezioni urinarie: infuso, tre tazze al giorno (2).

PREPARAZIONI
(1) Far macerare per una settimana 30 g di foglie secche in 1 l di buon vino rosso, filtrare. Conservare in recipiente tappato.
(2) Porre in infusione per 15 minuti 40 g di foglie secche in 1 l d'acqua bollente.

ATTENZIONE Il boldo, se utilizzato in dosi troppo forti o per lunghi periodi può essere irritante e sortire l'effetto contrario a quello desiderato.

Borragine

Borrago officinalis

Famiglia botanica Borraginacee

Il suo nome viene dal latino *burra*, cioè bigello, sorta di tessuto dal lungo pelo, per ricordare appunto il lungo pelo che riveste la pianta. Gli Arabi la coltivarono durante l'occupazione della penisola iberica; da qui essa si estese in tutto il mediterraneo, poi in tutta l'Europa e in America. Era usata per mantenere sano il sangue. Attualmente è considerata soprattutto come pianta sudorifera.

Descrizione Pianta annuale, interamente irta di ruvidi peli. Taglia da 20 a 70 cm. Steli spessi, cavi e pelosi. Grandi foglie ovali, appuntite e rugose. Fiori di un bel blu intenso (da maggio a settembre) a forma stellare. La borragine è diffusa in tutti i paesi del mediterraneo.

Proprietà Emolliente, depurativa, lassativa, sudorifera.

Parti utili Fiori, foglie, steli.

Quando e come utilizzare *Contro la febbre*: infuso (1).

Per favorire la sudorazione: decotto (2) e infuso (1).

Contro l'influenza: infuso, tre tazze al giorno (3).

Per i 'bottoni di febbre': infuso, tre tazze al giorno (1).

Contro i disturbi dell'enfisema polmonare: infuso (4).

Per calmare la tosse e favorire l'espettorazione: infuso (1).

Contro i dolori reumatici: infuso, tre tazze al giorno in cure di 3 settimane (5).

In caso di litiasi biliare (calcoli): decotto, bere due tazze al giorno (6).

In caso di edema: infuso, tre tazze al giorno in cure di 3 settimane (4).

Per migliorare un colorito terreo: infuso, tre tazze al giorno in cure di 10 giorni (3).

PREPARAZIONI
(1) Porre in infusione per 10 minuti 30 g di fiori secchi in 1 l d'acqua bollente, filtrare.
(2) Far bollire per 20 minuti 20 g di foglie secche in 1 l d'acqua bollente, filtrare.
(3) Porre in infusione per 10 minuti 20 g di fiori secchi in 1 l d'acqua bollente, filtrare.
(4) Porre in infusione per 15 minuti 60 g di fiori secchi in 1 l d'acqua bollente, filtrare.
(5) Porre in infusione per 10 minuti 30 g di foglie secche in 1 l d'acqua bollente, filtrare.

AVVERTENZE Filtrare con cura le tisane attraverso un tessuto per eliminare la peluria irritante della pianta.

Borsa pastore

Capsella bursa pastoris

Famiglia botanica Crucifere

Questo nome vernacolo deriva direttamente dal nome latino. *Capsella* significa infatti scatola, cassetta, in varie accezioni, dal portagioie alla cassetta per le derrate alimentari.
Il nome della pianta sarebbe appunto spiegato dalla somiglianza che si riscontra fra una scatola e la forma dei suoi frutti.
Non fu nota fino al XVI secolo quando le furono riconosciute proprietà antiemorragiche. Poi venne di nuovo dimenticata.
La guerra del '15-'18 accrebbe notevolmente il bisogno di piante antiemorragiche con la conseguenza che quelle allora utilizzate divennero rare; si fece quindi ricorso nuovamente a quelle vecchie e dimenticate tra le quali la borsa pastore.
La sua notorietà si accrebbe al punto che fu oggetto di numerosi studi scientifici basati sulle sue proprietà antiemorragiche.

Descrizione Pianta annuale, molto diffusa, fiorita tutto l'anno. Taglia da 10 a 50 cm. Fusto eretto che porta direttamente i fiori. Foglie in rosetta alla base del fusto, dentellate, di colore verde pallido. Piccoli fiori bianchi raggruppati, che fioriscono tutto l'anno, anche dopo la maturazione del frutto.
La borsa pastore cresce in tutte le regioni temperate su terreni fertili coltivati o incolti.

Proprietà Emostatica, astringente, tonica.

Parti utili Tutta la pianta, esclusa la radice.

Quando e come utilizzare *In caso di epistassi (sangue da naso)*: introdurre nella narice un cotone imbevuto di succo.

In caso di emorragia: infuso (1).

Contro i disturbi circolatori della menopausa: decotto, tre tazze al giorno (2).

PREPARAZIONI
(1) Porre in infusione per 10 minuti 30 g di pianta intera secca in 1 l d'acqua bollente.
(2) Far bollire per 10 minuti e poi lasciare in infusione per 10 minuti 30 g di pianta intera secca in 1 l d'acqua.

Bosso

Buxus sempervirens

Famiglia botanica Buxacee

Il bosso fornisce un legno più pesante dell'acqua. Dagli antichi fu usato dapprima a scopo decorativo, successivamente come medicamento.
L'abbadessa Ildegarda lo raccomandava come depurativo generale. I medici del XVI secolo consigliavano lo shampoo a base di decotto concentrato di radici di bosso per dare ai capelli una sfumatura biondo-rossa.
Il bosso è una pianta tossica, quindi è molto importante non superare le dosi consigliate e, soprattutto, rispettare la regola dei 20 giorni.
L'amaro di bosso è stato coinvolto in numerose falsificazioni. Lo si usava per sostituire il luppolo nella fabbricazione della birra, e ciò aveva gravi conseguenze. L'uso incontrollato del bosso produce infatti gastro-enteriti iperacute con vomito, diarrea, convulsioni, disturbi respiratori e persino morte per asfissia.
Siamo fortemente preoccupati nel constatare che questa pianta è molto raccomandata in autoterapia come preteso trattamento della malattia virale da deficienza immunitaria (AIDS). Ciò è assolutamente assurdo.
Si deve lasciare ai soli medici fitoterapeuti, che ne conoscono bene i pregi ma soprattutto le controindicazioni, il compito di prescriverla.

ASSOLUTAMENTE CONTROINDICATA IN AUTOTERAPIA Pianta tossica: il suo uso è riservato al medico.

Descrizione Bell'arbusto ornamentale. Taglia da 0,80 a 6 m. Fusto diritto. Legno molto duro. Corteccia marrone-verde. Foglie persistenti, verde scuro, brillanti. Piccoli fiori gialli (da marzo a maggio).
Il bosso cresce di preferenza su terreni calcarei in tutta l'Europa temperata.
Proprietà (sfruttabili soltanto sotto controllo medico) Depurativa, lassativa, febbrifuga, sudorifica.

Parti utili Corteccia della radice, foglie.

Quando e come utilizzare *Nell'epilessia, come coadiuvante delle cure mediche*: decotto, due tazze al giorno (2).

Per disintossicarsi, in cure ricostituenti: decotto, quattro grandi tazze al giorno per 3 settimane (1).

Per abbassare la febbre alta: decotto (2).

PREPARAZIONI
(1) Far bollire per 10 minuti 40 g di foglie secche in 1 l d'acqua, filtrare.
(2) Far bollire per 20 minuti in 1 l d'acqua 25 g di foglie secche, filtrare, zuccherare. Bere in due volte.

ATTENZIONE L'uso prolungato di preparati a base di bosso è assolutamente controindicato (non superare mai i 20 giorni di cura con soste di almeno un mese).

Brionia

Bryonia dioica

Famiglia botanica Cucurbitacee

CONTROINDICATA IN AUTOTERAPIA Pianta tossica. Il suo uso è riservato al medico.

C

Calaminta

Calamintha officinalis

Famiglia botanica Labiate

Il suo nome deriva dal greco e significa 'simile alla menta'. Secondo lo studio di Montpellier, nel XIII secolo, essa sarebbe efficace contro i ronzii alle orecchie. Inoltre è uno dei componenti del celebre elisir 'acqua vulneraria'. Era anche un efficace per la cura di colpi e contusioni, tanto da essere chiamata 'l'acqua dell'archibugiata'. All'inizio del secolo alcuni autori sostenevano che la calaminta dà agli animali che se ne cibano un aspetto vispo e intelligente e una sensazione particolare di forza!

Descrizione Pianta perenne, appartiene alla stessa famiglia della menta, e spesso viene confusa con essa. Molto aromatica. Taglia da 20 a 30 cm. Gambo molle, ramificato. Foglie verde chiaro, a forma di cuore, finemente dentellate. Fiori molto belli di un rosa intenso (in estate). La calaminta cresce in terreni umidi e freschi, nei boschi, fra le rocce calcaree nell'Europa temperata, ma non nelle regioni meridionali.

Proprietà Tonica, antispastica, stomachica.

Parti utili Tutta la pianta, esclusa la radice.

Quando e come utilizzare *Per combattere ronzii e sibili alle orecchie (acufene)*: infuso, una tazza dopo il pasto della sera (1).

Per far cessare un singhiozzo ribelle: infuso (2).

Contro l'aerofagia: infuso, una tazza dopo ogni pasto (2).

Per aiutare la digestione: infuso, una tazza dopo i pasti (1).

Contro una forte stanchezza: infuso, una tazza al giorno (4).

Per ottenere effetto rilassante: infuso (3).

PREPARAZIONI

(1) Porre in infusione per 10 minuti 50 g di gambi e fiori secchi in 1 l d'acqua bollente.
(2) Porre in infusione per 10 minuti due pizzichi di pianta fiorita secca in una grande tazza d'acqua bollente. ►

▷ (3) Porre in infusione per 10 minuti 30 g di gambi e fiori secchi in 1 l d'acqua bollente.
(4) Porre in infusione per 10 minuti 20 g di gambi e fiori secchi in 1 l d'acqua.

Calamo aromatico

Acorus calamus

Famiglia botanica Aracee

Troviamo tracce del calamo aromatico nella più remota antichità. Alcuni scritti egiziani lo citano con il nome di 'giunco sacro'.
Questa pianta fu introdotta in Europa nel XVI secolo e fu l'abate Kneipp, nella seconda metà del XIX secolo, il primo a definirne le proprietà terapeutiche.
Essa fu spesso prescritta per combattere le emorragie uterine e l'arresto delle mestruazioni; il calamo si può infatti definire un regolatore del flusso mestruale. I tartari lo consideravano un disinfettante e presso di loro l'acqua potabile subiva preventivamente la macerazione del calamo. I cinesi ponevano delle radici di calamo ai piedi del loro giaciglio per evitare l'invasione delle cimici.

Descrizione Pianta perenne, profumata, simile a un giunco. Taglia da 0,50 a 1 m. Foglie strette, a fodero di spada, nate dalla radice anziché da un gambo, rossastre nella parte inferiore. Fiori (da maggio ad agosto) giallo verdi, raggruppati strettamente in spighe laterali lunghe da 7 a 8 cm. Grossi rizomi orizzontali dal colore verde bruno. Pianta acquatica degli stagni e dei fossati. Originario dell'Asia il calamo aromatico è molto diffuso nell'Europa centrale, poco in Francia, salvo che nel Giura.

Proprietà Diaforetica, emmenagoga, emostatica, stimolante, aromatica.

Parti utili Rizomi.

Quando e come utilizzare *Contro le difficoltà di digestione*: infuso, una tazza dopo i pasti due volte al giorno (1).

Come tonico-aperitivo contro l'inappetenza: decotto, tre tazze al giorno (2).

Per aiutare a eliminare l'acido urico (gotta): infuso, due bicchierini da liquore al giorno (1).

Nei casi di nausea digestiva: decotto, una tazza (2).

Contro il meteorismo: polvere (in farmacia), 1 g in un cucchiaino di miele dopo i pasti.

Contro i dolori reumatici: frizioni di olio.

Per proteggere le pellicce contro le tarme: cospargere leggermente il capo con polvere di rizoma.

PREPARAZIONI
(1) Lasciare in infusione per 10 minuti 10 g di rizomi secchi in 1 l d'acqua.
(2) Portare a ebollizione 15 g di rizomi secchi in 1 l di acqua fredda, lasciar raffreddare.
(3) Vino di calamo. Far macerare 100 g di rizomi freschi, per 8 giorni, in 1 l di vino, poi prenderne un bicchiere prima dei pasti.
(4) Liquore, 100 g di rizomi freschi, 500 g di alcol, 500 g di acqua. Lasciar macerare per una settimana, agitando spesso, poi filtrare. Un bicchiere prima dei pasti.

Calendula

Calendula officinalis

Famiglia botanica Composite

È originaria delle regioni mediterranee. Nel Medio Evo venne sovente confusa con il tarassaco e la cicoria, i fiori delle quali si regolano anch'essi sul sole.
Santa Ildegarda, nel XII secolo, la raccomandava contro i disturbi intestinali e sant'Alberto il Grande, nel XIII secolo, la usava come rimedio ai morsi di animali e contro le ostruzioni della milza e del fegato.

Descrizione Pianta perenne. Taglia fino a 50 cm. Foglie alterne, pubescenti, verdastre. Fiori gialli o arancio (da giugno a settembre).
Originaria della regione mediterranea, è coltivata un po' dappertutto nei giardini.

Proprietà Emmenagoga, stimolante, antispastica, diuretica, antivomito, cicatrizzante, vermifuga.

Parti utili Fiori freschi o seccati da poco, foglie.

Quando e come utilizzare *In caso di vomito o bruciori di stomaco*: tre o quattro tazze al giorno nell'intervallo fra i pasti (1).

Per favorire la comparsa delle mestruazioni: tre o quattro tazze al giorno, lontano dai pasti (1); lavande vaginali (2).

Come diuretico e in alcuni casi di congestione biliare: un bicchiere al mattino a digiuno (3).

Per guarire le ulcerazioni cutanee: impacchi (4).

Per curare le verruche: impacchi (5).

PREPARAZIONI
(1) Porre in infusione per 10 minuti 5 g di fiori secchi in 1 l d'acqua bollente.
(2) Far bollire per 10 minuti in 1 l d'acqua 10 g di sommità fiorite di artemisia e 10 g di fiori secchi di calendula.
(3) Far bollire per 10 minuti in 1 l d'acqua 5 g di fiori secchi di calendula e 5 g di fiori secchi di ginestra.
(4) Far macerare per 20 minuti in 1 l d'acqua bollente 20 g di polpa di foglie fresche e 20 g di fiori secchi.
(5) Far macerare per 3 o 4 giorni in 1 l di aceto di vino 20 g di fiori freschi schiacciati o di fiori secchi.

Calluna

Calluna vulgaris

Famiglia botanica Ericacee

La calluna fa parte della famiglia delle Ericacee, che si distingue a causa delle sue proprietà antisettiche delle vie urinarie.
Poiché l'erica è adoperata per fabbricare le scope, le è stato dato il nome di 'calluna' che deriva dal greco 'pulire'. Henry Leclerc sosteneva che l'erica era più efficace della sua cugina prima, l'uva orsina, nel trattamento

delle infezioni delle vie urinarie. Questo non ci sembra esatto: abbiamo personalmente sperimentato e verificato il ruolo principale che svolge l'uva orsina in questo campo.

Descrizione Pianta molto decorativa e forte, apprezzata dalle api. Taglia da 0,30 a 1 m. Fusto legnoso, tortuoso. Foglie persistenti. Fiori rosa (da luglio a ottobre) in grappoli.
L'erica cresce nell'Europa temperata, nelle lande, nei boschi, sulle scogliere marine.

Proprietà Antisettica, diuretica, astringente, sedativa.

Parti utili Foglie, sommità fiorite.

Quando e come utilizzare *Per combattere l'acne*: olio-lozione, tamponare, due volte al giorno, i brufoli non escoriati con un cotone imbevuto (1).

Come antisettico in caso di infiammazione della vescica: decotto, tre tazze nella giornata (2).

In caso di nefrite: decotto, quattro tazze al giorno (3).

Contro l'enuresi: decotto, due tazze al giorno (4).

In caso di albuminuria: decotto, berne 1 l nelle 24 ore (2).

Contro la diarrea: infuso (5).

Per calmare i dolori articolari reumatici: frizione all'olio di fiori (1).

PREPARAZIONI

(1) Far macerare per 10 giorni in 1 l d'olio d'oliva 200 g di sommità fiorite fresche spezzettate, rimescolando ogni giorno. Filtrare e conservare in un recipiente al riparo dalla luce.
(2) Far bollire 40 g di sommità fiorite fresche in 1 l d'acqua fino a ridurla a 1/3, filtrare, addolcire con del miele.
(3) Far bollire per 15 minuti 30 g di pianta fiorita fresca in 1 l d'acqua.
(4) Far bollire per 15 minuti 50 g di sommità fiorite fresche in 1 l d'acqua fino a ridurla a 2/3.
(5) Far bollire per 2 minuti e poi lasciare in infusione per 10 minuti 30 g di sommità fiorite fresche in 1 l d'acqua.

Camedrio

Teucrium chamaedris

Famiglia botanica Labiate

Le sue foglie ricordano, per la loro forma, quelle della quercia, per questo il camedrio ha il soprannome di 'piccola quercia'.
Il grande Dioscoride la raccomandava come pianta medicinale dalle molteplici proprietà, fra le quali spicca quella contro la gotta.
Carlo V, però, che soffriva di gotta, sfortunatamente non ottenne alcun miglioramento, nonostante due mesi di cura con una macerazione di camedrio nel vino.

Descrizione Bella piantina perenne. Taglia da 10 a 30 cm. Fusto verde striato di violetto. Foglie merlate, lucenti, di un verde brillante. Fiori rosa o porpora, in grappoli (da maggio a settembre).
Il camedrio cresce nei terreni calcarei secchi e aridi, sui pendii rocciosi nell'Europa temperata e nell'Africa del Nord.

Proprietà Febbrifuga, digestiva, diuretica, antisettica.

Parti utili Sommità fiorite, foglie.

Quando e come utilizzare *Per stimolare l'appetito e combattere l'astenia*: infuso di vino, un bicchierino prima dei pasti (1).

Per combattere l'aerofagia: tintura-macerazione, prendere, due volte al giorno, prima dei pasti un bicchierino d'acqua con 25 gocce (2).

Per garantire una buona digestione: tintura, 20 gocce in mezzo bicchiere d'acqua zuccherata, da prendere prima di un pasto che si prevede abbondante (2).

PREPARAZIONI

(1) Porre in infusione per 15 minuti 40 g di sommità fiorite secche in 1 l di vino bianco bollente, filtrare. Conservare in recipiente tappato.
(2) Far macerare per 12 giorni 15 g di sommità fiorite e foglie secche in 150 g di alcol a 75 gradi, filtrare. Conservare in recipiente tappato.

Camedrio alpino

Dryas octopetala

Famiglia botanica Rosacee

È una pianta di montagna; fu infatti scoperta dai primi esploratori delle Alpi. È molto bello lo spettacolo che offrono le grandi distese di driade sopra i 1200 m.

Descrizione Pianta strisciante con numerosi rami lunghi anche fino a 50 cm. Foglie coriacee sempreverdi, bianche tomentose inferiormente. Grandi fiori solitari bianchi.
Pianta tipica degli ambienti montani, rupi e pascoli sassosi. È presente sulle Alpi, sugli Appennini, sui Pirenei e sulle regioni montane dei Balcani.

Proprietà Astringente.

Parti utili Foglie.

Quando e come utilizzare *Contro le afte*: gargarismi di infusione (1).

Contro la diarrea: infuso, due tazze al giorno (1).

Per combattere l'anoressia: infuso, due tazze al giorno, prima dei pasti (1).

PREPARAZIONI

(1) Porre in infusione per 10 minuti 20 g di foglie secche in 1 l d'acqua.

Camomilla romana

Anthemis nobilis

Famiglia botanica Composite

Il nome 'camomilla', di origine greca, significa 'mela dalla terra'. Probabilmente il suo vago odore di mela ha contribuito a stabilire questa analogia.
Stranamente, però, questa camomilla era sconosciuta sia ai Romani che ai Greci. L'aggettivo 'romana' le fu attribuito solo nel 1588 dal Camerario che la trovò appunto nella campagna romana.
D'altra parte è anche chiamata la 'falsa camomilla', poiché quella vera è la matricaria. Attualmente infatti, esse vengono spesso confuse.
La camomilla è amara; come tutte le piante di questo tipo ha la proprietà di stimolare l'appetito. Una volta la si dava prima dei pasti ai bambini affetti da anoressia. Per questo motivo il nostro collega Leclerc considerava un controsenso dietetico prendere un infuso di camomilla dopo i pasti.

Descrizione Piccola pianta erbacea, perenne. Taglia da 10 a 30 cm. Gambo vellutato, rampicante e poi eretto. Foglie piccole e molto frastagliate, verde-biancastre. Fiori bianchi dal cuore giallo a capolini doppi nella varietà coltivata (da giugno a settembre).
La camomilla romana cresce nei terreni secchi e assolati. Spontanea nelle zone del mediterraneo occidentale, è ampiamente coltivata in orti e giardini in tutta Italia.

Proprietà Antispastica, tonica, stomachica, febbrifuga, emmenagoga.

Parti utili Gambi provvisti di foglie, sommità fiorite.

Quando e come utilizzare *Per stimolare l'appetito evitando nel contempo le difficoltà della digestione*: vino di fiori, un bicchierino da liquore mezz'ora prima di ciascun pasto (1); infuso, una tazza prima di ogni pasto (2).

Per combattere l'astenia e la stanchezza generale: infuso, una tazza prima dei pasti (2).

Contro i dolori reumatici: frizione all'olio di fiori (3).

Contro i dolori muscolari e gli indolenzimenti: impacchi di fiori cotti nell'acqua.

In caso di mestruazioni dolorose: infuso, una tazza prima di ogni pasto, prima e durante le mestruazioni (2).

Contro le emicranie e le nevralgie facciali: infuso concentrato (4).

Per calmare crisi di nervi: infuso, da bere caldo (5).

Per alleviare le infiammazioni oculari (palpebre gonfie, congiuntivite, blefarite, orzaioli): impacchi di decotto da applicare sugli occhi (6).

Per tonificare la pelle: lozione-infuso (7).

PREPARAZIONI

(1) Porre a macerare per una settimana 60 g di fiori secchi in 1 l di buon vino bianco. Filtrare. Conservare in bottiglia tappata.
(2) Porre in infusione per almeno 30 minuti 15 g di fiori secchi ogni litro d'acqua.
(3) Far macerare per 2 ore a bagnomaria 60 g di fiori secchi in mezzo litro d'olio d'oliva. Spremere il succo dei fiori, poi filtrare.
(4) Porre in infusione per 1 ora 25 g di fiori secchi in 1 l d'acqua bollente, filtrare spremendo bene il succo dei fiori.
(5) Porre in infusione per 10 minuti 25 g di fiori secchi in 1 l d'acqua bollente.
(6) Mettere 30 g di fiori secchi in 1 l d'acqua, portare a ebollizione e poi lasciare in infusione per 20 minuti.
(7) Porre in infusione per 10 minuti 50 g di fiori secchi in 1 l d'acqua.

Cannella

Cinnamomum zeylanicum

Famiglia botanica Lauracee

La sua corteccia è usata fin dai tempi remoti. Gli Ebrei la chiamavano cinnamomo, la Bibbia ne cita il profumo, Dioscoride ne faceva già uso.
Comparve in Francia nel 716 sotto il re Chilperico II (670-721). Dopo che, nel XVI secolo, i Portoghesi scoprirono Ceylon, la cannella giunse regolarmente in Europa. Nel secolo successivo gli Olandesi occuparono Ceylon e ne monopolizzarono il commercio.
Nel 1796 la cannella diventa proprietà commerciale della Compagnia delle Indie orientali.

Descrizione Albero alto circa 10 m, caratterizzato da un forte odore aromatico in ogni sua parte. Cresce allo stato selvatico nelle Indie e in Malesia. È coltivata nelle isole Seychelles e in Madagascar.

Proprietà Stimolante generale e digestiva, disinfettante intestinale, antispastica.

Parti utili Corteccia giovane.

Quando e come utilizzare *Come stimolante in caso di influenza*: decotto, da quattro a sei tazze al giorno (1).

In caso di digestioni lente accompagnate da meteorismo o da altri disturbi intestinali: decotto, tre o quattro volte nella giornata (1).

In caso di stanchezza generale accompagnata da nervosismo: decotto, due o tre volte al giorno (1).

Per calmare i dolori all'insorgere di una angina: decotto, sciacqui del cavo orale due o tre volte al giorno (2).

Per stimolare la crescita dei capelli: frizioni con massaggi profondi del cuoio capelluto, tutte le sere prima di coricarsi (3).

PREPARAZIONI

(1) Porre in infusione per 5 minuti 20 g di corteccia in mezzo litro d'acqua bollente. Non utilizzare recipienti in alluminio.
(2) Mettere in mezzo litro d'acqua fredda 40 g di corteccia; portare a ebollizione e lasciare in infusione.
(3) Fate macerare per 15 giorni 10 g di corteccia in 1 l d'alcol a 60 gradi.

Capecchio

Rhus cotinus

Famiglia botanica Anacardiacee

CONTROINDICATA IN AUTOTERAPIA Pianta tossica: uso riservato al medico.

Capelvenere

Adiantum capillus Veneris

Famiglia botanica Polipodiacee

Questa pianta fu molto usata nei casi di affezioni polmonari per le sue proprietà emollienti ed espettoranti. La parola 'capello' deriva dalla sottigliezza dei pedicelli che portano le foglioline 'neri e brillanti come capelli di donna'.

Descrizione Felce perenne, sottile e delicata, che si sviluppa in ciuffi. Fogliame verde che spesso resta tale per tutto l'anno. Taglia da 10 a 15 cm. Fusti molto sottili, lisci, bruno-scuri. Foglie verde chiaro a ventaglio triangolare.
Il capelvenere sorge su terreni rocciosi e umidi, nelle grotte, vicino alle sorgenti e ai pozzi nell'Europa meridionale.

Proprietà Emolliente, espettorante, bechica.

Parti utili L'intera pianta.

Quando e come utilizzare *In caso di infiammazioni bronchiali*: sciroppo, quattro cucchiai da minestra al giorno (1).

In caso di tosse ribelle: sciroppo, quattro cucchiai da minestra al giorno (1).

Contro la forfora: lozione-decotto (2).

PREPARAZIONI

(1) Porre in infusione per 6 ore in un recipiente chiuso ermeticamente 100 g di pianta intera secca in 1 l di acqua bollente. Pesare e portare a ebollizione per 2 ore aggiungendo il doppio peso di zucchero. Filtrare nuovamente e conservare in bottiglia tappata.
(2) Far bollire per mezz'ora 100 g di pianta intera secca in 1 l d'acqua, filtrare.

Cappuccina

Tropaeolum majus

Famiglia botanica Tropeolacee

Il nome latino della pianta deriva a sua volta dal greco *tropaion* che significa 'trofeo'. Effettivamente i fiori hanno l'aspetto di un elmo e le foglie quello di uno scudo. La figlia del grande botanico Linneo vedeva addirittura scintille sprizzare dai fiori della cappuccina. Si trattava, evidentemente, di un particolare effetto ottico.
Henri Leclerc mise in rilievo il ruolo fondamentale della cappuccina contro la caduta dei capelli grazie alla sua azione rivitalizzante del bulbo. Dopo il XVI secolo la cappuccina, originaria dell'America del Sud, è coltivata nell'Europa meridionale sia per il suo aspetto decorativo che per i suoi pregi alimentari.

Descrizione Taglia da 0,40 a 1 m. Fusto sottile, rampicante, verde chiaro. Foglie rotonde a forma di scudo. Fiori giallo-arancio intenso.

Proprietà Espettorante, diuretica, emmenagoga, lassativa, topica.

Parti utili Foglie, sommità fiorite.

Quando e come utilizzare *In caso di difficoltà respiratorie (enfisema polmonare per esempio)*: decotto, tre tazze al giorno nell'intervallo fra i pasti in cure di 3 giorni al mese (2).

Per combattere la caduta dei capelli: frizioni quotidiane (1).

PREPARAZIONI

(1) Far macerare per 10 giorni in 1 l d'alcol a 60 gradi 80 g di semi e di foglie secche spezzettate, filtrare.
(2) Far bollire per 5 minuti 30 g di foglie fresche per ogni litro d'acqua.

Caprifoglio

Lonicera periclymenum

Famiglia botanica Caprifogliacee

CONTROINDICATA IN AUTOTERAPIA Le bacche sono tossiche: l'uso della pianta è riservato al medico.

Carciofo

Cynara scolymus

Famiglia botanica Composite

Il carciofo in quanto tale è una pianta di coltura e il cardo selvatico, dal quale deriva, ne rappresenta la forma primitiva. L'origine della pianta risale al tempo dei faraoni; i cardi appaiono infatti in affreschi dell'epoca. Fu introdotta in Francia nel XVI secolo e rimase un cibo da re, riservato ai re.

Il carciofo è stato oggetto di numerosi studi e ricerche, soprattutto nella sfera delle malattie epatiche.

Descrizione Pianta robusta, che può raggiungere 1,5 m di altezza. Fusto diritto. Grandi foglie lobate, vellutate sulla pagina superiore, ricche di principi attivi.
Il carciofo è coltivato nelle regioni temperate.

Proprietà Coleretica, colagoga, ipocolesteromizzante, diuretica.

Parti utili Le foglie fresche, da non confondere con le brattee, cioè la parte commestibile della verdura.

Quando e come utilizzare *Contro i disturbi della cistifellea*: decotto, una tazza prima dei pasti principali (1).

Contro l'insufficienza epatica con costipazione (non in caso di colite cronica): una tazza prima dei pasti principali (2).

Contro l'eccesso di colesterolo (oltre al trattamento medico): una tazza prima dei pasti principali per 2 mesi (3).

Contro la ritenzione d'acqua e la cellulite: una tazza, mattino e sera, dal 10° al 21° giorno del ciclo mestruale (il 1° giorno del ciclo è il 1° giorno delle mestruazioni) (1).

Contro la cellulite: mezzo bicchierino da marsala tutte le mattine a digiuno (4).

PREPARAZIONI
(1) Far bollire per 10 minuti 40 g di foglie in 1 l d'acqua.
(2) Porre in infusione per 15 minuti 20 g di foglie in una tazza di acqua bollente.
(3) Far bollire per 10 minuti 20 g di foglie in 1 l d'acqua.
(4) Succo fresco ottenuto mediante centrifugazione delle foglie.

Cardiaca

Leonurus cardiaca

Famiglia botanica Labiate

Il nome 'cardiaca' dato a questa pianta appare un po' troppo prestigioso. Anche se ci siamo personalmente adoperati per riabilitare questa pianta sul piano terapeutico, il suo appellativo ci sembra usurpato; infatti, in fitoterapia, la pianta per elezione contro le malattie cardiovascolari è considerata la digitale.
La cardiaca è una pianta originaria dell'Asia. Essa fu portata per la prima volta in Europa occidentale con le invasioni dei Mongoli.
Momentaneamente ignorata acquista notorietà solo nel XVI secolo, quando alcuni studiosi le attribuiscono pregi anche eccessivi, ma è soprattutto nel XIX secolo che si mette in rilievo la sua capacità di regolatrice del ritmo cardiaco.
Nel 1983 abbiamo personalmente condotto uno studio sulle proprietà di questa interessante pianta; ed è risultato in maniera indiscutibile che essa sia il primo preparato vegetale da prescrivere nei disturbi lievi del ritmo cardiaco.

Descrizione Pianta perenne. Fusto rettilineo a sezione quadrata. Foglie molto dentellate, verde scuro nella pagina superiore, verde-grigio in quella inferiore. Odore forte e nauseabondo.
La cardiaca cresce nei terreni incolti, nei boschi, fra le siepi e le rovine in tutta Europa tranne che nelle regioni mediterranee (richiede ombra).

Proprietà Antispastica, sedativa cardiaca, emolliente e cicatrizzante della pelle, emolliente ed espettorante per i bronchi, emmenagoga.

Parti utili Sommità fiorite fresche.

Quando e come utilizzare *Contro le palpitazioni e i disturbi del ritmo cardiaco.*

— *Nel momento della crisi*: una tazza, se necessario un'altra dopo mezz'ora (2).

— *Come cura di base*: una tazza dopo i due pasti principali (1).

Per curare i casi di amenorrea o quelli di mestruazioni dolorose: una tazza, da prendersi al mattino e alla sera, dal 14° al 24° giorno del ciclo (considerando come primo giorno del ciclo il primo giorno delle mestruazioni precedenti) (3).

Nei casi di dilatazione, meteorismo o diarrea: una tazza, mattino e sera, dopo i pasti per 10 giorni (1).

Per facilitare l'espettorazione in caso di bronchite leggera: una tazza, mattino e sera, per 10 giorni (3).

Per favorire la cicatrizzazione di una ferita superficiale: in impacchi da rinnovare due volte al giorno (4).

PREPARAZIONI

(1) Porre in infusione per 10 minuti 25 g di sommità fiorite in 1 l di acqua bollente.
(2) Porre in infusione per 15 minuti 50 g di sommità fiorite in 1 l di acqua bollente.
(3) Porre in infusione per 15 minuti 35 g di sommità fiorite in 1 l di acqua bollente.
(4) Far bollire per 15 minuti 80 g di sommità fiorite in 1 l d'acqua, lasciare poi in infusione per 10 minuti.

Cardo benedetto

Cnicus benedictus

Famiglia botanica Composite

Già nel XVI secolo il cardo era tanto apprezzato da essere chiamato 'benedetto'. Lo si coltiva anche come pianta ornamentale. È la pianta stimolatrice dell'appetito per eccellenza, tanto che il nostro collega Leclerc sostiene che gli erboristi che manipolano il cardo sono soggetti a bulimia.
Le sue foglie, grazie al loro sapore amaro, possono sostituire il luppolo nella fabbricazione clandestina della birra.

Descrizione Bella pianta annuale, decorativa. Taglia da 20 a 50 cm. Fusto eretto, vellutato. Foglie grandi, molto frastagliate, vellutate, di colore verde chiaro nervate di bianco. Fiori gialli (da aprile a luglio), vellutati, muniti di brattee esterne.
Il cardo benedetto cresce spontaneamente nei terreni sabbiosi e secchi delle regioni mediterranee. È coltivato nelle regioni temperate.

Proprietà Aperitiva, tonica, depurativa, febbrifuga, diuretica, antisettica.

Parti utili Foglie, fusti, sommità fiorite.

Quando e come utilizzare *Per stimolare l'appetito*: vino-infuso, un bicchierino da liquore prima dei due pasti principali (1).

Come ricostituente dopo una malattia: vino-infuso, un bicchierino prima di ogni pasto (1).

Per facilitare la digestione: infuso, una tazza prima di ogni pasto (2).

In caso di febbre alta: infuso, tre tazze nella giornata (3).

Per pulire una ferita superficiale: decotto (4).

PREPARAZIONI

(1) Porre in infusione per mezz'ora 30 g di sommità fiorite fresche in 1 l di vino rosso bollente, filtrare. Conservare in bottiglia tappata.
(2) Porre in infusione per 10 minuti 40 g di sommità fiorite secche in 1 l d'acqua bollente.
(3) Porre in infusione per 10 minuti in 1 l d'acqua bollente 20 g di sommità fiorite e fiori secchi, filtrare.
(4) Far bollire 50 g di fiori secchi in 1 l d'acqua bollente.

Carota

Daucus carota var. sativa

Famiglia botanica Ombrellifere

Sappiamo che il succo di carota è molto indicato per i diabetici (Eckstein, Flamm, Woerishofen) e che il suo effetto portentoso nelle diarree infantili è diventato quasi leggendario.

Descrizione Ortaggio ampiamente coltivato per la caratteristica radice edule fittonante. Foglie frastagliate di colore scuro. Lo stelo, alto da 50 a 150 cm, spunta al secondo anno e porta all'estremità i piccoli fiori bianchi disposti a ombrello.

Proprietà Diuretica, emolliente, vermifuga, cicatrizzante, depurativa.

Parti utili Radici, foglie.

Quando e come utilizzare *Per la sua azione espettorante*: decotto, due tazze al giorno (1).

Per ritrovare un buon colorito: cure di tre settimane di decotto, tre tazze al giorno (2).

Per calmare il prurito: lozione-decotto in lavaggi locali (2); applicazioni locali di polpa cruda.

Contro i geloni: bagni locali di decotto (3).

PREPARAZIONI

(1) Far bollire per 10 minuti 100 g di radici secche in 1 l d'acqua.
(2) Far bollire per 10 minuti 30 g di radici secche in 1 l d'acqua.
(3) Far bollire per 25 minuti 100 g di foglie secche in 1 l d'acqua, filtrare.

Carota selvatica

Daucus carota

Famiglia botanica Ombrellifere

La carota selvatica è una pianta già originariamente molto diversa da quella coltivata; lo hanno potuto constatare tutti gli autori che tentavano di assimilarne i pregi a quelli dell'altra.
A differenza di quella coltivata, infatti, questa ha una radice dal gusto acre e dall'odore sgradevole. Dioscoride, comunque, ne vantava le proprietà diuretiche. Era anche considerata un buon antidoto al morso della vipera.

Descrizione Pianta annuale e biennale, secondo le varietà, differente dalla specie coltivata, ma facilmente distinguibile dalle altre ombrellifere per i suoi caratteristici frutti. Taglia da 30 a 80 cm. Fusto eretto, ramificato. Foglie molto frastagliate, sottili. Fiori bianchi a ombrello circondati da brattee molto frastagliate. Frutti ovoidali irti di corti aculei.
Radice sottile, dura, biancastra, dall'odore penetrante.
La carota selvatica cresce nei luoghi incolti, anche rocciosi, e sulle spiagge in tutta l'Europa.

Proprietà Diuretica, carminativa, stomachica, galattagoga.

Parti utili Radici, semi, foglie.

Quando e come utilizzare *Per aumentare la secrezione lattea*: infuso, una tazza dopo i pasti (1).

Per calmare le coliche: decotto (2).

Per il suo effetto depurativo, in caso si manifesti un eczema: decotto, due tazze al giorno (2).

Contro il meteorismo intestinale: infuso, una tazza dopo ogni pasto (1).

PREPARAZIONI

(1) Porre in infusione per 10 minuti 30 g di semi in 1 l d'acqua bollente.
(2) Lasciar bollire per 3 minuti 30 g di semi in 1 l d'acqua.

Castagno

Castanea sativa

Famiglia botanica Fagacee

Il legno e la corteccia di castagno hanno proprietà astringenti, come tutte le piante ricche di tannino. Gli amenti, seccati e preparati in decotto, sono un rimedio efficace contro la diarrea.
Originario della Persia, il castagno è stato introdotto in Europa nel V secolo a.C.

Descrizione Taglia fino a 40 m. Tronco massiccio. Corteccia grigiastra e liscia quando l'albero è giovane, poi bruna e screpolata. Foglie di forma ovale allungata, appuntite, dentellate. Fiori gialli (giugno-luglio); amenti allungati. Frutti irti di spine.
Il castagno cresce in pianura e in mezza-montagna in tutta l'Europa meridionale.

Proprietà Astringente, sedativa, stomachica, tonica, espettorante.

Parti utili Foglie, corteccia, amenti.

Quando e come utilizzare *In caso di infiammazioni fa-*

ringee o rino-faringee: gargarismi di infuso, quattro volte al giorno (1).

Per calmare la tosse: infuso, tre tazze al giorno (1).

Contro la forfora: frizioni con lozione-infuso (2).

PREPARAZIONI

(1) Porre in infusione per 10 minuti 40 g di foglie secche per ogni litro di acqua bollente.
(2) Porre in infusione per 10 minuti 60 g di foglie secche in 1 l d'acqua bollente.

Cavolo

Brassica oleracea

Famiglia botanica Crucifere

Sotto la denominazione di cavolo da orto si raggruppano numerose qualità: il cavolo verde, il cavolo di Bruxelles, il cavolfiore, il cavolo cappuccio, eccetera. In epoca preistorica si trovano già tracce del cavolo, sia come verdura sia come pianta medicinale. Ippocrate lo consigliava, cotto e mescolato col miele, per combattere la dissenteria. Catone lo raccomanda per prevenire l'ubriachezza: «Quando si desidera innaffiare abbondantemente una serata fra amici,» egli diceva «per prevenire i misfatti dell'alcol mangiate in precedenza cavolo crudo sottaceto». E Catone va ancora più lontano spergiurando che il cavolo l'aveva protetto dalla peste e lo stesso aveva fatto con tutta la popolazione romana per 600 anni, nonostante tutti i medici fossero stati cacciati da Roma. Il cavolo non doveva godere di buona reputazione presso la classe medica dell'epoca. Il nostro collega Leclerc ha ricondotto le proprietà del cavolo a proporzioni più modeste.

Descrizione Pianta biennale, il cavolo è notevole per l'embricazione delle sue foglie lisce o goffrate, ma non frastagliate; questo insieme costituisce la parte commestibile. Taglia da 30 a 40 cm.
Il cavolo è coltivato in tutto il mondo.

Proprietà Antiscorbutica, antitosse, antigotta, antireumatica.

Parti utili Foglie.

Quando e come utilizzare *In caso di stanchezza*: un bicchiere (30 cc), tre volte alla settimana (1).

Per calmare la tosse: sciroppo (2).

Per calmare dolori articolari, lombaggini, sciatica e dolori dovuti a ecchimosi: impacchi di foglie da cambiare ogni 3 ore (3).

PREPARAZIONI

(1) Preparate un succo di cavolo con la centrifuga.
(2) Fare uno sciroppo di cavolo, di preferenza cavolo rosso, con mezzo litro di succo fresco al quale aggiungiamo 200 g di una miscela di zucchero e miele. Far bollire fino a raggiungere consistenza di sciroppo.
(3) Lavare bene le foglie di cavolo, sbollentarle rapidamente, passarle sotto un mattarello.

Celidonia

Chelidonium majus

Famiglia botanica Papaveracee

CONTROINDICATA IN AUTOTERAPIA Pianta che presenta una certa tossicità: il suo uso è riservato al medico.

Centaurea minore

Erythraea centaurium

Famiglia botanica Genzianacee

Centaurea viene dal greco *kentaurion*. Plinio racconta infatti che il centauro Tirone guarì il suo piede ferito da una freccia grazie alla proprietà vulneraria della pianta. Secondo Dioscoride essa fu molto usata dai Romani, considerata addirittura una panacea dai Galli e coltivata nei monasteri durante il Medio Evo.
Nel XVI secolo fu soprannominata 'biondella' per le sue proprietà odoranti e la sua capacità di schiarire i capelli.

Descrizione Pianta biennale che porta dei bei fiori rosa

(da giugno a settembre) disposti a falso ombrello. Taglia da 10 a 50 cm. Fusto squadrato molto sottile. Foglie sottilmente suddivise.
La centaurea minore cresce un po' dappertutto.

Proprietà Cicatrizzante, tonica, aperitiva, digestiva, febbrifuga, vermifuga.

Parti utili Sommità fiorite, radici.

Come e quando utilizzare *Per stimolare l'appetito*: vino di radici, un bicchierino prima di ogni pasto (1).

Per ridare energia ai convalescenti: vino di fiori, un bicchierino prima di ogni pasto (3).

Contro la diarrea: infuso, tre tazze nella giornata (4).

In caso di febbre alta: infuso (5).

Per prevenire la caduta dei capelli: frizione con lozione-decotto (2).

PREPARAZIONI
(1) Porre in infusione per mezz'ora 60 g di radici secche in 1 l di vino rosso bollente, filtrare. Conservare in bottiglia tappata.
(2) Far bollire per 10 minuti 50 g di sommità fiorite secche in 1 l d'acqua.
(3) Porre a macerare per 4 giorni 50 g di sommità fiorite fresche in 1 l di buon vino rosso, filtrare. Conservare in bottiglia tappata.
(4) Porre in infusione per 10 minuti 40 g di sommità fiorite secche in 1 l di acqua bollente.
(5) Porre in infusione per 10 minuti 20 g di sommità fiorite secche per ogni litro d'acqua.

Centocchi

Stellaria media

Famiglia botanica Cariofillacee

Conosciuta anche sotto il nome di anagallide, il centocchi è una pianta annuale.

Descrizione Taglia da 10 a 40 cm. Fusto molle, strisciante. Foglie strette appuntite. Minuscoli fiori bianchi (quasi tutto l'anno) che si chiudono verso sera.
Cresce nei giardini, nei campi coltivati o no, lungo le strade in tutta l'Europa.

Proprietà Emolliente, diuretica, astringente, espettorante, tonica.

Parti utili L'intera pianta fiorita.

Quando e come utilizzare *Per ritrovare la forma durante una convalescenza*: decotto, una tazza prima dei pasti (1).

Per stimolare l'attività gastrica: infuso, una tazza prima dei pasti (2).

In attesa del medico, in caso di emorragia o sbocchi di sangue: decotto (1).

Per calmare i dolori emorroidali: impacchi di foglie fresche.

Per facilitare l'arresto della secrezione lattea: impacchi di foglie fresche schiacciate in applicazione locale parecchie volte al giorno.

PREPARAZIONI
(1) Mettere in 1 l d'acqua fredda 20 g di pianta intera fiorita secca, portare a ebollizione, lasciar bollire per 20 minuti.
(2) Porre in infusione per 15 minuti 25 g di pianta intera fiorita seccca in 1 l d'acqua bollente.

Cerfoglio

Anthriscus cerefolium

Famiglia botanica Ombrellifere

Conosciuto forse già in epoca romana, figura fra le piante note del Medio Evo.
Il cerfoglio ha un'essenza molto volatile che si disperde in cottura. Perciò, se vogliamo usarlo come aromatizzante, dobbiamo evitare di farlo cuocere troppo.
È una pianta da condimento, se coltivata, da non confondere con le altre specie di cerfoglio selvatico, alcune delle quali sono tossiche.

Descrizione Taglia da 20 a 70 cm. Fusto ramificato, sot-

tile e liscio. Foglie molto divise, di colore verde chiaro, brillanti. Piccoli fiori bianchi (da maggio ad agosto). Frutti allungati a forma di baccello, nerastri e brillanti.
Il cerfoglio cresce spontaneo nelle regioni meridionali dell'Europa. È coltivato un po' dovunque nel mondo.

Proprietà Diuretica, stimolante, aperitiva, risolutiva.

Parti utili La pianta intera, esclusa la radice.

Quando e come utilizzare *Contro le affezioni bronchiali*: infuso, due tazze al giorno (1).

Per la sua azione espettorante, in caso di tosse ribelle: infuso (1).

In caso di cattivo funzionamento delle vie biliari: infuso, tre tazze al giorno (2).

Per garantire un buon funzionamento dei reni: cure di 3 settimane di infuso, tre tazze al giorno (1).

Per curare l'herpes simplex: infuso, tre tazze al giorno (1).

Per calmare il prurito: applicazioni locali di succo crudo.

Per pulire e ammorbidire la pelle: lozione-infuso (3).

PREPARAZIONI

(1) Porre in infusione per 10 minuti 40 g di pianta intera fresca in 1 l d'acqua bollente.
(2) Porre in infusione per 10 minuti 30 g di pianta intera fresca in 1 l d'acqua bollente.
(3) Porre in infusione per 10 minuti in 1 l d'acqua bollente 50 g di pianta intera fresca.

China rossa

Cinchona succirubra

Famiglia botanica Rubiacee

È una pianta esotica che si trova nel Cameroun, nel Vietnam, nelle Indie, e sul versante occidentale delle Ande. Gli Indiani d'America la chiamavano 'legno da febbre' e lo spagnolo Canizares, infatti, guarì la sua malaria con la china. Soltanto nel 1802 fu isolato, dalla sua corteccia, il celebre 'chinino'.

Descrizione Albero che vive raggruppato in piccole foreste (manchas) o isolato. Fiori terminali, dal profumo gradevole; corolle rosa, porpora o bianche. Foglie ovali o arrotondate.

Proprietà Tonica, febbrifuga.

Parti utili Corteccia.

Quando e come utilizzare *In caso di stanchezza*: insaporire gli alimenti con 1 o 2 g di polvere al giorno.

In caso di febbre ribelle: insaporire gli alimenti con 1 o 2 g di polvere al giorno.

Per tonificare le gengive e i capelli: frizioni locali con la polvere.

AVVERTENZA La china rossa è incompatibile con numerosi prodotti chimici e con la camomilla.

Cicoria selvatica

Cicorium intybus

Famiglia botanica Composite

Il prodotto della torrefazione delle radici, la famosa 'cicoria da caffè', entra nella composizione di numerosi preparati dietetici.
Il suo uso si diffuse in Europa quando venne interrotta l'importazione di caffè a causa del blocco continentale. Tutti i grandi fitoterapeuti dell'antichità, Plinio, Dioscoride, Galeno, la conoscevano : la chiamavano 'l'amica del fegato'. Anche nel Medio Evo era molto apprezzata. Santa Ildegarda la consigliava come rimedio alle indigestioni, alle ferite, agli edemi.
Un curioso episodio: fu bevendo una infusione rinfrescante di cicoria che morì improvvisamente Enrichetta d'Inghilterra. Questa spiacevole coincidenza non impedì che, all'inizio del XVI secolo, la cicoria, da pianta medicinale, diventasse pianta alimentare e addirittura una celebre insalata.

Descrizione Pianta perenne, dalla quale sono derivate numerose qualità coltivate. Taglia da 0,30 a 1 m. Fusto rigido, molto ramificato. Foglie allungate, profondamente

frastagliate in acute dentellature. Grandi fiori di un bel blu brillante (da luglio a settembre).
La cicoria selvatica cresce su suolo calcareo e argilloso nei terreni incolti, lungo le strade, in tutta l'Europa temperata.

Proprietà Diuretica, lassativa, depurativa, tonica, stomachica, colagoga.

Parti utili Radici, foglie.

Quando e come utilizzare *Per sostituire il caffè quando un regime alimentare lo vieti*: decotto (1).

Per mantenere il buon funzionamento del fegato e delle vie biliari: decotto, due tazze al giorno (1).

Per ritrovare un colorito sano: cure di 3 settimane di infuso, tre tazze al giorno (2).

PREPARAZIONI

(1) Far bollire per 5 minuti e poi lasciare in infusione per 10 minuti 40 g di radici secche in 1 l d'acqua.
(2) Porre in infusione per 10 minuti 20 g di radici secche in 1 l d'acqua bollente.

Cicuta maggiore

Conium maculatum

Famiglia botanica Ombrellifere

CONTROINDICATA IN AUTOTERAPIA Pianta molto tossica: il suo uso è riservato al medico (omeopatia).

Cimicina

Geranium robertianum

Famiglia botanica Geraniacee

È comunemente chiamato 'l'erba di Roberto' dal nome di san Roberto, vescovo di Strasburgo, che scoprì nel XVIII secolo le sue proprietà cicatrizzanti, astringenti e antiemorragiche. Il geranio e le specie simili erano completamente sconosciute agli antichi.
Dioscoride, un secolo dopo Cristo, cita il geranio come pianta commestibile, ma lo ignora come pianta medicinale. Santa Ildegarda segnala le sue qualità purgative e sedative delle nevrosi cardiache. È una pianta da tannino e, come tutte quelle di questo tipo, è astringente.

Descrizione Questa pianta assomiglia alla cicuta. Foglie triangolari molto frastagliate. Il geranio Robert cresce in Europa, Africa, America e Asia occidentale.

Proprietà Astringente, ipoglicemizzante.

Parti utili La pianta intera.

Quando e come utilizzare *Contro le afte*: in sciacqui orali tre volte al giorno (1).

Per migliorare il trattamento del diabete: tre tazze al giorno (2).

PREPARAZIONI

(1) Porre in infusione per 15 minuti 70 g di pianta secca in mezzo litro d'acqua bollente.
(2) Porre in infusione per 10 minuti 15 g di pianta secca in 1 l d'acqua bollente.

Cinorrodo

È così chiamato il frutto della rosa canina.

Vedi Rosa canina

Cinquefoglie

Potentilla reptans

Famiglia botanica Rosacee

Assomiglia a delle stringhe da scarpe e si abbarbica al suolo con tale forza da essere una delle malerbe più difficili da estirpare.
Era già conosciuta dai discepoli di Ippocrate e di Dioscoride. Se ne utilizzano sia le radici sia le foglie, sole o mescolate ad altre piante, come astringente e fortificante dell'apparato digestivo, particolarmente delle persone anziane.

Descrizione Pianta perenne. Taglia fino a 1,10 m. Fusto rampicante, rossastro, sottile e vellutato. Foglie divise in cinque foglioline ovali. Fiori di un bel giallo chiaro (da giugno a ottobre). Rizomi rampicanti, legnosi, di color bruno scuro.
La cinquefoglie cresce in tutti i terreni fertili, nei giardini, nei campi, nei boschi in tutta l'Europa.

Proprietà Astringente, cicatrizzante, depurativa.

Parti utili Foglie, rizomi.

Quando e come utilizzare *Per curare le afte*: sciacqui orali, più volte al giorno, con infuso (1).

Contro la diarrea: vino di rizomi, due bicchierini da liquore nella giornata (2).

PREPARAZIONI
(1) Porre in infusione per 10 minuti 20 g di foglie secche in 1 l d'acqua bollente.
(2) Lasciar macerare per una settimana 80 g di rizomi secchi in 1 l di buon vino rosso o di porto, filtrare. Conservare in bottiglia tappata.

ATTENZIONE La pianta non deve essere né preparata né conservata in recipienti di ferro.

Cipolla

Allium cepa

Famiglia botanica Liliacee

Originaria dell'altipiano dell'Iran, coltivata già dai Caldei, fu diffusa in Egitto dalle prime dinastie. Era oggetto di grande considerazione, la si trova frequentemente rappresentata in affreschi, sia raggruppata in mazzi, sugli altari funerari, sia come simbolo di Iside. Investita di significati divini, la cipolla divenne sacra al punto che era proibito al popolo coltivarla.
Gli Ebrei, con meno scrupoli, la apprezzavano per il suo alto valore nutritivo. I Greci la utilizzavano come l'aglio, ma le rimproveravano di essere simbolo di tristezza a causa delle lacrime che provocava.
Fu molto apprezzata anche nel Medio Evo quando un pasto ben servito doveva comprendere un piatto di cipolle, preferibilmente rosse.

Descrizione Pianta erbacea, la cipolla è coltivata dappertutto nel mondo. Taglia 90 cm circa di altezza. Radice di scaglie carnose. Fusto a stelo fistoloso. Foglie arrotondate, a punta. Fiori bianchi, abbondanti in ombrello terminale (giugno e agosto).
La cipolla coltivata nelle regioni settentrionali è più aspra di quella mediterranea che ha un sapore dolce.

Proprietà Diuretica, antitosse, vermifuga, antiscorbutica, ipoglicemica, risolutiva, revulsiva cardiotonica.

Parti utili Bulbi.

Quando e come utilizzare *Contro edemi e gonfiori al risveglio*: infuso, tre tazze al giorno, da bere lontano dai pasti (1).

In caso di albuminuria, soltanto su prescrizione medica: infuso, tre tazze al giorno, lontano dai pasti (1).

Come trattamento di appoggio nel diabete, soltanto su prescrizione medica: infuso, tre tazze al giorno, lontano dai pasti (1).

In caso di eccesso di urea, sotto controllo medico: infuso (6).

Contro l'influenza: vino di cipolla, da 60 a 100 g al giorno (2).

Per facilitare l'espettorazione in caso di bronchite: vino di cipolla, da 60 a 100 g al giorno (2).

Contro meteorismo e gas intestinali: succo, tre o quattro bicchieri al giorno (3).

Come vermifugo (ossiuri, ascaride): vino di cipolla, un bicchiere al mattino a digiuno (4).

Per facilitare la maturazione di un ascesso o un foruncolo: applicazioni locali (5).

Contro le screpolature: applicazioni locali (5).

Per combattere le verruche: applicazioni locali (5).

Contro le punture di insetti, specialmente di vespa: da prendere mattino, mezzogiorno e sera (6).

PREPARAZIONI

(1) Avvolgere una cipolla in una foglia di cavolo e farla cuocere sotto la cenere; pestare la cipolla e la foglia di cavolo. Aggiungere 5 g di questa purea a una tazza di decotto di liquirizia.
(2) Far macerare per qualche giorno due cipolle in 1 l di vino bianco.
(3) Mettere 50 g di succo di cipolla fresca, ottenuto mediante centrifugazione, in 1 l d'acqua o di vino bianco. Aggiungere 5 o 6 cucchiaini da caffè di miele per addolcire.
(4) Far macerare, per 5 giorni, una cipolla in 1 l di vino rosso.
(5) Utilizzare la polpa di cipolla fresca per applicazioni locali (all'inizio può provocare dolore).
(6) Far cuocere tre o quattro cipolle in mezzo litro di latte per 25 minuti, a fuoco lento.

Cipresso

Cupressus sempervirens

Famiglia botanica Cupressacee

Sotto il regno di Dario, re di Persia, il cipresso era sacro: rappresentava il paradiso. Lo si piantava attorno ai templi. Platone pensava che il suo legno fosse più duraturo del bronzo. Fu simbolo di immortalità.
In Europa non esisteva, fu importato dal Mediterraneo orientale e si crede che l'Asia Minore sia il suo paese di origine.
Il cipresso è sempreverde e gli antichi gli attribuivano grandi proprietà medicamentose.
Tutti i grandi fitoterapeuti dell'antichità, da Ippocrate a Galeno a santa Ildegarda, apprezzavano le sue proprietà astringenti.
Il suo olio essenziale, però, è tossico e va usato con molta prudenza.

Descrizione Bell'albero sempreverde. Taglia fino a 25 m. Tronco diritto, slanciato, a corteccia scura. Foglie molto piccole, a squame, verde scure. Fiori raggruppati in piccoli amenti che formano strobili ovoidali grigiastri. Il cipresso, originario dell'Oriente, è coltivato in tutta l'Europa mediterranea.

Proprietà Antisettica, antispastica, diuretica, pettorale, febbrifuga.

Parti utili Strobili.

Quando e come utilizzare *Clisteri contro la diarrea*: decotto tiepido (1).

Per prevenire l'emissione involontaria di urina nelle persone anziane: tintura, 10 gocce in mezzo bicchiere d'acqua zuccherata al pasto della sera (2).

In caso di emorragia, in attesa del medico: decotto (3).

In caso di dolori da emorroidi: decotto due tazze al giorno (3) oppure impacchi di decotto (3).

Contro le vampate di calore della menopausa: decotto, tre tazze al giorno (3).

PREPARAZIONI

(1) Far bollire per 10 minuti 50 g di strobili secchi in 1 l d'acqua, filtrare con cura.
(2) Far macerare per 2 giorni in 1 l d'alcol a 60 gradi 10 g di strobili secchi, filtrare. Conservare in recipiente tappato, al riparo dalla luce.
(3) Far bollire per 15 minuti in 1 l d'acqua 20 g di strobili freschi schiacciati.

Citiso

Laburnum anangyroides

Famiglia botanica Leguminose

CONTROINDICATA IN AUTOTERAPIA Pianta tossica: il suo uso è riservato al medico.

Colchico

Colchicum autumnale

Famiglia botanica Liliacee

CONTROINDICATA IN AUTOTERAPIA Pianta tossica: uso riservato al medico.

Combretum

Combretum micranthum

Famiglia botanica Combretacee

Si chiama anche kinkeliba. È un arboscello utilizzato in Africa occidentale contro la malaria. Cresce nel Senegal e all'ovest del Mali.

Descrizione Arbusto a cespuglio che può raggiungere gli 8 m. Fusti che assomigliano a liane che gli permettono di appoggiarsi agli alberi vicini. Foglie picciolate, opposte a due a due. I fiori, dapprima bianchi, assumono poi un delicato tono di rosa. I frutti si chiamano samare.

Proprietà Colagoga, coleretica, depurativa, diuretica, lassativa.

Parti utili Foglie.

Quando e come utilizzare *Per combattere la costipazione e le insufficienze epatiche*:: infuso (1).

In caso di gonfiori, nel periodo che precede le mestruazioni: infuso (2).

Come depurativo, soprattutto nel periodo che precede la primavera: infuso blando (2).

Per ottenere un'energica azione diuretica: infuso (2).

PREPARAZIONI

(1) Mettere nell'acqua bollente 15 g di foglie secche, mantenere per qualche minuto l'ebollizione, poi filtrare rapidamente. La quantità di liquido ottenuto costituisce la dose per 24 ore; berne una tazza da tè più volte nella giornata per evitare un'azione troppo violenta.
(2) Preparazione identica alla precedente, ma mettendo nell'acqua bollente solo 5 g di foglie secche.

Consolida maggiore

Symphytum officinalis

Famiglia botanica Borraginacee

I grandi fitoterapeuti dell'antichità, Dioscoride e Gallieno, conoscevano le sue proprietà cicatrizzanti. La sua radice è attualmente messa al bando perché cancerogena. È una pianta che deve essere adoperata con molta moderazione in autoterapia.

Descrizione Pianta perenne le cui proprietà medicinali sono conosciute dai tempi più antichi. Taglia da 30 a 50 cm. Fusto eretto, robusto, a sezione quadrata. Grandi foglie ovali appuntite, spesse, pelose. Fiori a grappoli rosa, violetti o gialli (da maggio a luglio).
La consolida maggiore cresce nei fossati, lungo i ruscelli, le paludi e i terreni umidi in genere nell'Europa temperata, non nelle regioni mediterranee.

Proprietà (da sfruttare soltanto sotto controllo medico) Astringente, cicatrizzante, tonica, probabilmente cancerogena.

Parti utili Rizomi.

Quando e come utilizzare *Contro la diarrea*: infuso, due tazze nella giornata (1).

Contro i dolori dovuti alle ulcere gastriche: macerazione, tre tazze al giorno (2).

Contro le affezioni cutanee (pitiriasi, macchie squamose, eccetera): impacchi imbevuti di macerazione (2).

Come lozione detergente: macerazione (2).

PREPARAZIONI

(1) Porre in infusione per 2 ore 25 g di rizomi secchi in 1 l d'acqua bollente, filtrare.
(2) Far bollire per 1 minuto in 1 l d'acqua 150 g di rizomi secchi, lasciar macerare per 12 ore, filtrare.

ATTENZIONE Evitare l'uso prolungato dei preparati e comunque farlo sotto controllo medico.

Corbezzolo

Arbutus unedo

Famiglia botanica Ericacee

Appartiene alla famiglia delle eriche, ma ha una taglia

decisamente superiore, che raggiunge facilmente un metro di altezza. Le sue foglie, ricche di tannino, erano usate, nella medicina popolare, come astringenti intestinali e antisettici nelle forme di diarrea.

Descrizione Arbusto molto decorativo a foglie persistenti. Taglia da 3 a 6 m. Fusto tortuoso. Foglie abbondanti, ovali, dentellate, coriacee. Fiori rosati o verde pallido a corolla simile a un sonaglio, riuniti a grappoli. Frutti (corbezzoli) rotondi, carnosi, rossi quando maturi.
Il corbezzolo cresce nell'Europa Meridionale e nell' Africa del Nord.

Proprietà Antisettica, astringente, antinfiammatoria, depurativa, diuretica.

Parti utili Corteccia, foglie, frutti, radici.

Come e quando utilizzare *Per il suo effetto astringente contro la diarrea*: decotto, bere mezzo litro al giorno (2).

Per regolarizzare le funzioni urinarie e combattere i calcoli renali: decotto, tre tazze al giorno (1).

Come depurativo, decongestionante: macerazione, un bicchiere al mattino, a digiuno, per tre giorni (2).

PREPARAZIONI

(1) Far bollire per mezz'ora 30 g di foglie secche in 1 l d'acqua, lasciare in infusione per 15 minuti.
(2) Far macerare per 12 ore in mezzo litro d'acqua 25 g di radici seccate, poi ridurre a fuoco lento fino a ottenere la quantità necessaria a riempire un bicchiere. Filtrare prima di bere.

Coreggiola

Polygonum aviculare

Famiglia botanica Poligonacee

Dioscoride raccomandava questa pianta contro gli sbocchi di sangue, le emorragie, il colera, la diarrea e la ritenzione di urina. Plinio sostiene che il suo succo, aspirato nelle narici, arresta l'epistassi (sangue dal naso) e, mescolato al vino, è ottimo antidoto contro tutti i tipi di emorragia. Anche nel Medio Evo questa pianta era molto nota per le stesse proprietà. Nel XVIII secolo essa viene dimenticata, per essere poi utilizzata di nuovo dopo il 1840.

Descrizione Pianta annuale molto comune. Taglia 80 cm. Fusti erbacei, nodosi, rigonfi in corrispondenza delle articolazioni. Foglie verdi, glabre. Fiori rossastri, solitari o raggruppati a due a due o a quattro a quattro all'ascella delle foglie.
Cresce nei campi, ai bordi delle strade, nei terreni incolti in tutta l'Europa temperata.

Proprietà Antidiarroica, remineralizzante, diuretica, antinfiammatoria (uso esterno).

Parti utili La pianta intera.

Quando e come utilizzare *Nelle diarree croniche*: tre tazze al giorno, lontano dai pasti (1).

Come remineralizzante in soggetti tubercolotici: una tazza, mattino e sera, al momento dei pasti (2).

In caso di coliche nefritiche, ma soltanto su parere del medico: tre tazze al giorno, lontano dai pasti (1).

In caso di infiammazione cutanea: applicazioni locali di succo fresco.

PREPARAZIONI

(1) Gettare nell'acqua bollente 30 g di pianta intera secca e 30 g di radici secche, far bollire da 3 a 4 minuti, filtrare.
(2) Gettare nell'acqua bollente 10 g di pianta intera secca di coreggiola, 10 g di pianta secca di equiseto, 10 g di sommità fiorite secche di issopo, lasciare in infusione per 10 minuti, filtrare.

Coriandolo

Coriandrum sativum

Famiglia botanica Ombrellifere

Fra le piante medicinali il coriandolo rappresenta una curiosità: mentre la pianta fresca emana un cattivo odore di cimice, i frutti secchi hanno un profumo molto gradevole. Infatti coriandolo deriva da *koris* che significa cimice; è originario del Mediterraneo orientale e lo troviamo effigiato nelle tombe dei faraoni e citato nella Bibbia, dove la manna del deserto è paragonata a un grammo di coriandolo. Fa parte delle 'quattro sementi calde' insieme con i semi del cumino dei prati, di finocchio e di anice.

Descrizione Pianta perenne, molto usata come condimento. Sgradevole l'odore della pianta fresca, molto gradevole, invece, quando è secca. Taglia da 20 a 50 cm. Fusto eretto, verde chiaro, glabro. Foglie di forma duplice: quelle inferiori frastagliate in settori più larghi, quelle superiori in settori molto stretti. Fiori bianco-rosati, di due misure differenti (da giugno ad agosto). Frutti a forma di piccole sfere molto regolari.
Il coriandolo cresce nei terreni coltivati nelle regioni mediterranee.

Proprietà Antispastica, carminativa, stomachica, euforizzante.

Parti utili Semi.

Quando e come utilizzare *Per combattere l'aerofagia e il meteorismo intestinale*: infuso, due tazze al giorno al momento dei pasti (1).

Per facilitare la digestione: infuso, berne una tazza dopo ogni pasto (1).

Per calmare i dolori dopo un colpo o una ecchimosi: infuso (2).

In caso di grande stanchezza: infuso, berne una tazza al giorno (1).

In caso di influenza: infuso, due tazze al giorno (2).

Come rilassante: infuso (2).

PREPARAZIONI

(1) Porre in infusione per 10 minuti 40 g di semi in 1 l di acqua bollente.
(2) Porre in infusione per 10 minuti 30 g di semi in 1 l di acqua bollente.

Crescione

Nasturtium officinale

Famiglia botanica Crucifere

È conosciuto fin dai tempi più antichi. Ippocrate lo raccomandava per facilitare l'espettorazione e Dioscoride come diuretico. Le sue proprietà antiscorbutiche vennero riconosciute nel XVI secolo. Lo scorbuto, dovuto alla carenza di vitamina C, faceva strage fra gli equipaggi delle navi di lungo corso. Il crescione era anche usato contro la tisi, cioè la tubercolosi polmonare. A questo proposito non mancano gli aneddoti: Cazin racconta che un contadino, che presentava i classici sintomi della tubercolosi polmonare (tosse persistente, sudori, dimagramento), fu guarito dall'assunzione quotidiana di un mazzo di crescione. Un celebre medico, il Recamier, specialista della tubercolosi polmonare all'inizio del secolo, consigliava vivamente il consumo del crescione o del suo succo. Il dottor Jules Masse, che assisteva ai consulti di quel luminare, riporta l'aneddoto di un cantastorie, minato dalla tubercolosi polmonare, cui Recamier consigliò di consumare tutte le mattine «due mazzi di crescione» e di bervi poi sopra «una tazza di buon latte». Due mesi dopo quell'uomo, completamente guarito, cantava a voce spiegata sui Champs-Elysée.

Descrizione Pianta perenne utilizzata sia in alimentazione sia in fitoterapia. Taglia da 10 a 80 cm. Fusto rampicante, fornito di radici. Foglie rotonde, spesse, verde scuro. Fiori piccoli, bianchi (da giugno a settembre).
Il crescione vegeta presso le sorgenti e i ruscelli di tutta Europa.

Proprietà Diuretica, depurativa, febbrifuga.

Parti utili Foglie e fusti freschi.

Quando e come utilizzare *Contro le infiammazioni dei bronchi e le tossi ribelli*: cure di succo fresco mescolato con latte freddo, 80 g al giorno.

Come stimolante delle funzioni digestive: foglie di crescione crude in insalata.

Sulle ferite della pelle: impacchi di crescione pestato con l'aggiunta di sale da cucina (un cucchiaino da caffè ogni 100 g di pianta).

Per stimolare la crescita dei capelli: frizioni quotidiane con succo di crescione fresco.

Per pulire la pelle: lozione di succo fresco.

ATTENZIONE La pianta va utilizzata cruda e fresca, poiché la cottura le fa perdere le sue proprietà terapeutiche. Non solo, ma se, colta da troppo tempo, appassisce, può diventare tossica. Bisogna anche lavare accuratamente il crescione in acqua salata ed evitare di consumarne se se ne ignora la provenienza. È sconsigliabile alle donne incinte.

Crespino

Berberis vulgaris

Famiglia botanica Berberidacee

Sembra che né Greci né Romani abbiano mai parlato di questa pianta. Nel Medio Evo santa Ildegarda afferma che essa non ha alcuna proprietà medicinale.
Soltanto nel XIX secolo essa viene esaminata e studiata con profitto.

Descrizione Arboscello cespuglioso munito di spine raggruppate a tre a tre. Taglia 2 m circa. Legno giallastro, fragile. Foglie verdi dentellate. Fiori gialli, in grappoli penduli, che si chiudono se toccati. Frutti rossi a bacca.

Proprietà Tonica, ipotensiva, colagoga, coleretica, lassativa, stimolante digestiva, febbrifuga, stimolante (a piccole dosi) del sistema nervoso, calmante (a dosi maggiori).

Parti utili Corteccia delle radici, foglie, frutti.

Quando e come utilizzare *In caso di inappetenza*: una tazzina o un bicchierino da marsala prima dei pasti principali (1 o 2).

Come stimolante delle vie biliari: una tazzina o un bicchierino da marsala, al mattino a digiuno, in cure di 10 giorni (1 o 2).

In caso di forte costipazione: due tazze, la sera al momento di coricarsi (1).

Per combattere la febbre, in caso di angina o di malattie infettive: a piccole dosi nella giornata (3).

PREPARAZIONI

(1) Portare lentamente a ebollizione in 1 l d'acqua 20 g di corteccia di radice secca. Consumare freddo.
(2) Far macerare 10 g di radice secca in 1 l di vino bianco per 15 giorni.
(3) Far macerare per 15 giorni 15 g di bacche secche e qualche seme di finocchio in 250 g di acqua da allungare fino a 1 l dopo il tempo di macerazione. Aggiungere due cucchiai di zucchero.

ATTENZIONE Non usare nessuna parte di pianta fresca.

Cumino

Cuminum cyminum

Famiglia botanica Ombrellifere

Il cumino è originario del Turkestan, dove esisteva allo stato selvatico, e fu successivamente diffuso in Asia, in Oriente e in tutto il Mediterraneo orientale.
Gli Ebrei rigoristi, pagando le decime al tempio, e gli Arabi lo diffusero in tutto il bacino mediterraneo. L'abbadessa Ildegarda lo raccomandava contro l'itterizia.
Lo si trovava abitualmente a tavola fra i condimenti e ancora oggi esso è molto diffuso: gli inglesi lo usano per aromatizzare alcuni formaggi e gli indiani per preparare il curry.
Il cumino, addizionato all'avena, stimola l'appetito dei cavalli.
Un buon sistema per trattenere i piccioni in piccionaia è quello di deporvi delle polpettine di argilla verde mescolata a semi di cumino.
Il nostro collega Leclerc racconta che l'imperatore Claudio aveva autorizzato, con un editto imperiale, l'emissione, spesso rumorosa, di gas intestinali, perché il cumino, pianta carminativa, facilitava molto questa pratica.

Descrizione Piccola pianta annuale da condimento, mol

to aromatica. Taglia da 15 a 50 cm. Gambo eretto, sottile. Foglie divise in settori molto sottili. Fiori bianchi, rosa, lilla o rossi (maggio-giugno). Frutti piccoli, oblunghi, pelosi, molto profumati.
Il cumino è coltivato in tutte le regioni mediterranee.

Proprietà Carminativa, digestiva, galattogena e sudorifera.

Parti utili Semi.

Quando e come utilizzare *Per aumentare la secrezione lattea*: infuso, una tazza dopo ogni pasto (1).

Per facilitare la digestione: decotto, una tazza dopo i pasti (2).

Contro i dolori dell'ulcera gastrica: decotto, tre tazze al giorno (2).

Contro il meteorismo intestinale: decotto, una tazza dopo ogni pasto (2).

PREPARAZIONI
(1) Porre in infusione per 10 minuti, con coperchio, 50 g di semi in 1 l d'acqua.
(2) Far bollire per 5 minuti e poi lasciare in infusione per 10 minuti 30 g di semi in 1 l d'acqua.

Cumino dei prati

Carum carvi

Famiglia botanica Ombrellifere

Il nome popolare di cumino deriva dalla parola ebrea *kammon*. Contrariamente a quanto si potrebbe pensare, il cumino è una pianta tipica dei nostri paesi. Ha le stesse proprietà del finocchio. Il cumino ha dei semi che, insieme a quelli dell'anice, del coriandolo e del finocchio, gli erboristi chiamano 'le quattro sementi calde'.

Descrizione Pianta biennale molto aromatica. Taglia da 30 a 60 cm. Fusto eretto, ramificato, scanalato, verde chiaro. Foglie a strisce strette molto frastagliate. Fiori bianchi (da maggio a settembre) a ombrello. Frutti (sementi) ovoidali, brunastri.
Il cumino cresce in tutta l'Europa temperata.

Proprietà Carminativa, diuretica, digestiva, antispastica.

Parti utili Semi.

Quando e come utilizzare *Contro i disturbi dovuti all'aerofagia*: infuso, da bere caldo, una tazza prima dei due pasti principali (1).

Contro il meteorismo intestinale: infuso, una tazza dopo ogni pasto (2).

Per facilitare la digestione dopo un pasto troppo abbondante: liquore, un ditale dopo i pasti (3).

Per aumentare la secrezione lattea: infuso, una tazza dopo ogni pasto (4).

PREPARAZIONI
(1) Porre in infusione per 10 minuti 10 g di semi in 1 l d'acqua bollente. Aggiungere, se piace, una presa di cannella.
(2) Porre in infusione per 10 minuti 30 g di semi in 1 l d'acqua bollente.
(3) Far macerare per 10 giorni in 1 l di acquavite 25 g di semi, filtrare. Mescolare poi a 400 g di sciroppo di zucchero; conservare in bottiglia tappata.
(4) Porre in infusione, con coperchio, per 10 minuti 50 g di semi in 1 l d'acqua bollente.

Curcuma (zafferano delle Indie)

Curcuma longa

Famiglia botanica Zingiberacee

Lo zafferano delle Indie è molto diffuso in Indonesia, ove è utilizzato contro i disturbi epatici.

Descrizione Pianta erbacea. Fusto inguainato dalle foglie. Radici (rizomi) a tuberi ovoidali, allungati, gialli. La curcuma è originaria dell'India e del Sud-Est asiatico.

Proprietà Colagoga, coleretica, dimagrante, antireumatica.

Parti utili Rizomi.

Quando e come utilizzare *Per combattere l'obesità e la debolezza*: tisana, due o tre tazze al giorno, lontano dai pasti (1).

Contro dolori articolari e lombaggini: tisana, due o tre tazze al giorno, lontano dai pasti (1) e/o massaggi sulle zone doloranti (2).

Contro la bocca amara, la costipazione, la sensazione di nausea dell'insufficienza epatica: tisana, due o tre tazze al giorno lontano dai pasti (1).

PREPARAZIONI

(1) Far bollire 2 g di rizomi secchi di curcuma e una tazza di acqua in un recipiente ermeticamente chiuso. Mantenere l'ebollizione a fuoco lento per qualche minuto, poi filtrare.
(2) Far macerare per 20/30 giorni 10 g di rizomi in 90 g di alcol a 90 gradi, filtrare. Utilizzare questa macerazione per frizioni locali sulle zone doloranti.

D

Dafne laureola

Daphne laureola

Famiglia botanica Timeleacee

CONTROINDICATA IN AUTOTERAPIA Pianta tossica: uso riservato al medico.

Dafne mezereo

Daphne mezereum

Famiglia botanica Timeleacee

CONTROINDICATA IN AUTOTERAPIA Pianta tossica: uso riservato al medico.

Dragoncello

Artemisia dracunculus

Famiglia botanica Composite

Originario delle valli fluviali russe e siberiane, è stato importato dai crociati con un nome arabo, *tharcoun*, trasformato, alla fine del XIII secolo, in *tarcon*, da cui probabilmente deriva il suo nome attuale.
Non fu sfruttato come medicamento durante il Medio Evo, ma, dal XVII secolo fu usato come antiartritico, diuretico, stomachico, antiscorbutico, e persino contro il mal di denti.

Descrizione Pianta perenne da condimento. Taglia da 15 a 30 cm. Gambo eretto, glabro, verde chiaro. Foglie allungate, non dentellate. Piccoli fiori bianchi. La pianta è aromatica in tutte le sue parti.

Proprietà Aperitiva, stomachica, digestiva, antiartritica.

Parti utili Pianta intera esclusa la radice.

Quando e come utilizzare *Per combattere l'aerofagia*: infuso, da bere caldo dopo i due pasti principali (1).

Per facilitare la digestione: liquore, un bicchierino dopo i pasti (2).

Per far passare il singhiozzo: infuso, da bere caldo (3).

Contro l'ascaride (solo per adulti): infuso, una tazza, mattino e sera, per 3 settimane (1).

PREPARAZIONI

(1) Porre in infusione per 10 minuti 25 g di foglie e gambi freschi in 1 l d'acqua.
(2) Far macerare per 8 settimane 60 g di foglie fresche in 1 l d'acquavite, filtrare, aggiungere 300 g di sciroppo. Conservare in una bottiglia tappata.
(3) Porre in infusione per 5 minuti un pizzico di pianta fresca in una tazza di acqua bollente.

Drosera

Drosera rotundifolia

Famiglia botanica Droseracee

Nel 1779 il medico tedesco Roth scoprì che la drosera aveva una caratteristica molto strana per un vegetale: poteva catturare gli insetti e ingoiarli grazie alla sua particolare peluria, simile a tentacoli, che si ribalta bruscamente sull'insetto.
Essa digerisce il suo prigioniero secernendo degli enzimi simili a quelli che noi produciamo durante la digestione. Per questa sua caratteristica viene inclusa nelle cosiddette 'piante carnivore'.
La sua peluria tentacolare scintilla al sole perché il suo bel colore rosso sembra ricoperto di rugiada.
Infatti il suo nome deriva dal greco *droseros* che significa 'coperto di rugiada'.
Questa falsa rugiada, che resiste al sole, richiamò l'attenzione degli alchimisti che pensarono che la pianta fosse uno dei componenti dell'elisir di vita e servisse alla fabbricazione dell'oro.
Nel XVI secolo si preparava con essa una 'acqua d'oro' che guariva qualsiasi malattia.
I preparati ottenuti da questa pianta non devono essere usati troppo a lungo: rispettare la regola dei 20 giorni.

Descrizione Pianta perenne, molto facile da riconoscere per il suo aspetto caratteristico. Taglia da 10 a 20 cm,

gambo esile che porta fiori in grappoli, situati al centro di un rosone di foglie rotonde, coperti da ciglia mobili terminanti in un piccolo serbatoio di succo brillante. Fiori bianchi o rosa (da giugno a settembre).
La drosera cresce abitualmente nelle paludi e nei prati torbosi dell'Europa temperata, a esclusione delle regioni mediterranee.

Proprietà Antispastica, emolliente, bechica.

Parti utili Tutta la pianta, esclusa la radice.

Quando e come utilizzare *Per curare la raucedine*: tintura, 10 gocce in un cucchiaio di acqua zuccherata o di tisana tre volte al giorno (1).

Contro la tosse spasmodica: infuso, tre tazze al giorno nell'intervallo fra i pasti (2).

Sulle verruche: applicazioni di succo fresco.

PREPARAZIONI

(1) Far macerare per 10 giorni in un recipiente chiuso 100 g di pianta fresca schiacciata in mezzo litro d'alcol a 60 gradi, poi filtrare. Conservare in bottiglia chiusa.
(2) Porre in infusione per 10 minuti 15 g di pianta intera secca in 1 l d'acqua.

ATTENZIONE Non prolungarne l'uso.

Dulcamara

Solanum dulcamara

Famiglia botanica Solanacee

CONTROINDICATA IN AUTOTERAPIA Le bacche sono tossiche: l'uso della pianta è riservato al medico.

E

Edera rampicante

Hedera helix

Famiglia botanica Araliacee

Era molto conosciuta nel mondo antico; in Egitto se ne fece il simbolo di Osiride (era chiamata infatti 'albero di Osiride'), in Grecia era attributo dei poeti e simbolo di immortalità.
Nel Medio Evo viene usata come antidoto a una miriade di malattie. I fitoterapeuti si inseriscono a loro volta nella scia di queste indicazioni.
Il dottor Leclerc la raccomandava come antireumatica e antinevralgica.

Descrizione Pianta rampicante di grande longevità. Taglia fino a 50 m. Fusto molto robusto, legnoso, portante dei rizoidi che le permettono di aggrapparsi a qualsiasi supporto. Foglie coriacee, persistenti, verde scuro brillante, le più vecchie ovali e appuntite. Fiori di un giallo verdastro (da settembre a novembre) disposti a ombrello. Bacche carnose nero-bluastre.
L'edera rampicante cresce in tutta l'Europa occidentale.

Proprietà Antispastica, emmenagoga, analgesica.

Parti utili Le foglie nuove.

Quando e come utilizzare *In caso di infiammazioni bronchiali*: infuso, due tazze al giorno (1).

In caso di tracheite: decotto (2).

Contro l'eccessivo nervosismo: infuso, in cure di una settimana al mese, tre tazze al giorno, una delle quali a digiuno (4).

In caso di dolori mestruali: infuso, due tazze al giorno (5).

Contro i dolori articolari: applicare impacchi imbevuti di decotto (6).

Contro la cellulite: impacchi imbevuti di decotto caldo (3).

Per combattere il gonfiore delle caviglie: impacchi imbevuti di decotto (7).

Per il trattamento dei calli: impiastri di macerazione all'aceto, da lasciare in loco per tre giorni (8).

PREPARAZIONI

(1) Porre in infusione per 10 minuti 20 g di foglie fresche in 1 l d'acqua bollente.
(2) Far bollire per 5 minuti 5 g di foglie fresche in 1 l d'acqua, poi filtrare.
(3) Fare bollire per 15 minuti 100 g di foglie fresche in 1 l d'acqua.
(4) Porre in infusione per 10 minuti 50 g di foglie secche in 1 l d'acqua bollente.
(5) Porre in infusione per 10 minuti 40 g di foglie secche in 1 l d'acqua bollente.
(6) Far bollire per 10 minuti 60 g di foglie secche in 1 l d'acqua.
(7) Far bollire per 10 minuti 100 g di foglie fresche in 1 l d'acqua, poi filtrare.
(8) Lasciar macerare per 15 giorni una foglia fresca nell'aceto. Romperla poi in pezzetti e applicarla sul callo. Bendare.

Edera terrestre

Glechoma hederacea

Famiglia botanica Labiate

Non è ricordata in alcun testo antico. Molto rara in Grecia, abbondante invece nell'Italia medioevale, era annoverata fra le comuni piante medicinali. È menzionata in una raccolta di preparati contro ogni tipo di febbre proveniente da un monastero benedettino (VIII-IX secolo). Santa Ildegarda la usava contro le emicranie. Nel XVI secolo se ne raccomandava l'infuso e lo sciroppo contro le malattie di petto.
Si è convinti che, sotto forma di bagno, l'edera terrestre allevii notevolmente i dolori della sciatica, della gotta, dei calcoli.

Descrizione Pianta perenne, leggermente aromatica, che non ha niente in comune con l'edera rampicante, pur portandone il nome. Taglia fino a 60 cm. Fusto strisciante che aderisce al suolo mediante lunghe radici. Foglie arrotondate, reniformi, verde scuro, talvolta striate di rosso-violetto, brillanti. Fiori violetti, talvolta rosa o bianchi (da marzo a giugno, poi in settembre-ottobre).

L'edera terrestre cresce nei giardini e nei frutteti, lungo le strade di tutta l'Europa, a esclusione della regione mediterranea.

Proprietà Tonica, bechica, espettorante, vulneraria.

Parti utili La pianta intera fiorita, le foglie.

Quando e come utilizzare *Contro le crisi di asma*: infuso, quattro tazze al giorno (1).

Contro il raffreddore: infuso, due tazze al giorno (2).

Per decongestionare le vie nasali: inalazione con infuso (3).

Per stimolare la secrezione gastrica: infuso, due tazze al giorno nell'intervallo fra i pasti (4).

PREPARAZIONI

(1) Porre in infusione 10 minuti 20 g di pianta intera fiorita secca in 1 l d'acqua bollente.
(2) Porre in infusione per 10 minuti 20 g di foglie secche in 1 l d'acqua bollente.
(3) Porre in infusione 10 minuti 100 g di pianta intera fiorita secca in 1 l d'acqua bollente.
(4) Porre in infusione per 10 minuti 50 g di pianta intera fiorita secca in 1 l di acqua bollente.

Efedra

Ephedra distachya

Famiglia botanica Efedracee

CONTROINDICATA IN AUTOTERAPIA L'uso di questa pianta che contiene l'efedrina è riservato al medico.

Eleuterococco

Eleutherococcus senticosus

Famiglia botanica Araliacee

Poiché questa pianta fa parte della famiglia del ginseng, e ne possiede qualità analoghe, è stata soprannominata 'il ginseng dei poveri'. Questa pianta, molto diffusa in Russia, è stata oggetto di studio da parte di molti autori locali. Si dice addirittura che per merito suo gli atleti russi abbiano conquistato le medaglie d'oro ai Giochi olimpici di Mosca.
Sta di fatto che è una pianta molto efficace e migliora notevolmente le prestazioni degli sportivi.

Descrizione Arbusto spinoso a foglie dentellate e appuntite, con fiori riuniti a ombrello, di colore giallo i fiori femmina, viola quelli maschio. Taglia da 2 a 4 m.
L'eleuterococco cresce in Cina, in Siberia e nel Sud-Est asiatico.

Proprietà Stimolante sia fisico sia psichico, gonadotropo.

Parti utili Radici, foglie.

Come e quando utilizzare *Per combattere la fatica fisica e intellettuale*: infuso a piccole dosi nella giornata (1).

Nei disturbi della vista (abbassamento dell'acutezza visiva): due tazze al giorno (1 o 2).

Durante le epidemie di influenza: tre o quattro tazze ogni giorno (3).

Negli stati depressivi: tre tazze al giorno (1 o 2).

Come stimolante nelle persone anziane: una tazza al mattino (1 o 2).

Come coadiuvante nei trattamenti antidiabetici o nei trattamenti dei disturbi circolatori: (1 o 2).

PREPARAZIONI

(1) Portare a ebollizione in 1 l d'acqua tre o quattro cucchiaini da caffè di radici secche spezzettate, lasciar macerare tutta la notte, filtrare.
(2) Portare a ebollizione in mezzo litro d'acqua per 3 minuti due cucchiaini da caffè di radici secche spezzettate e due di bacche secche di mirtillo. Lasciar macerare tutta la notte, filtrare.
(3) Portare a ebollizione in mezzo litro d'acqua per 3 minuti un cucchiaino da caffè di radici secche spezzettate, mezzo bastoncino di cannella, quattro chiodi di garofano, un cucchiaino da caffè di sommità fiorite di santoreggia e qualche fiore di karkadè. Lasciar macerare 5 minuti, filtrare.

Enula officinale

Inula helenium

Famiglia botanica Composite

Questa pianta proviene dall'Asia. Dioscoride la conosceva e la chiamava *helenium* dal greco *helene* che significa 'cestino'. Linneo la chiamò *Inula helenium* ma, nel 1812, Merat, in onore di Corvisart, medico dell'imperatore, la chiamò *Corvisatia helenium*.
Nei paesi tedeschi il vino di enula è considerato quasi un toccasana, viene anzi chiamato 'pozione di San Paolo' perché pare che anch'egli la apprezzasse come medicamento. Prima dell'avvento degli antibiotici l'enula era considerata un trattamento specifico contro la tubercolosi e tutte le malattie bronco-polmonari in generale, la tosse in particolare. Poiché è una pianta amara, viene chiamata 'china indigena'.

Descrizione Pianta perenne grande e robusta. Taglia da 1 a 2 m. Fusto robusto, eretto. Foglie spesse, larghe, verde intenso nella pagina superiore, biancastre in quella inferiore. Grandi fiori gialli (da maggio a settembre). Grosse radici.
L'enula cresce nei fossati, lungo le siepi, nei campi, in tutta l'Europa temperata.

Proprietà Leggermente diuretica, tonica, espettorante, sedativa.

Parti utili Le radici.

Quando e come utilizzare *Come tonico aromatico, per stimolare l'appetito*: vino di radici, tre bicchieri da vino al giorno (1).

Per calmare la tosse e facilitare l'espettorazione in caso di bronchite: infuso, tre tazze al giorno, lontano dai pasti (2).

Per calmare il prurito dovuto alla pitiriasi: lozione-decotto da frizionare sulla pitiriasi due volte al giorno, mattino e sera (3).

PREPARAZIONI

(1) Far macerare per 10 giorni 80 g di radici secche in 1 l di vino rosso. ►

▷ (2) Porre in infusione per 10 minuti 15 g di radici secche in 1 l d'acqua.
(3) Far bollire per 10 minuti 100 g di radici secche in 1 l d'acqua.

Epilobio

Epilobium angustifolium

Famiglia botanica Onagracee

Esistono almeno una quindicina di tipi di epilobio; lo si trova sia in Europa sia nell'Asia occidentale. È una pianta perenne con foglie grandi e sottili e dei lunghi grappoli di fiori di colore rosso porpora acceso.
Il suo decotto viene usato per gargarismi e sciacqui orali contro le forme di afta.
In Russia le foglie secche di epilobio sostituiscono il tè; durante la guerra 1914-1918, tentarono di utilizzare le fibre del suo fusto in sostituzione della juta.

Descrizione Pianta perenne molto bella, coltivata anche come specie ornamentale. Taglia da 80 a 180 cm. Fusto rigido e rossastro. Foglie grandi e sottili, non dentellate. Fiori, in grappoli, rosa vivo o porpora.
L'epilobio vive nelle sabbie umide e sulle scarpate di tutta l'Europa settentrionale.

Proprietà Astringente, emolliente, risolutiva e mucillaginosa.

Parti utili Radici, foglie, fiori secchi.

Quando e come utilizzare *Contro le afte*: sciacqui orali, parecchie volte al giorno (1).

Contro la diarrea: infuso, due tazze al giorno (2).

Per pulire una ferita superficiale: lavaggio con decotto (1).

PREPARAZIONI

(1) Far bollire per 10 minuti 30 g di radici secche in 1 l d'acqua.
(2) Porre in infusione per 10 minuti 30 g di foglie secche in 1 l d'acqua bollente.

Equiseto

Equisetum arvense

Famiglia botanica Equisetacee

Conosciuto dagli antichi, non ha tuttavia un uso molto chiaro, almeno nei testi di Dioscoride e di Plinio.
Nel Medio Evo sant'Alberto il Grande parla del suo potere emostatico. Nei secoli seguenti questa pianta cade in un oblio quasi totale finché verso il 1890 l'abate Kneipp la proclama unico, insostituibile e incomparabile rimedio contro le emorragie e gli sbocchi di sangue. Numerosi medici hanno successivamente riconosciuto i meriti di questa 'malerba' nel trattamento della tubercolosi.
Essa ha anche proprietà remineralizzanti grazie al suo contenuto in silice; resta da dimostrarlo scientificamente.

Descrizione Pianta perenne, senza fiori, che porta due differenti fusti, uno fertile e l'altro sterile, che si succedono sul ceppo. Taglia da 20 a 60 cm. Fusto fertile rossastro (in marzo e aprile) che termina con una spiga portatrice di spore riproduttrici; fusto sterile verde (in maggio e giugno) diviso in ramoscelli verde chiaro quadrangolari. Radici molto profonde.
L'equiseto è una malerba molto comune nei suoli argillosi e sabbiosi.

Proprietà Diuretica, emostatica, cicatrizzante, remineralizzante.

Parti utili Tutta la pianta.

Quando e come utilizzare *In caso di emorragia gastrica o uterina, in attesa del medico*: decotto, mezza tazza nella giornata (1).

Per arrestare l'emorragia nasale o di una ferita: impacchi imbevuti di decotto (1).

Per aiutare il consolidamento di una frattura e in caso di demineralizzazione: decotto, due tazze al giorno (2).

Su un patereccio: impacchi, da rinnovare più volte al giorno, imbevuti di decotto (3).

Per evitare la sudorazione notturna: decotto, una tazza al momento di coricarsi (3).

Per evitare la traspirazione dei piedi: cospargere di polvere di pianta secca l'interno delle calzature.

Per ottenere effetto tonico e deodorante a un tempo: bagno completo a base di infuso concentrato (4).

Per curare le afte: sciacqui orali, più volte al giorno, a base di decotto (5 e 1).

Per prevenire le carie dentarie: sostituire un giorno su due il dentifricio con la polvere di pianta secca.

In caso di dolori mestruali: decotto, due tazze al giorno, prima e durante le mestruazioni (3).

PREPARAZIONI

(1) Far bollire, per 30 minuti in recipiente scoperto 100 g di pianta fresca in 1 l d'acqua, filtrare.
(2) Far bollire per 30 minuti in recipiente scoperto 30 g di pianta secca in 1 l d'acqua, filtrare.
(3) Far bollire per 30 minuti in recipiente scoperto 50 g di pianta secca in 1 l d'acqua, filtrare.
(4) Far bollire per mezz'ora 300 g di pianta intera in 3 l d'acqua, filtrare e versare nell'acqua del bagno.
(5) Far bollire per 30 minuti in recipiente scoperto 50 g di pianta fresca in 1 l d'acqua.

Erba benedetta

Geum urbanum

Famiglia botanica Rosacee

Il termine di erba benedetta va preso in senso stretto; fu l'abbadessa Ildegarda che le attribuì il nome *benedicta* per cui essa divenne l'erba della santa benedetta.
Plinio la raccomandava contro i dolori di petto e durante tutto il Medio Evo fu esaltata per le sue molteplici proprietà, da quelle afrodisiache a quelle antidiarroiche. Poi fu completamente dimenticata fino all'inizio del XX secolo.
L'erba benedetta serve ad aromatizzare i liquori e ad impedire alla birra di inacidire.

Descrizione Pianta perenne rustica, dal profumo simile

a quello del fiore di garofano. Taglia da 20 a 60 cm. Fusto eretto, vellutato. Foglie di colore verde chiaro frastagliate in foglioline. Fiori gialli (da maggio a settembre). L'erba benedetta cresce nei terreni umidi e ombrosi di tutta l'Europa temperata.

Proprietà Astringente, febbrifuga, stomachica, sudorifera, tonica, vulneraria.

Parti utili Foglie, rizomi.

Quando e come utilizzare *Per dare una sferzata all'organismo in caso di astenia*: vino di rizomi, un bicchierino da liquore prima dei pasti (1 e 2).

Contro il mal di testa: infuso (3).

Come tonico contro la depressione: vino di rizomi (1 e 2).

Per facilitare la digestione: vino di rizomi, un bicchierino dopo i pasti (1 e 2).

Contro la diarrea: infuso, mezzo litro al giorno (3).

PREPARAZIONI

(1) Far macerare per 24 ore 30 g di rizomi freschi in 1 l di vino dolce naturale, filtrare, conservare in bottiglia tappata.
(2) Far macerare per 5 giorni in 1 l di buon vino rosso 50 g di rizomi freschi, filtrare, conservare in bottiglia tappata.
(3) Far bollire per 5 minuti e poi lasciare in infusione per 10 minuti 50 g di rizomi freschi in 1 l d'acqua.

Erba gatta

Nepeta cataria

Famiglia botanica Labiate

Viene chiamata 'l'erba dei gatti' perché questi sono attirati dal suo odore come da quello della valeriana. Il comportamento dei gatti nei confronti di questa pianta è molto strano: si sdraiano e si rotolano su di essa, la mangiano con ingordigia e poi vi orinano sopra. L'erba gatta è molto apprezzata anche dalle api, anzi, è una pianta mellifera di prim'ordine.

L'abate Fournier, a proposito dei suoi strani poteri, riporta un aneddoto curioso.
Un boia svizzero del XVII secolo si trovò nell'impossibilità di giustiziare un criminale per 'debolezza di cuore'. Dopo aver però masticato radici di cataria, fu «preso da subitaneo furore e divenne sanguinario». La cataria avrebbe dunque la stessa proprietà dell'ovolaccio, quella cioè di far insorgere un brutale furore.
Pianta medicinale affascinante, dunque, che sarebbe interessante sperimentare in certi casi di psicastenia.

Descrizione Pianta perenne, aromatica, conosciuta anche sotto il nome di cataria. Taglia da 0,50 a 1 m. Fusto grigiastro, eretto, vellutato. Foglie larghe e appuntite all'estremità, dentellate, biancastre nella pagina inferiore. Fiori bianco-rosati (da giugno a settembre) raggruppati in spighe.
Cresce nei terreni incolti e pietrosi in tutta l'Europa.

Proprietà Antispastica, tonica, stomachica, emmenagoga.

Parti utili Foglie, sommità fiorite, radici, una parte del fusto.

Quando e come utilizzare *Per migliorare la funzione gastrica*: infuso, due tazze al giorno tra un pasto e l'altro (1).

Per combattere l'eccessivo nervosismo: infuso, due tazze al giorno (2).

Per pulire una ferita superficiale: lavaggi con l'infuso (3).

Per le mestruazioni dolorose: infuso, due tazze al giorno (4).

Per calmare la tosse: infuso, tre tazze al giorno (5).

PREPARAZIONI

(1) Porre in infusione per 10 minuti in 1 l di acqua bollente 50 g di sommità fiorite secche.
(2) Porre in infusione per 10 minuti in 1 l di acqua bollente 40 g di sommità fiorite secche.
(3) Porre in infusione per 10 minuti 10 g di sommità fiorite secche in 1 l di acqua bollente.
(4) Porre in infusione per 10 minuti 30 g di sommità fiorite secche in 1 l di acqua bollente.
(5) Porre in infusione per 10 minuti 20 g di pianta intera secca in 1 l di acqua bollente.

Erba medica

Medicago sativa

Famiglia botanica Leguminose

L'erba medica selvatica propriamente detta esiste solo in Asia e nell'Africa del Nord. Giunge dalla Persia intorno al 470 a.C. e allora in Grecia era coltivata solo per le scuderie reali. In Spagna, e successivamente in Francia, non arriva che alla metà del XVI secolo.

Il dotto Leclerc la usò per curare, nel 1918, dei prigionieri ammalati di scorbuto e, in seguito, per curare il rachitismo.

Il valore alimentare dell'erba medica è tale che in molti paesi, dalla Russia alla Cina, dall'America all'Africa, la si usa abitualmente in sostituzione degli spinaci.

Descrizione Pianta da foraggio. Taglia fino a 60 cm. Fiori violetti in grappoli. Piccoli frutti. L'erba medica è coltivata in moltissime parti del mondo. Fiorisce 6 volte all'anno e può vivere fino a 20 anni.

Proprietà Ricca di vitamine A e C, antiscorbutica, antirachitica, antiemorragica.

Parti utili La pianta intera, escluse le radici.

Quando e come utilizzare *Contro lo scorbuto*: minestra (1); oppure due tazze al giorno, lontano dai pasti (2).

Per combattere il rachitismo: due tazze al giorno (60 g circa), lontano dai pasti (2 e 3).

Contro le emorragie: due tazze al giorno, lontano dai pasti (2).

PREPARAZIONI

(1) Usare allo stesso modo degli spinaci. Fare una minestra con le sommità fiorite.

(2) Spremerne il succo con la centrifuga. Utilizzarne in dosi di 60 g al giorno (sono ottenuti da circa 100 g di erba fresca).

(3) Far bollire, in 100 g d'acqua, fino a ridurla alla metà, 300 g di parti aeree secche finemente sminuzzate. Aggiungere, mescolando lentamente, 40 g di zucchero, fino a che si sia completamente sciolto.

Eringio

Eryngium campestre

Famiglia botanica Ombrellifere

Molto noto in passato, ha perso man mano notorietà col passare dei secoli. Per Dioscoride era una pianta efficace contro le coliche, la flatulenza, le malattie del fegato, i morsi di serpenti, ed era inoltre diuretico. Sembra che, nel Medio Evo, sia stato usato solo dai medici arabi. Nel XIV secolo pare fosse diffuso nella pratica medica, ma successivamente ricadde nell'oblio. Montaigne parla con scetticismo della tisana di eringio che prendeva per eliminare i calcoli.

Descrizione Pianta perenne, molto simile al cardo, anche se non appartiene alla stessa famiglia botanica. Taglia da 30 a 60 cm. Fusto diritto, robusto. Foglie coriacee, dure e spinose. Fiori bianchi riuniti in capolini (da luglio a settembre). Radici molto lunghe, profondamente infisse nel suolo, aromatiche quando ancora fresche. L'eringio cresce nei terreni calcarei, sabbiosi e aridi dell'Europa temperata.

Proprietà Aperitiva, diuretica, digestiva.

Parti utili Le radici.

Quando e come utilizzare *Per combattere l'albuminuria, ma soltanto sotto controllo medico*: decotto, bere in due giorni, nell'intervallo fra i pasti, la quantità preparata con la dose di 1 l d'acqua (1).

Per ottenere effetto diuretico: decotto: quattro tazze al giorno, lontano dai pasti (1).

Per favorire la funzione della cistifellea: decotto, tre tazze al giorno (1).

In caso di edema alle membra inferiori: decotto, mezzo litro al giorno (1).

PREPARAZIONI

(1) Far bollire per 5 minuti poi lasciare in infusione per 10 minuti 45 g di radici secche in 1 l d'acqua, poi filtrare.

Erisimo

Sisymbrium officinale

Famiglia botanica Crucifere

L'erisimo citato da Dioscoride corrisponde a una specie molto simile a quella attuale. Egli la considerava una pianta molto efficace contro i catarri polmonari, la tosse, l'ittero e i veleni; inoltre, mescolata al miele, veniva applicata sui tumori.

Descrizione Malerba poco elegante, dall'odore sulfureo. Taglia da 40 a 80 cm. Fusto diritto o storto. Rami perpendicolari. Foglie profondamente frastagliate. Fiori gialli, con petali incrociati. Frutti a siliqua (frutti secchi allungati che si aprono in quattro fenditure), affiancati al fusto.
L'erisimo vive solitario nei luoghi abbandonati dell'Europa, dell'America, dell'Asia occidentale e dell'Australia.

Proprietà Antitosse, calma la raucedine.

Parti utili Foglie, sommità fiorite, semente.

Quando e come utilizzare *Per combattere la raucedine, calmare il mal di gola*: infuso, una tazza per gargarismo al mattino e alla sera (1).

Contro la tosse: infuso, una tazza in gargarismo, mattino e sera (1); gargarismo, 1 tazza, mattino e sera (2); sciroppo, un cucchiaio da dessert mattino e sera (3).

Come rubescente sulla pelle: decotto, un'applicazione la sera al momento di coricarsi (4).

In caso di stanchezza: infuso, una tazza dopo i due pasti principali in cure di 10 giorni (1) oppure vino di sommità fiorite: un bicchierino da marsala (5).

PREPARAZIONI

(1) Lavare accuratamente le sommità fiorite secche, poi porne in infusione 40 g per 10 minuti in mezzo litro d'acqua.
(2) Aggiungere alla preparazione precedente un cucchiaino da caffè di miele e una punta di coltello di polvere di liquerizia per ciascuna tazza.
(3) Centrifugare 100 g di succo fresco di ► ▷ pianta, aggiungervi 100 g di zucchero. Far cuocere a fuoco dolce fino a ottenere uno sciroppo.
(4) Far bollire per 10 minuti 10 g di semi in 1 l d'acqua.
(5) Far macerare per 8 giorni 1 g di sommità fiorite secche in 1 l di vino rosso.

Erniaria

Herniara glabra

Famiglia botanica Cariofillacee

Sconosciuta ai grandi fitoterapisti dell'antichità, fece parlare di sé soltanto dal XVI secolo. Nei suoi *Saggi* (libro III capitolo XII) Montaigne riporta un episodio sull'erniaria. Racconta che, su cortese insistenza di alcune dame, fu obbligato a prendere della macerazione di questa pianta «facile da assumere, ma inutile al caso». E tuttavia la tradizione insiste sulla capacità dell'erniaria di eliminare i calcoli renali, da cui il suo nome popolare di 'spaccapietre'. La triturazione della pianta provoca una abbondante schiuma.
Un'altra pianta, la saponaria, possiede la stessa caratteristica, dovuta a delle sostanze chimiche schiumogene chiamate saponine.

Descrizione Piccola pianta perenne, tappezzante il terreno. Taglia da 20 a 30 cm. Fiori piccoli, verdastri. Foglie piccole, glabre.
L'erniaria comune cresce nei terreni sabbiosi e incolti di tutta l'Europa e dell'Africa del Nord.

Proprietà Diuretica, antilitiasica (che scioglie i calcoli renali), espettorante, antispastica.

Parti utili La pianta intera, di non più di un anno.

Quando e come utilizzare *In caso di calcoli renali, eccesso di albumina, acido urico*: tre tazze al giorno nell'intervallo fra i pasti (1).

Per bagni oculari: tre o quattro volte al giorno (1).

Per attenuare gli spasmi, soprattutto della vescica e dei vasi: a piccole dosi nell'intervallo fra i pasti (2).

Nelle numerose malattie della pelle legate a una cattiva diuresi: a piccole dosi nell'intervallo fra i pasti (3).

Nelle tossi catarrose con ipersecrezione bronchiale: una tazza, mattino e sera (4).

PREPARAZIONI

(1) Far bollire per 3 minuti poi far macerare per 2 ore in 1 l d'acqua da 30 a 60 g di pianta secca. Filtrare. Per i bagni oculari rifare ogni volta la preparazione.
(2) Far bollire per 2 minuti poi far macerare per un'ora in 1 l d'acqua 10 g di pianta secca di erniaria, 10 g di pianta intera secca di passiflora, 10 g di fiori secchi di cardiaca, 10 g di fiori secchi di malva. Filtrare.
(3) Far bollire per 3 minuti poi far macerare per un'ora in 1 l d'acqua 10 g di erniaria, 10 g di foglie secche di uva orsina, 10 g di baccelli secchi di fagiolo. Filtrare.
(4) Far bollire per 3 minuti in 1 l d'acqua 15 g di pianta secca di erniaria, 15 g di sommità fiorite secche di origano comune. Filtrare.

Eucalipto

Eucalyptus globulus

Famiglia botanica Mirtacee

Di origine australiana, l'eucalipto fu portato sulle coste mediterranee intorno al 1860.
L'eucalipto globoso fu scoperto nel 1792, successivamente introdotto in Algeria dal Ranel nel 1854, poi in Provenza, dove Charles Naudin fu il vero promotore della coltivazione di questo stupendo albero che può raggiungere i 100 m di altezza. Grazie alla sua 'avidità' di acqua e alle sue lunghissime radici esso bonifica i terreni paludosi, quindi combatte le zanzare. Le sue foglie, di un verde bluastro, emettono un profumo balsamico dovuto al loro olio essenziale.

Descrizione Albero molto bello, originario della Tasmania, acclimatato durante il secolo scorso nel bacino mediterraneo. Taglia da 25 a 50 m. Tronco diritto. Corteccia liscia color grigio-argento. Foglie allungate, arcuate, di colore verde bluastro. Fiori rosso vermiglio a capsula grigia, dura, di forma schiacciata. Il profumo è forte e aromatico.
L'eucalipto è diffuso su tutte le coste mediterranee.

Proprietà Antisettica, febbrifuga, astringente, battericida, aperitiva, ipoglicemizzante.

Parti utili Le foglie.

Come e quando utilizzare *Per disinfettare e mantenere in buone condizioni la mucosa orale*: sciacqui orali con decotto (1).

In caso di infiammazioni bronchiali: fare delle inalazioni con decotto (1).

Per prevenire le irritazioni dei bronchi: bagno completo di decotto concentrato (2).

In caso di influenza: infuso, tre tazze al giorno (3).

Contro la sinusite: fare delle inalazioni con infuso, tre volte al giorno (5).

Per abbassare la febbre alta: infuso, quattro tazze nella giornata (3).

Per pulire una ferita superficiale: lavaggio con infuso (4).

Per il trattamento dei capelli: risciacquo, dopo lo shampoo, con infuso (1).

Per disinfettare e purificare l'aria, profumandola anche gradevolmente: bruciare delle foglie secche.

PREPARAZIONI

(1) Far bollire per 5 minuti 25 g di foglie secche in 1 l d'acqua, poi filtrare.
(2) Far bollire per 10 minuti 500 g di foglie secche in 3 l d'acqua, poi filtrare. Aggiungere all'acqua del bagno.
(3) Porre in infusione per 15 minuti 25 g di foglie secche in 1 l d'acqua bollente.
(4) Porre in infusione per 10 minuti 100 g di foglie secche ogni litro d'acqua.
(5) Porre in infusione per 10 minuti 50 g di foglie secche in 1 l d'acqua bollente.

Euforbia elioscopica

Euphorbia helioscopia

Famiglia botanica Euforbiacee

CONTROINDICATA IN AUTOTERAPIA Pianta tossica: uso riservato al medico.

Euforbia pulcherrima

Euphorbia pulcherrima

Famiglia botanica Euforbiacee

CONTROINDICATA IN AUTOTERAPIA Pianta tossica: uso riservato al medico.

Euforbia variegata

Euphorbia marginata

Famiglia botanica Euforbiacee

CONTROINDICATA IN AUTOTERAPIA Pianta tossica: uso riservato al medico.

Eufrasia

Euphrasia officinalis

Famiglia botanica Scrofulariacee

Gli antichi non hanno né conosciuto né notato questa pianta.
Nel Medio Evo, invece, i botanici la citano spesso. Santa Ildegarda la raccomandava contro le piaghe profonde, le ferite, le eruzioni. Non parla ancora, invece, della sua utilizzazione nelle malattie oculari.
Soltanto nel XV secolo si inizia a citarla come antidoto alla perdita della vista e come rinforzante della memoria.

Descrizione Bella pianta che cresce sul muschio. Taglia da 10 a 30 cm. Fusto verde. Foglie piccole, dentellate. Fiori bianchi, gialli o violetti. Radici austorie che le danno nutrimento a spese delle altre piante.
L'eufrasia cresce nei prati e al limitare dei boschi fino a 3000 m.

Proprietà Antisettica oculare, diminuisce le secrezioni nasali.

Parti utili Sommità fiorite.

Quando e come utilizzare *In caso di lacrimazione e pizzicore agli occhi o di fragilità oculare*: ripetuti lavaggi oculari con una soluzione preparata di volta in volta (1); bagni oculari, soluzione fresca anche in questo caso (2).

In caso di flusso nasale: gocce, quattro o cinque volte al giorno (3).

PREPARAZIONI

(1) Porre in una tazza di acqua fredda 10 g di sommità fiorite, far bollire almeno 15 minuti, filtrare attraverso una garza sterile. Preparare ogni volta una soluzione fresca.
(2) Porre in una tazza di acqua fredda 5 g di sommità fiorite secche di eufrasia, 5 g di fiori secchi di meliloto, 5 g di fiori secchi di sambuco, far bollire almeno 15 minuti, filtrare attraverso una garza sterile. Preparare ogni volta una soluzione fresca.
(3) Aggiungere alla preparazione (1) un'eguale quantità di soluzione fisiologica. Rinnovare la miscela ogni volta che la si usa.

Eupatoria

Eupatorium cannabium

Famiglia botanica Composite

Questa pianta è passata inosservata attraverso l'antichità e il Medio Evo. L'espressione 'erba di santa Cunegonda' manifesta però la grande fiducia che la gente riponeva in questa pianta poiché numerose guarigioni si manifestavano dopo la visita alla tomba di questa santa che fu imperatrice di Germania e morì nel 1024.

Descrizione Pianta erbacea. Taglia da 1 a 1,50 m. Foglie abbondanti rosse o biancastre (da luglio a settembre). Foglie al piede divise in tre.
L'eupatoria cresce nelle località umide (prati inondati, acque stagnanti).

Proprietà Stimolante delle vie biliari, diuretica, purgativa, antielmintica.

Parti utili Radici e foglie.

Quando e come utilizzare *In caso di dolori vescicolari e di costipazione*: da due a tre bicchierini da marsala lontano dai pasti (1).

In caso di gonfiori alle gambe (edemi): da due a tre bicchierini da marsala lontano dai pasti (2).

Contro i parassiti intestinali: da uno a tre cucchiaini da caffè diluiti nell'acqua (3).

PREPARAZIONI

(1) Porre in infusione in 1 l di birra per due o tre giorni da 20 a 30 g di radici e foglie fresche, filtrare. Questa preparazione è assolutamente inadatta ai bambini, se ne consiglia l'uso solo alle persone adulte.

(2) Far macerare in 1 l di vino bianco, almeno per una settimana, da 30 a 40 g di radici e di foglie fresche.

(3) Far macerare 30 g di radici e foglie fresche in 1,5 l di aceto per il tempo necessario a ridurlo a 1 l.

F

Faggio

Fagus silvatica

Famiglia botanica Fagacee

Virgilio lo ha incensato nel primo verso delle Bucoliche. Fu cantato da numerosi trovatori e poeti e tuttavia alla sua ombra non cresce alcun fiore. È comparso sulla terra nell'era terziaria. Può vivere anche 300 anni.

Descrizione Albero molto bello, che può raggiungere e superare i 30 m di altezza. Corteccia grigiastra, argentea. Faggiole piramidali, color nocciola, riunite a due a due in un involucro che si apre in quattro valve, foglie alterne cigliate sui bordi.
Il faggio è originario dell'Europa occidentale. Lo si trova fino a 1700 m. Ha come parassita un lichene: la variolaria.

Proprietà Febbrifuga, aperitiva, purgativa.

Parti utili La corteccia.

Quando e come utilizzare *Per combattere la febbre*: una tazza al mattino a digiuno (1).

Come stimolante dell'appetito: una tazza, bevuta in tre riprese prima dei pasti (2).

Contro la costipazione: una tazza, bevuta in tre riprese lontano dai pasti (3).

PREPARAZIONI

(1) Far bollire per 5 minuti poi lasciar macerare per 2 ore in 1 l d'acqua 30 g di corteccia secca. Filtrare.
(2) Far bollire per 5 minuti, poi lasciar macerare per 2 ore in 1 l d'acqua 15 g di corteccia secca. Filtrare.
(3) Far bollire per 5 minuti poi lasciar macerare per 2 ore in 1 l d'acqua 40 g di corteccia secca. Filtrare.

ATTENZIONE La corteccia se assunta in quantità eccessiva è emetica.
Le faggiole sono tossiche e provocano una specie di ubriachezza.

Fagiolo

Phaseolus vulgaris

Famiglia botanica Leguminose

Originario dell'America, compare in Europa nel XVI secolo. Il papa Clemente VII ne ricevette in dono alcuni grani e ne tentò la coltivazione. Ma fino al XVIII secolo venne considerato una verdura volgare. Il fagiolino verde era allora considerato dannoso per gli artritici a causa degli ossalati che contiene. In seguito in Italia, e particolarmente in Sicilia, l'infusione di fiori di fagiolo venne usata per combattere le coliche nefritiche e la gotta. Il dottor Ramm fu il primo che, nel 1893, attirò l'attenzione sulle proprietà diuretiche della pianta.

Descrizione Ortaggio. Taglia fino a 1,70 m. Fusto rampicante. Foglie composte di 3 foglioline. Fiori bianchi o giallastri, allungati o pendenti.
Il fagiolo, nelle sue varietà, viene coltivato un po' ovunque.

Proprietà Diuretica, antidiabetica, emolliente.

Parti utili Baccelli, fusti, semi.

Quando e come utilizzare *Nei disturbi renali (ritenzione di urina, tendenza ai calcoli, acido urico)*: bere in piccole dosi, lungo la giornata (1).

Nei vari disturbi cardiaci che comportano edemi: bere quattro tazze al giorno, lontano dai pasti (2).

A integrazione di un trattamento antidiabetico: bere a piccole dosi lungo la giornata (1); bere quattro tazze lontano dai pasti (2).

In caso di prurito: impacchi (3).

PREPARAZIONI

(1) Lavare accuratamente tre manciate di baccelli, gettarli in 1 l d'acqua bollente, farli macerare da tre a quattro ore. Filtrare.
(2) Fare un decotto di 15 g di baccelli secchi e 15 g di foglie secche di cardiaca per 1 l d'acqua bollente. Filtrare.
(3) Applicare localmente della polvere di fagioli secchi.

Attenzione Alcune varietà selvatiche o sconosciute possono essere tossiche per la presenza di acido cianidrico.

Felce maschio

Dryopteris filix-mas

Famiglia botanica Polipodiacee

Controindicata in autoterapia Contiene sostanze tossiche: uso riservato al medico.

Ficaria

Ficaria ranuncoloides

Famiglia botanica Ranuncolacee

Nel Medio Evo è stata usata come febbrifuga. Le sue proprietà antiemorroidali le sono valse il soprannome di 'erba delle emorroidi'. Molti medici del XVII e XVIII secolo l'hanno usata con successo e in seguito, fino ai nostri giorni, i benefici della ficaria sono sempre stati riconosciuti e apprezzati.

Descrizione Pianta erbacea, dai fiori giallo-oro (marzo-aprile), solitari, ma numerosi. Foglie a forma di cuore rovesciato, brillanti, fusti gracili, cilindrici. Taglia 20 cm. La ficaria cresce in luoghi freschi, nei boschi e lungo le siepi.

Proprietà Antiemorroidale.

Parti utili Radici e foglie.

Come e quando utilizzare *Nei casi di crisi emorroidali*: una o due tazze al giorno (1); in applicazione locale (2).

PREPARAZIONI

(1) Far bollire per 3 minuti 2 g di radici in 1 l d'acqua, lasciare in infusione per 20 minuti. Filtrare.
(2) Lavare con cura delle foglie fresche, o reidratare delle foglie secche bollendole; applicare localmente.

Attenzione Non utilizzare per i bambini.

Fieno greco

Trigonella foenum-graecum

Famiglia botanica Leguminose

Coltivato fin dai tempi più antichi in Egitto, serviva al culto, il che fa supporre una già lunga tradizione. Verso l'anno 2000 a.C. se ne parla in India e in Cina come di un rimedio contro le scottature. I suoi semi erano molto apprezzati dagli Arabi.
Dall'Oriente la sua fama passò in Grecia e in Italia. Dioscoride e Plinio ne parlano molto. Catone il vecchio lo raccomandava per ingrassare il bestiame.
Fu introdotto e diffuso in Europa a opera dei monaci benedettini.
Sant'Ildegarda, nel XII secolo e sant'Alberto Magno nel XIII lo conoscevano perfettamente.
Il fieno greco era raccomandato contro moltissimi disturbi: malattie dei reni, del fegato, palpitazioni, febbri intermittenti, raucedine, disturbi oculari e come purgante.

Descrizione Piccola pianta annuale, riconoscibile per i suoi lunghi baccelli, terminanti con una punta acuminata, e per il suo sgradevole odore. Taglia da 10 a 50 cm. Fusto rotondo, foglie di colore verde chiaro, ovali. Fiori bianchi o giallo pallido (da aprile a giugno). Baccelli lunghi una decina di centimetri contenenti una fila di grani.
Il fieno greco cresce nei terreni rocciosi e negli altopiani calcarei delle regioni mediterranee.

Proprietà Tonificante e stimolante.

Parti utili Semi e sommità fiorite.

Quando e come utilizzare *In caso di anoressia per stimolare l'appetito*: infuso, una tazza prima di ogni pasto (1).

Per dare una sferzata all'organismo e combattere l'astenia: un cucchiaino da caffè di polvere di semi (in farmacia), mescolata con il miele, prima dei due pasti principali.

Contro i dolori e le acidità gastriche: decotto, una tazza dopo i pasti (2).

Per curare le irritazioni della gola: fare dei gargarismi con il decotto (2).

Per far maturare un foruncolo: impacchi di sommità fiorite (50 g) cotte nell'acqua (3).

PREPARAZIONI

(1) Porre in infusione per 10 minuti 20 g di semi in 1 l d'acqua.
(2) Far bollire per 15 minuti 40 g di semi tritati in 1 l d'acqua.
(3) Far macerare per 20 minuti 50 g di sommità fiorite secche in 200 cc di acqua.

ATTENZIONE Il fieno greco ha un odore molto pronunciato e diversamente apprezzato: l'infuso è molto amaro.

Finocchio selvatico

Foeniculum vulgare

Famiglia botanica Ombrellifere

Dioscoride lo usava frequentemente. Plinio racconta la vecchia favola dei serpenti che, al momento della muta, rinvigoriscono la loro vista strofinando gli occhi sul finocchio; da qui a pensare che anche l'uomo potrebbe fortificare la sua vista usando questa pianta il passo è breve.
Nel Medio Evo il finocchio si diffonde sia come pianta medicinale che alimentare, grazie ai monaci benedettini che la coltivano negli orti dei loro conventi.
Sotto Carlo Magno e Luigi il Pio il finocchio figura fra le piante dei giardini reali e imperiali.
A partire dal IX secolo, e poi anche nel XII e XIII secolo, si trovano menzionate in tutti gli scritti sull'argomento le innumerevoli proprietà di questa pianta.

Descrizione Grande pianta perenne, elegante e aromatica. Taglia da 1 a 2 m. Fusto diritto, solido, verde striato di blu. Foglie di un verde bluastro, brillanti, divise in settori filiformi. Fiori gialli raggruppati in larghi ombrelli (da giugno ad agosto). Frutti grigio scuro che raggiungono il centimetro di lunghezza. Aroma molto pronunciato.
Il finocchio è diffuso nei terreni aridi e rocciosi delle regioni mediterranee.

Proprietà Diuretica, vulneraria, stimolante della digestione, tonica, carminativa, galattogena, espettorante, stomachica.

Parti utili Foglie fresche, radici, semi.

Quando e come utilizzare *In caso di infiammazioni bronchiali*: infuso, due tazze al giorno (2).

Contro la raucedine: preparate un infuso al latte, da bere molto caldo (2).

Contro i disturbi dell'aerofagia: infuso, una tazza, da bere caldo dopo ogni pasto (1).

Contro la diarrea: decotto, due tazze al giorno, da bere molto caldo (4).

Come diuretico nei regimi dimagranti: infuso, tre tazze al giorno (5).

Per aumentare la secrezione lattea durante l'allattamento: infuso, quattro tazze al giorno da bere nell'intervallo fra i pasti (3).

PREPARAZIONI

(1) Porre in infusione per 6 minuti 50 g di semi per ogni litro d'acqua.
(2) Porre in infusione per 10 minuti un pizzico di semi in una tazza di latte bollente, poi filtrare, addolcire con miele.
(3) Porre in infusione per 10 minuti 30 g di semi per ogni litro d'acqua.
(4) Far bollire per 15 minuti poi lasciare in infusione per 5 minuti 20 g di radici secche in 1 l d'acqua, poi filtrare.
(5) Porre in infusione per 10 minuti 30 g di radici in 1 l d'acqua, poi filtrare.

Fiordaliso

Centaurea cyanus

Famiglia botanica Composite

Dioscoride conosceva già questa piccola centaurea. Secondo Plinio i Gallici pensavano che essa combattesse ogni tipo di malattia per le sue proprietà evacuanti.

Anche nel Medio Evo fu sempre molto apprezzata; la si coltivava anche nei giardini.
Nel XVI secolo le proprietà che le si attibuiscono sono le medesime di cui parlavano gli antichi, quelle cioè di cicatrizzare, favorire la secrezione della bile, provocare le mestruazioni e curare anche la congiuntivite.

Descrizione Pianta biennale a fusto lanuginoso e rigido. Taglia da 30 a 80 cm. Foglie strette grigio-verdi, allungate e lanuginose. Fiori blu intenso (da maggio a settembre).
Il fiordaliso cresce in tutta l'Europa soprattutto nei campi di cereali. L'impiego sistematico di erbicidi rischia però di provocarne l'estinzione.

Proprietà Emolliente, astringente, depurativa, diuretica, purgativa.

Parti utili Tutta la pianta.

Quando e come utilizzare *In caso di congiuntivite*: bagni oculari con decotto (1).

Per curare un orzaiolo: bagni oculari con infuso (2).

Per calmare irritazioni e stanchezza oculare: lozione-infuso, lavare gli occhi, poi tenere per 15 minuti sugli occhi chiusi degli impacchi imbevuti (3).

Per favorire l'eliminazione dell'acido urico: vino di fiori, due bicchierini al giorno (4).

In caso di edema: infuso, cure di tre settimane, tre tazze al giorno (5).

Contro i dolori reumatici: decotto, cure di due settimane, due tazze al giorno (6).

PREPARAZIONI

(1) Far bollire per 15 minuti in 1 l d'acqua 30 g di fiori secchi, filtrare accuratamente, lasciar raffreddare. Prepararlo al momento dell'uso.
(2) Porre in infusione per mezz'ora 60 g di fiori secchi in 1 l d'acqua bollente, filtrare accuratamente e lasciare raffreddare completamente prima di usare.
(3) Porre in infusione per 10 minuti 40 g di fiori secchi per ogni litro di acqua bollente. ►

▷ (4) Far macerare per una settimana 60 g di fiori secchi in 1 l di buon vino rosso, mescolando ogni giorno. Filtrare e conservare in bottiglia tappata.
(5) Porre in infusione per 10 minuti 30 g di pianta intera secca per ogni litro di acqua bollente.
(6) Far bollire per 10 minuti poi lasciare in infusione per 5 minuti 20 g di pianta intera secca per ogni litro di acqua.

Fragola

Fragaria vesca

Famiglia botanica Rosacee

Benché molto diffusa sia in Grecia che in Italia questa pianta sembra non abbia attirato molto l'attenzione degli antichi. Né Teofrasto, filosofo e botanico greco (327-287 a.C.), né Dioscoride ne parlano. Plinio il Vecchio, che pure è loquace di temperamento, dice solo laconicamente che in Italia se ne mangia il frutto (le fragole).
Ovidio e Virgilio parlano della raccolta delle fragole, ma senza alludere alle proprietà medicamentose della pianta. Santa Ildegarda consiglia addirittura di non mangiarne. Nei secoli IX e X esse non vengono coltivate né nei giardini reali né negli orti dei conventi.
Le piante di fragole americane, dai bei frutti rossi e grossi che ben conosciamo, furono introdotte in Europa soltanto nel XVII e XVIII secolo. Più tardi vennero loro riconosciute virtù di ogni genere: Linneo racconta di essere guarito dalla gotta con un regime a base di fragole; Fontenelle, che morì centenario, attribuì ad esse la sua longevità; madame Tallien se ne faceva preparare dei bagni per mantenere lo splendore della sua pelle.
L'abate Kneipp raccomandava le fragole ai cardiopatici, ai sofferenti di fegato e di dolori lombari.

Descrizione Pianta perenne con foglie graziose e fiorellini bianchi in corimbi. Bei falsi frutti rossi: la fragola è punteggiata di achenii che costituiscono i veri frutti. La fragola è molto diffusa: quella selvatica predilige le zone fresche, numerose altre specie sono coltivate.

Proprietà Antigotta, antielmintica (ossiuri), febbrifuga, colagoga, coleretica, diuretica, antireumatica, antidiarroica, sedativa del sistema nervoso.

Parti utili Frutti, foglie, radici.

Quando e come utilizzare *Negli attacchi di gotta*: cura di fragole, 1 kg al giorno (1); tisana, cinque o sei tazze al giorno (2).

In caso di diarrea: cura di fragole (1); alcol di foglie, un cucchiaino da caffè ogni 5 ore (3).

In caso di parassitosi intestinale: tisana, da cinque a sei tazze al giorno (2).

In caso di insufficienza urinaria: tisana, da quattro a cinque tazze al giorno (2); vino di fragole, un bicchiere a ogni pasto (4).

PREPARAZIONI

(1) Lavare accuratamente 1 kg di fragole; aggiungere un poco di limone (contro l'orticaria).
(2) Far bollire per 10 minuti da 30 a 60 g di radici secche in 1 l d'acqua, lasciar macerare una o due ore, poi filtrare.
(3) Far macerare per un'ora in mezzo litro d'acquavite 360 g di foglie verdi: far poi bollire fino a ridurre il liquido a 50 cc.
(4) Aggiungere a 1 l di vino rosso il succo di 1 kg di fragole.

Frangula

Frangula alnus

Famiglia botanica Ramnacee

Sembra che le proprietà purgative della frangula siano state conosciute molto tardi, intorno al Medio Evo.
Nel Rinascimento Mathiole ne parla lungamente, e riconosce le sue proprietà purgative e diuretiche.
Durante il XVII e XVIII secolo la corteccia di frangula viene considerata 'il rabarbaro dei contadini'. L'uso di questa pianta è riservato al medico.
Sconsigliamo formalmente l'autoterapia con la frangula per numerosi motivi: a pianta fresca, sia la drupa sia la corteccia hanno una tossicità molto alta, quindi in nessun caso la pianta fresca va utilizzata. In fitoterapia si utilizza di preferenza la corteccia di fusti che devono però preventivamente subire un anno di essiccazione.
La frangula è lassativa: essa permette l'espulsione delle feci attivando la secrezione del muco intestinale. Tuttavia, quando questa azione si fa troppo insistente, diventa nociva e porta a una irritazione della mucosa colica e può anche aggravare una colite cronica.
In nessun caso la frangula, come del resto altre piante lassative come la sena, il lino, eccetera, deve essere usata frequentemente. Il trattamento di una costipazione deve essere stabilito da un medico con precisione in modo da idratare le feci senza irritare la mucosa intestinale.

CONTROINDICATA IN AUTOTERAPIA Uso riservato al medico.

Frassino

Fraxinus excelsior

Famiglia botanica Oleacee

È conosciuto e usato in Europa fin dai tempi antichi. Nelle regioni nordiche riveste un importante significato mitologico, anche se non rilevante come quello che ebbero nelle credenze preistoriche la quercia e il tiglio. Attirò l'attenzione soprattutto per il suo legno, che forniva armi eccellenti, e per il suo fogliame che dava un buon foraggio.
I Greci e i Romani distinguevano già bene le due specie, l'una di terra e l'altra di roccia, dal legno più compatto. Ippocrate e Teofrasto, che operano già questa distinzione, ne raccomandano le foglie come diuretiche, lassative, antireumatiche. Dioscoride dice, brevemente, che il succo di foglie, mescolato al vino e applicato sulla ferita, agisce contro il morso della vipera.
Santa Ildegarda lo raccomanda contro la gotta.

Descrizione Albero di taglia variabile, secondo le regioni. Taglia da 6 a 40 m. Tronco slanciato. Corteccia chiara, beige-grigio. Foglie ovali, dentellate, verde scuro. Germogli neri, vellutati. Fiori (marzo-aprile) bruno-rossi.

Il frassino cresce nei boschi, lungo i corsi d'acqua, nei valloni e nei terreni freschi in tutta l'Europa.

Proprietà Astringente, febbrifuga, tonica, diuretica.

Parti utili Foglie, corteccia.

Come e quando utilizzare *Contro la litiasi renale*: decotto, una tazza al giorno (1).

Per il suo effetto diuretico nei regimi dimagranti: infuso, tre tazze al giorno (2).

In caso di forti dolori reumatici: decotto, due tazze al giorno per due settimane (3).

Per aiutare l'eliminazione dell'urea: infuso, tre tazze al giorno (2).

PREPARAZIONI

(1) Far bollire per 10 minuti 40 g di corteccia secca in 1 l d'acqua.
(2) Porre in infusione per 10 minuti 40 g di foglie secche in 1 l d'acqua.
(3) Far bollire per 10 minuti poi lasciare in infusione per 5 minuti 40 g di foglie secche in 1 l d'acqua.

Fumaria

Fumaria officinalis

Famiglia botanica Fumariacee

La sua fama è molto antica e i medici dell'antichità ne facevano grande uso. Galeno, medico e filosofo greco, la raccomandava nelle ostruzioni del fegato e nei disturbi epatici in generale. Dioscoride la usava per eccitare la secrezione dell''urina biliosa'. Nel Medio Evo non viene menzionata, tranne che dai medici arabi come Serapion, Avicenne e Mesuè. Verso il 1554 Matthiole riparla della fumaria come di uno dei più delicati purganti e, a partire da quel momento, questa pianta sarà utilizzata nelle malattie che derivano da ostruzioni intestinali.

Descrizione Piccola pianta annuale, dal caratteristico odore di fumo. Taglia da 15 a 60 cm. Fusto diritto, gracile, verde chiaro. Foglie frastagliate verde-grigie. Fiori rosa o rossi (da aprile a settembre) allungati, riuniti in grappoli. Piccoli frutti sferici.
La fumaria cresce nei terreni abbandonati, nei campi, sulle scarpate in tutta l'Europa temperata.

Proprietà Tonica, depurativa, stomachica, aperitiva, coleretica, colagoga.

Parti utili La pianta fiorita intera, esclusa la radice.

Quando e come utilizzare *Contro i disturbi dell'arteriosclerosi*: infuso, una tazza al giorno per 1 settimana al mese (1).

Nei casi di astenia e stanchezza, nella convalescenza: infuso, tre tazze al giorno, nell'intervallo fra i pasti, per una settimana al mese per tre mesi (2).

Contro l'eczema: infuso, due tazze al giorno (3).

Come depurativo, per ottenere un colorito sano: infuso, tre tazze al giorno per una settimana (4).

Per mantenere il buon funzionamento della cistifellea: infuso, bere due tazze al giorno in cure di una settimana al mese (5).

PREPARAZIONI

(1) Porre in infusione per 10 minuti 40 g di sommità fiorite secche in 1 l d'acqua.
(2) Porre in infusione per 15 minuti 60 g di sommità fiorite secche in 1 l d'acqua.
(3) Porre in infusione per 10 minuti 20 g di pianta fiorita secca in 1 l d'acqua.
(4) Porre in infusione per 10 minuti 30 g di pianta intera secca in 1 l d'acqua.
(5) Porre in infusione per 10 minuti 50 g di sommità fiorite secche in 1 l d'acqua.

Fusaggine

Evonymus europaeus

Famiglia botanica Celastracee

CONTROINDICATA IN AUTOTERAPIA Pianta tossica: uso riservato al medico.

G

Galega

Galega officinalis

Famiglia botanica Leguminose

Pianta originaria dell'Europa orientale. Secondo alcuni fu diffusa dagli Arabi, secondo altri esisteva già in Italia. Nel XVI secolo cade in oblio per ridiventare una pianta ornamentale. Soltanto nel 1930 viene ancora presa in considerazione come pianta medicinale.
La sua proprietà peculiare è quella di essere galattogena, di aumentare cioè la secrezione lattea nella donna.

Descrizione Bella pianta perenne. Fusto diritto. Foglie molto frastagliate. Fiori rosa pallido o azzurro pallido, in grappoli allungati. Baccelli gibbosi.
La galega è diffusa in tutta l'Europa e in Oriente.

Proprietà Galattagoga, antidiabetica.

Parti utili Fiori, semi.

Quando e come utilizzare *Per aumentare la secrezione lattea*: infuso, tre tazze al giorno (1).

Per apportare miglioramento nei casi di diabete: infuso, una tazza prima dei due pasti principali in cure non consecutive di 20 giorni, alternate con 20 giorni di pausa (2).

PREPARAZIONI

(1) Porre in infusione per 15 minuti in una grande scodella di acqua bollente 30 g di fiori secchi.
(2) Porre in infusione per 15 minuti in una grande scodella di acqua bollente 60 g di fiori secchi.

Galeopsis

Galeopsis dubia

Famiglia botanica Labiate

Il nome galeopsis viene da *gale*, la donnola e *opsis* l'aspetto. Esiste infatti un certa rassomiglianza fra il fiore e la bocca spalancata della donnola. Questa pianta fu conosciuta solo nel XIX secolo, grazie a dei medici tedeschi che ne vantavano i pregi nei casi di tubercolosi. La pianta è infatti ricca di silice e da essa era ricavato un tè siliceo che veniva somministrato ai tubercolotici per lunghi periodi. La silice provocherebbe una proliferazione fibrosa simile a quelle che si constatano nelle reazioni di difesa immunitaria contro le infezioni. Intorno al 1920 un medico di nome Bohn spiegò l'azione benefica della galeopsis mediante l'analogia della sua composizione minerale con quella del sangue umano. Quest'affermazione, tuttavia, è totalmente priva di fondamento scientifico. A titolo di informazione diamo la composizione del tè siliceo: galeopsis 50 g, equiseto 75 g, corengiola 150 g, decotto di 30 g di questo miscuglio per 1 l d'acqua, da bere nella giornata.

Descrizione Pianta annuale molto comune che cresce nel bacino mediterraneo in terreni silicei, nei campi e lungo le strade ferrate.

Proprietà Espettorante, antitubercolotica, antianemica, remineralizzante.

Parti utili La pianta fiorita, di non più di un anno.

Quando e come utilizzare *Contro la tosse*: tisana-macerazione, una tazza quattro o cinque volte al giorno (1); tisana-macerazione, una tazzina più volte al giorno (2).

In caso di stanchezza con demineralizzazione: tisana-macerazione, una tazza quattro o cinque volte al giorno (1); tisana-macerazione, una tazza prima dei pasti (3).

In caso di dolori alla milza: tisana-macerazione, a piccole tazze più volte al giorno (4).

PREPARAZIONI

(1) Far bollire per 2 o 3 minuti 15 g di pianta in 1 l d'acqua, lasciar macerare per un'ora.
(2) Far bollire per 3 minuti in 1 l d'acqua e poi lasciar macerare per un'ora 5 g di galeopsis, 5 g di polmonaria, 5 g di issopo, 5 g di tussilagine, 5 g di violetta, 5 g di cipresso.
(3) Far bollire per 5 minuti in 1 l d'acqua e poi lasciar macerare per un'ora 5 g di galeopsis, 5 g di equiseto e 5 g di eleuterococco.
(4) Far bollire per 5 minuti in 1 l d'acqua e poi lasciar macerare per un'ora 5 g di galeopsis, 5 g di carciofo e 5 g di radici di tarassaco.

Garofano

Eugenia caryophillata

Famiglia botanica Mirtacee

Questo bell'albero piramidale, sempreverde, è originario delle Molucche. Lo si ritrova anche nel Madagascar, in Indonesia, nello Zanzibar.
Il bottone fiorale, seccato, fornisce i famosi chiodi di garofano che, per distillazione, danno l'essenza di garofano. È molto usato nella pratica dentaria. L'essenza di garofano fa parte di quelli che in aromaterapia si chiamano gli 'oli essenziali maggiori', secondo la classificazione del dottor Belaiche.

Descrizione Albero sempreverde. Taglia da 10 a 12 m. Foglie persistenti. Fiori ermafroditi. Frutti purpurei. È coltivato nella maggior parte delle regioni tropicali.

Proprietà Spasmolitica, antistaminica, antibatterica, stomachica, febbrifuga, carminativa, analgesica.

Parti utili Bottoni fioriti.

Quando e come utilizzare *Per calmare il dolore di una carie dentaria*: in attesa dell'appuntamento del dentista, introdurre nella cavità del dente un chiodo di garofano.

In caso di insufficiente salivazione: masticare un chiodo di garofano.

Come antisettico orale: sciacqui orali, qualche goccia in un bicchier d'acqua (1).

In caso di difficile digestione: una tazza a fine pasto (2).

Contro le flatulenze di origine intestinale: una o due perle alla fine dei pasti (3).

Per calmare la sete e alleviare il dolore nelle coliche spastiche: una o due tazze al giorno (4).

PREPARAZIONI

(1) Far preparare in farmacia questa soluzione: olio essenziale di cannella 1 g, olio essenziale di garofano 2 g, olio essenziale di menta 8 g, tintura di benzoino 1 g, tintura di coccinigia 20 g, tintura di guaiaco 8 g, alcol a 80 gradi 1 l. ►

▷ (2) Porre in infusione in mezzo litro d'acqua bollente 5 chiodi di garofano, 5 g di zenzero secco, 20 g di origano secco.
(3) Perle da 1 cg di olio essenziale di garofano.
(4) Porre in infusione due o tre chiodi di garofano in una tazza di acqua bollente.

Gelsomino

Jasminum officinale

Famiglia botanica Oleacee

È chiamato 'gelsomino bianco' e diffonde il suo profumo nei giardini del mezzogiorno. Questa pianta deliziosa è giunta qui dalle Indie nel XVI secolo e si è poi diffusa in tutta l'Europa meridionale.
Il suo cugino primo, il gelsomino di Formosa, profuma i nostri tè al gelsomino.

Descrizione Arboscello con portamento di liana. Taglia circa 1,5 m. Foglie persistenti di un bel verde. Fiori bianchi (estate) dall'intenso profumo.
Il gelsomino è originario dell'India.

Proprietà Antispastica, ipnotica.

Parti utili Fiori.

Quando e come utilizzare *In caso di spasmi*: infuso, tre tazze al giorno (1).

Contro il mal di testa: infuso, da due a quattro tazze al giorno (1).

Contro le insonnie: infuso, tre tazze al giorno (2).

In caso di tosse convulsa: infuso-macerazione, tre tazze al giorno (3).

Per i dolori da contratture: applicazioni e frizioni (5).

PREPARAZIONI

(1) Porre in infusione 10 g di fiori secchi in 1 l d'acqua, poi filtrare.
(2) Porre in infusione 15 g di fiori secchi in 1 l d'acqua, poi filtrare. ►

▷ (3) Far bollire in 1 l d'acqua per 2 minuti e poi lasciar macerare per mezz'ora 10 g di fiori secchi di gelsomino, 10 g di fiori secchi di passiflora. Filtrare.
(4) Far bollire uno o due strobili di cipresso in 1 l d'acqua, aggiungere 10 g di fiori secchi di gelsomino, lasciare in infusione per 20 minuti. Filtrare (utilizzare per infezioni urinarie).
(5) Lasciar macerare per 6 settimane in 1 l d'olio di oliva 20 g di fiori secchi.

Genepì

Artemisia (glacialis, mutellina, spicata, eriantha)

Famiglia botanica Composite

Con questo nome i montanari delle Alpi indicano un gruppo di piccole artemisie, caratteristiche delle rocce di alta quota, notevoli per le loro proprietà aromatiche e stimolanti.
Esistono infatti tre o quattro specie diverse di genepì e sono tutte piccole piante bianche o grigiastre, molto aromatiche.

Descrizione Si raggruppano sotto il nome di genepì numerose specie molto simili di artemisie nane. Sono tutte piante erbacee, perenni, a fusto corto, lanuginoso, dai fiori gialli (da luglio a settembre), dal forte profumo di assenzio.
I genepì crescono in alta montagna, soprattutto nelle Alpi, fino a oltre 3000 m.

Proprietà Stimolante, digestiva, vulneraria.

Parti utili La pianta intera fiorita, le radici.

Quando e come utilizzare *In caso di anoressia, per stimolare l'appetito*: infuso, una tazza da bere prima di ogni pasto (1).

In caso di astenia, di stanchezza, durante la convalescenza: infuso, una tazza al giorno (1).

In caso di dolori mestruali: infuso, due tazze al giorno da prendersi nella settimana precedente e durante le mestruazioni (2).

PREPARAZIONI
(1) Porre in infusione per 15 minuti 3 g di sommità fiorite secche in una tazza di acqua bollente.
(2) Porre in infusione per 10 minuti 25 g di pianta secca in 1 l d'acqua.

ATTENZIONE L'uso del genepì richiede una certa prudenza, poiché la pianta, in dosi superiori a quelle da noi prescritte, può essere tossica.
Raccomandiamo particolarmente di non superare i 20 giorni di cura e di alternarli con un mese di sosta.

Genziana gialla

Gentiana lutea

Famiglia botanica Genzianacee

Se ne ha notizia intorno al 50 d.C.; Dioscoride e Plinio la raccomandavano per molte malattie e persino per il morso di serpente. Santa Ildegarda, nel XII secolo, ne formulò la prima prescrizione rimasta celebre: la genziana gialla è stomachica (stimola l'appetito). È una pianta amara e, come la maggior parte delle piante medicinali di questo tipo, combatte anche la febbre. Infatti finché non fu formulata la celebre 'cinquina', la genziana fu la pianta per eccellenza contro gli stati febbrili.
L'abate Kneipp affermava: «Chiunque abbia un piccolo giardino deve coltivarvi la salvia, l'assenzio e la genziana; avrà così sottomano la sua farmacia».

Descrizione Pianta perenne (una delle più belle piante di montagna). Taglia da 0,50 a 1,50 m. Fusto diritto, cavo, verde-giallo. Foglie larghe, ovali, appuntite. Fiori gialli (da giugno ad agosto). Radici lunghe, robuste, molto ramificate.
La genziana gialla cresce sia nei campi sia nei pascoli di montagna.

Proprietà Febbrifuga, stimolante, tonica, aperitiva, stomachica.

Parti utili Le radici secche.

Quando e come utilizzare *Come corroborante in caso di*

astenia: prendere, prima dei pasti principali, una punta di coltello di polvere di radice secca in un cucchiaino da caffè di miele.

Per combattere la stanchezza e dare tono ai convalescenti: macerazione, un bicchiere da vino da bersi dopo ciascun pasto (1).

Come ricostituente nei bambini stanchi: sciroppo, un bicchierino da liquore tre volte al giorno (5).

Per stimolare l'appetito e dare vigore: vino, un bicchierino dopo i pasti (3).

In caso di disturbi digestivi: tintura, prendere 20 gocce dopo ogni pasto da diluire in mezzo bicchiere di acqua zuccherata (2).

Come vermifugo contro gli ossiuri (solo per adulti): decotto, una tazza al giorno, il mattino a digiuno, in cure di 21 giorni (4).

PREPARAZIONI

(1) Lasciar macerare per 12 ore 20 g di radici secche in 1 l di acqua fredda. Filtrare.
(2) Lasciar macerare una settimana 10 g di radici secche spezzettate in 100 g di alcol a 60 gradi, poi filtrare. Conservare in bottiglia tappata.
(3) Lasciar macerare per 5 giorni 10 g di radici secche spezzettate in 1 l di vino dolce naturale, aggiungere una scorza di limone e filtrare. Conservare in bottiglia tappata.
(4) Far bollire per 5 minuti e poi lasciare in infusione per un'ora 10 g di radici secche in 1 l d'acqua.
(5) Lasciar macerare per una notte 10 g di radici secche in 1 l d'acqua fredda, poi filtrare. Aggiungere 1 kg di zucchero.

Gigaro

Arum maculatum

Famiglia botanica Aracee

CONTROINDICATA IN AUTOTERAPIA Le bacche sono terribilmente tossiche.

Ginepro

Juniperus communis

Famiglia botanica Conifere

Il ginepro, che fu conosciuto già dalle popolazioni preistoriche, era oggetto di superstizione. Si pensava proteggesse dalle grandi epidemie di peste. Nel Medio Evo era considerato una panacea. Santa Ildegarda lo raccomandava per le malattie del fegato e dei polmoni e, soprattutto, per «attenuare la violenza della febbre». I medici del XVI secolo lo considerano un antidoto universale. Un celebre medico del XVI secolo, il Matthiole, racconta di guarigioni miracolose ottenute già soltanto mediante bagni al legno di ginepro: «Ho visto dei gottosi all'ultimo stadio inchiodati al letto uscire guariti da questo bagno e riprendere le loro abituali occupazioni». Il celebre abate Kneipp lo raccomandava contro l'alito cattivo. Oggi del ginepro sono usate soprattutto le bacche. La fitoterapia moderna consiglia comunque di farne uso prudente. Il ginepro prescritto a dosi troppo forti e per periodi troppo lunghi può essere tossico per i reni.

Descrizione Arboscello sempreverde. Taglia da 1 a 6 m. Fusti ritorti, di colore bruno-rossastro. Foglie rade, pungenti, aguzze, in gruppi di tre. Fiori maschili, amenti ascellari, femminili, bacche verdi, violette da mature. Il ginepro cresce al limitare dei boschi, su suoli poveri e acidi, in Europa.

Proprietà Antiulcerosa, antidiabetica, diuretica, emmenagoga, stomachica, antireumatica, tonificante.

Parti utili Bacche, legno, foglie.

Quando e come utilizzare *Negli adulti e nei bambini che hanno difficoltà a urinare (cistiti, calcoli)* (attenzione alle cure prolungate perché rischiano di provocare albuminuria): due tazze al giorno, lontano dai pasti (1); tre tazze al giorno (2); una tazza mattina e sera (3).

In caso di stanchezza accompagnata da febbre: un bicchiere prima dei due pasti principali (4).

In caso di dolori reumatici cronici: impacchi (5).

Per stimolare l'appetito: un bicchiere prima dei pasti (6).

In caso di febbre: un bicchiere prima dei due pasti (4).

Come coadiuvante nei trattamenti antidiabetici: due tazze al giorno (7).

Per favorire la comparsa delle mestruazioni: due tazze al giorno (7).

PREPARAZIONI

(1) Portare a ebollizione 2 l d'acqua contenenti 15 g di orzo mondato, aggiungere 15 g di bacche secche di ginepro, lasciare macerare un'ora. Filtrare.
(2) Porre in infusione in 800 g di latte di capra per mezz'ora 40 g di bacche secche. Filtrare e zuccherare.
(3) Mettere in 1 l d'acqua bollente 10 g di foglie o di rami secchi, mantenere l'ebollizione 3 o 4 minuti, poi filtrare.
(4) Far macerare per 3 settimane in 1 l di buon vino bianco 10 g di bacche di ginepro secche, 10 g di fiori e foglie di assenzio.
(5) Fare un cataplasma di bacche e foglie secche, oppure applicare come cataplasma una salvietta di spugna imbevuta di qualche goccia di olio essenziale di ginepro.
(6) Fare macerare per una settimana in 1 l di buon vino rosso 100 g di bacche secche di ginepro, 100 g di radici secche di rafano, 100 g di sommità fiorite secche di assenzio.
(7) Mettere in 1 l d'acqua bollente 100 g di bacche secche, mantenere l'ebollizione 4 o 5 minuti.

Ginestrino

Lotus corniculatus

Famiglia botanica Leguminose

Questa pianta perenne ha attirato in circostanze del tutto accidentali l'attenzione del dottor Henry Leclerc. A una delle sue pazienti, che soffriva di congiuntivite, di disturbi nervosi e di insonnia, egli consigliò di preparare degli infusi di meliloto per farne degli impacchi da applicare sugli occhi. Tanto discreta quanto ignorante, ella raccolse del ginestrino e se ne fece una tisana che ingerì invece di usarla come consigliatole. Evidentemente questa tisana non ebbe alcun effetto sulla sua congiuntivite, però, in meno di 8 giorni, ella ritrovò il sonno e le crisi di palpitazioni scomparvero.
Altri medici, in seguito, hanno confermato l'effetto antispastico del ginestrino e gli eccellenti risultati in molti casi di origine nervosa.

Descrizione Pianta perenne che deve il suo nome ai baccelli a ventaglio chiamati corniculati, cioè a piccole corna. Taglia da 15 a 30 cm. Gambo diritto, pieno, verde chiaro. Foglie più o meno strette secondo le specie. Fiori giallo-oro striati di arancio (da maggio ad agosto). Lunghi baccelli a ventaglio. Radici lunghe e solide.
Il ginestrino cresce nelle praterie, nei campi, lungo le strade.

Proprietà Antispastica, sedativa.

Parti utili Pianta intera.

Quando e come utilizzare *Per calmare l'angoscia*: infuso, una tazza dopo ogni pasto, in cure di una settimana al mese (1).

Come ricostituente negli stati depressivi: infuso, due tazze al giorno (1).

Per calmare le palpitazioni: infuso, berne due tazze al giorno (1).

Per combattere l'insonnia: infuso, una tazza al momento di coricarsi (2); bagno, in cui versare l'infuso concentrato (3).

PREPARAZIONI

(1) Porre in infusione, in recipiente coperto, per 10 minuti 60 g di pianta intera secca in 1 l d'acqua bollente.
(2) Porre in infusione per 10 minuti 80 g di pianta intera secca in 1 l d'acqua bollente.
(3) Porre in infusione per 10 minuti 250 g di pianta intera secca in 3 l d'acqua bollente, poi filtrare. Aggiungere all'acqua del bagno.

Ginkgo

Ginkgo biloba

Famiglia botanica Ginkgoacee

È un albero originario della Cina e coltivato in Europa come specie ornamentale dal XVIII secolo.
È l'albero dai cento scudi: in autunno le foglie restano attaccate ai rami e prendono una bellissima colorazione dorata.
Le foglie secche sono utilizzate nella medicina ufficiale, ma non in quella popolare. Il ginkgo è utile sia nell'insufficienza circolatoria cerebrale, acuta e cronica, sia nei disturbi vascolari periferici (varici, crampi, emorroidi).

Descrizione Albero arcaico, dai fiori maschili e femminili separati (dioico). Taglia fino a 40 m. Fiori: quelli femmina assomigliano al sacco pollinico delle conifere, quelli maschi danno degli ovuli che assomigliano a frutti (dall'odore nauseabondo).
Il ginkgo è coltivato nel Giappone e negli Stati Uniti.

Proprietà Vasodilatatrice arteriosa, diminuisce la permeabilità capillare, rafforza il tono venoso, leggermente attivante lo scioglimento dei coaguli sanguigni, diuretica.

Parti utili Foglie.

Quando e come utilizzare *Per combattere tutte le forme di disturbi circolatori arteriosi, venosi e dei capillari*: tre o quattro tazze al giorno, lontano dai pasti (1).

Contro gli edemi alle caviglie: tre o quattro tazze al giorno, lontano dai pasti (1).

Per evitare la rottura dei capillari: tre o quattro tazze al giorno, lontano dai pasti (2).

Per combattere le vertigini di origine circolatoria: da tre a quattro tazze al giorno, lontano dai pasti (2).

Per migliorare la memoria: da tre a quattro tazze al giorno, lontano dai pasti (2).

Per combattere le varici e prevenire le ulcere varicose: da tre a quattro tazze al giorno (2).

Per migliorare le pelli secche e disidratate: in lozione, una o due volte al giorno, sul viso (3).

PREPARAZIONI

(1) Far bollire per un'ora in una pentola ben chiusa 40 g di foglie secche in 1 l d'acqua. Filtrare.
(2) Far bollire per un'ora in una pentola ben chiusa 20 g di foglie secche di ginkgo, 10 g di foglie secche di piccola pervinca, 10 g di foglie secche di vite rossa. Filtrare.
(3) Far macerare da 15 a 20 giorni 50 g di foglie secche in un miscuglio, in parti uguali (circa 125 cc), di acqua di fiori d'arancio e di alcol a 60 gradi. Filtrare.

Ginseng

Panax ginseng

Famiglia botanica Araliacee

La radice di ginseng assomiglia, per la sua forma, a una coscia umana e il nome ginseng, di per sé, significa 'uomo radice'.
La mandragora presenta la stessa caratteristica di avere radici con forme umane che, come quelle del ginseng, sono efficaci contro l'impotenza.
È 'il custode della giovinezza' e fu considerato dagli Asiatici una vera panacea.

Descrizione Pianta erbacea. Taglia da 40 a 50 cm. Foglie composte palmate, in ombrelli giallastri o rossastri. Frutti rossi dalle estremità nere.
Il ginseng cresce allo stato selvatico in Asia, nel Nepal, in Manciuria, nella Siberia orientale, in Corea, in Giappone, negli Stati Uniti e in Cina.

Proprietà Antistress, gonadotropa, cardiotonica, ipotensiva, ipoglicemizzante, combatte la fatica, aumenta il numero dei globuli rossi, protegge il fegato, stimola il sistema nervoso centrale.

Parti utili Le radici di 6-7 anni di età.

Quando e come utilizzare

In soggetti sani.

In caso di sforzi intellettuali o psichici continuati: un cucchiaino da caffè di polvere, al mattino e alla sera, su verdure crude (1); un bicchierino da marsala al mattino e alla sera (3).

In caso di epidemia di influenza: un bicchierino da marsala mattino e sera (3).

Come prevenzione delle malattie dovute a un'alimentazione non equilibrata o a predisposizioni di tipo diabetico o uremico: un cucchiaino da caffè di polvere mattino e sera su verdure crude (1); un bicchierino da marsala mattino e sera (3).

In soggetti ammalati.

In caso di stanchezza generale: un cucchiaino da caffè di polvere mattino e sera su verdure crude (1); tre tazze al giorno, una prima di ogni pasto (2); un bicchierino da marsala mattino e sera (3).

In caso di disturbi della tensione arteriosa, ipertensione: un cucchiaino da caffè di polvere mattino e sera su verdure crude (1); tre tazze al giorno, una prima di ogni pasto (2); un bicchierino da marsala mattino e sera (3).

In caso di anemia: un cucchiaino da caffè di polvere al mattino e alla sera su verdure crude (1); tre tazze al giorno, una prima di ogni pasto (2); un bicchierino da marsala al mattino e alla sera (3).

Come coadiuvante nei trattamenti antidiabetici: tre tazze al giorno, una prima di ogni pasto (2).

Nelle malattie epatiche croniche: tre tazze al giorno, una prima di ogni pasto (2).

Nelle insufficienze sessuali maschili e femminili: un cucchiaino da caffè di polvere, al mattino e alla sera, su verdure crude (1); tre tazze al giorno, da bersi una prima di ogni pasto (2).

In caso di depressione nervosa: tre tazze al giorno, una prima di ogni pasto (2).

Nei disturbi della menopausa: tre tazze al giorno, una prima di ogni pasto (2).

In concomitanza con trattamenti ai raggi X: un cucchiaino di polvere, mattino e sera, su verdure crude (1).

PREPARAZIONI

(1) Da 3 g a 5 g di polvere da mettere a piccole dosi sugli alimenti.
(2) Far bollire per 3 o 4 minuti da 3 g a 5 g di radici secche in 1 l d'acqua.
(3) Far macerare 20 g di radici fresche o secche per 2 mesi in 900 cc di whisky.

Giusquiamo

Hyoscyamus niger

Famiglia botanica Solanacee

CONTROINDICATA IN AUTOTERAPIA Tutta la pianta è estremamente tossica: uso strettamente riservato al medico.

Globularia

Globularia vulgaris

Famiglia botanica Globulariacee

CONTROINDICATA IN AUTOTERAPIA A certe dosi, la pianta è tossica: uso riservato al medico.

Gramigna

Agropyrum repens

Famiglia botanica Graminacee

È una delle piante sacre degli indù. Particolare interessante, non teme la siccità.
Il nome (in francese 'dente di cane') con cui è anche conosciuta, ha origine dall'abitudine che hanno i cani di purgarsi masticandone.
Questa pianta fu completamente ignorata dagli antichi e soltanto nel XVII secolo si cominciò a manifestarle un certo interesse, per le sue doti diuretiche e depurative.

Descrizione Pianta perenne molto comune, temuta dagli agricoltori e dai giardinieri; è la malerba per eccellenza. Taglia da 40 cm a 1 m. Fusto coricato alla base, poi sostenuto e diritto. Foglie in corregge, verde-bluastre, terminanti con una spiga piatta. Radici multiple, lunghe.

La gramigna cresce nei terreni coltivati e incolti, nei cespugli, ai bordi delle strade in tutte le regioni temperate.

Proprietà Diuretica, sedativa, emolliente, antisettica, febbrifuga.

Parti utili Rizomi.

Quando e come utilizzare *Come diuretico*: decotto, cure di una settimana, tre tazze al giorno (1).

Nei diversi stati infettivi e per calmare le infiammazioni delle vie urinarie: decotto, quattro tazze al giorno (1).

Come sedativo in caso di crisi reumatiche dolorose, di gotta e di artrite: decotto, cure di tre settimane, tre tazze al giorno (1).

PREPARAZIONI

(1) Il decotto di gramigna richiede una preparazione articolata in due parti ben distinte. Innanzitutto mettere a bollire una prima volta per 2 minuti 30 g di rizomi secchi in 1 l d'acqua. Buttare quest'acqua, che ha un gusto acre, e poi schiacciare le radici. Quindi rimetterle a bollire in 1 l e un quarto d'acqua fino a ridurlo a 1 l, aggiungendo, a fine ebollizione, 10 g di liquirizia e una scorza di limone per migliorarne il sapore.

Granoturco

Zea mays

Famiglia botanica Graminacee

Si pensa sia originario del Messico o del Guatemala, ma ormai non si trova più in nessuna regione nella forma selvatica.
Importato in Spagna nel 1520 il mais fu coltivato subito in Italia.
Portato poi in Turchia, ritornò in Francia sotto il nome di 'grano dei turchi'.
È una pianta alimentare molto preziosa e l'olio che se ne ricava è molto raccomandato in dietetica, soprattutto per correggere gli eccessi di colesterolo.
Gli involucri delle spighe servono alla fabbricazione della carta delle sigarette.

Descrizione Pianta erbacea annuale. Taglia da 1 a 1,80 m. Foglie inguainanti, con nervature bianche al centro. Numerosi fiori maschili all'apice, fiori femminili ascellari. Spighe panciute. Stilo capillare barbato. Semi gialli, giallo-arancio o bruno-violacei.
Il mais è originario dell'America meridionale: predilige terreni sabbiosi e umidi. Si è acclimatato ovunque.

Proprietà Nutritiva, diuretica, antipruriginosa.

Parti utili Semi, barbe (stigmi che fuoriescono dalla spiga).

Quando e come utilizzare *Per l'alimentazione delle persone magre e per gli stomaci delicati*: pappa (1).

Per la sua azione diuretica (in caso di insufficiente secrezione urinaria): a piccole tazze lungo la giornata (2).

Nelle manifestazioni eczematose croniche: applicazioni (3).

In caso di ipercolesterolemia: utilizzare l'olio di mais nell'alimentazione.

PREPARAZIONI

(1) Fare una pappa di farina di mais con latte e acqua o brodo di verdura. Far cuocere a fuoco lento stemperando acccuratamente, aggiungere sale, zucchero o burro vegetale, secondo i gusti.
(2) Far bollire per alcuni minuti e poi lasciar macerare per un'ora 20-30 g di barbe secche in mezzo litro d'acqua.
(3) Olio di mais in applicazioni locali.

Grindelia

Grindelia robusta

Famiglia botanica Composite

Descrizione Pianta perenne che cresce in ciuffi. Taglia 80 cm circa. Fusto giallo, secco. Foglie a denti acuti. Peli secretori. Fiori gialli.

La 'grindelia robusta' è originaria della California.

Proprietà Antiasmatica, espettorante.

Parti utili Sommità fiorite.

Quando e come utilizzare *Per calmare le crisi di asma*: due tazze al giorno (1).

Contro bronchite e pertosse: una tazza, da bere al mattino e alla sera (2).

PREPARAZIONI

(1) Fare un'infusione di 2 o 3 g di sommità fiorite secche per ogni tazza.

(2) Fare una infusione di 2 o 3 g di grindelia, 3 g di fiori secchi di tussillaggine, 4 g di fiori secchi di antennaria, 5 g di fiori secchi di violetta per 1 l di acqua bollente, filtrare. Bere durante la giornata.

I

Ibisco

Hibiscus sabdariffa

Famiglia botanica Malvacee

Gli spendidi fiori rossi dell'ibisco, anche seccati, danno per infusione una bevanda deliziosa chiamata 'tè di Abissinia', molto apprezzata nei paesi mediterranei.

Descrizione Arbusto molto decorativo ricco di fogliame, con fiori dagli splendidi colori. Taglia da 1 a 3 m. Fusto robusto, verde scuro o rossastro. Foglie ovali appuntite, verde scuro, brillanti e robuste. Grandi fiori dal calice profondo rosso vivo, rosa, bianco o giallo, secondo le varietà.
Originario dell'America centrale, ma si è acclimatato anche nelle regioni tropicali e sul litorale mediterraneo.

Proprietà Rinfrescante, sedativa, diuretica, lassativa.

Parti utili Fiori.

Come e quando utilizzare *In caso di stati febbrili come rinfrescante*: infuso, a volontà, fino a 1 l al giorno (1).

Per evitare le costipazioni: infuso, due tazze al giorno (1).

Come leggero diuretico: infuso, tre tazze al giorno, una al mattino, le altre ai pasti principali (1).

Come sedativo e rilassante: macerazione, due tazze al giorno, una delle quali al momento di coricarsi (2).

PREPARAZIONI
(1) Porre in infusione per 10 minuti 10 g di fiori secchi in 1 l d'acqua.
(2) Mettere a macerare per 30 minuti 10 g di fiori secchi in 1 l d'acqua fredda.

Imperatoria

Peucedanum ostruthium

Famiglia botanica Ombrellifere

Sconosciuta agli antichi, l'imperatoria compare per la prima volta nella letteratura botanica presso santa Ildegarda che ne parla come febbrifuga.
Alla fine del XVI secolo la si coltiva nei giardini; per lungo tempo è stata considerata una panacea, come il ginseng cinese. Il suo nome, radice imperiale, testimonia la considerazione in cui era tenuta. Paracelso la raccomanda contro il diabete, i tumori della milza, dell'addome e dell'utero. Pierre de Foreest, nel 1634, la lodava come rimedio all'isteria. Hoffmann, nel 1740, chiamava 'rimedio divino' la polvere delle sue radici, riassumendo in questa definizione l'ammirazione che questa pianta aveva suscitato lungo tre secoli.

Descrizione Pianta perenne, robusta e molto aromatica. Taglia da 0,30 a 1 m. Fusto diritto, cilindrico, cavo. Foglie verde-gialle, molli, molto dentellate. Fiori rosa o bianchi (da giugno ad agosto), raggruppati in ombrelli. Rizomi brunastri, anellati.
L'imperatoria cresce nei valloni, nei prati umidi di mezza montagna in tutta l'Europa temperata.

Proprietà Aperitiva, stomachica, diuretica, espettorante.

Parti utili Rizomi.

Quando e come utilizzare *Per aumentare l'appetito in caso di anoressia*: infuso, due tazze al giorno, prima dei pasti principali (1).

In caso di dilatazione (meteorismo): infuso, una tazza dopo ogni pasto (2).

Per le infiammazioni bronchiali: inalazione di infuso (1).

PREPARAZIONI
(1) Porre in infusione per 15 minuti 15 g di rizomi secchi in 1 l d'acqua bollente.
(2) Porre in infusione per 10 minuti 30 g di rizomi secchi in 1 l d'acqua bollente.

Iperico

Hypericum perforatum

Famiglia botanica Ipericacee

Per tutto il Medio Evo l'iperico è stato oggetto di numerose superstizioni, soprattutto nell'Europa centrale.

Gli si attribuiva, fra gli altri, il potere di allontanare gli spiriti malvagi, forse perché la pianta, schiacciata fra le dita, emette un succo rosso come il sangue umano.

Descrizione Pianta perenne, che si sviluppa in larghe falde. Taglia da 30 a 80 cm. Fusto cilindrico, rigido, rossastro. Foglie ovali, coperte di piccoli punti traslucidi (donde il nome della pianta). Fiori giallo oro (da giugno a settembre) che avvizziscono molto facilmente diventando color ruggine.
L'iperico cresce nei campi, nei terreni incolti, nei boschi radi dell'Europa temperata.

Proprietà Antisettica, astringente, cicatrizzante, colagoga, stimolante delle funzioni respiratorie, ansiolitica.

Parti utili Foglie, sommità fiorite.

Quando e come utilizzare *Per combattere l'asma*: vino di fiori, due bicchierini da liquore al giorno (1).

Contro le irritazioni dei bronchi: infuso, tre tazze tutti i giorni (2).

Contro le difficoltà respiratorie: due tazze al giorno (2).

Su una scottatura superficiale: impacchi imbevuti di olio di pianta (3).

Su una storta: frizioni leggere all'olio di pianta (3).

Per stimolare l'attività sessuale e calmare le angosce: infuso, una tazza la sera (2).

Contro l'ascaride (per adulti): decotto, cure di 21 giorni, una tazza al mattino a digiuno (4).

PREPARAZIONI

(1) Far macerare 10 giorni in 1 l di vino bianco secco 30 g di sommità fiorite e foglie fresche.
(2) Porre in infusione per 10 minuti 30 g di sommità fiorite fresche in 1 l d'acqua bollente.
(3) Far macerare per 4 giorni in 1 l d'olio d'oliva 500 g di sommità fiorite secche, agitando ogni giorno. Poi scaldare a fuoco lento, in recipiente scoperto, per 3 ore. Filtrare e conservare in bottiglia tappata.
(4) Far bollire per 5 minuti 5 g di sommità fiorite secche in una tazza d'acqua.

Iris gialla

Iris pseudacorus

Famiglia botanica Iridacee

CONTROINDICATA IN AUTOTERAPIA Pianta tossica, soprattutto le radici: uso riservato al medico.

Issopo

Hyssopus officinalis

Famiglia botanica Labiate

Teofrasto, i discepoli di Ippocrate, Dioscoride, Plinio, tutti ne parlano, ma non sappiamo se sia la stessa pianta di cui parliamo noi, in quanto le descrizioni che ne fanno sono molto vaghe. Comunque, nel Medio Evo, santa Ildegarda l'utilizza contro l'emicrania, la raucedine, e la 'lebbra da dissolutezza'. Per sant'Alberto il Grande, nel XIII secolo, l'issopo è una pianta ornamentale; quanto alle sue proprietà medicamentose, sono numerose sia in decotto che in infuso che in suffumigi.

Descrizione Pianta perenne, spesso raggruppata in cespugli fra le rocce, molto apprezzata dalle api. Taglia da 20 a 60 cm. Fusto diritto, ramificato. Foglie grigio-verdi, coriacee, strette, non dentellate. Fiori blu vivo, più raramente violetti, bianchi o rosa (da giugno a settembre). L'issopo cresce nei terreni rocciosi e soleggiati.

Proprietà Antisettica, stimolante, tonica, digestiva, espettorante.

Parti utili Sommità fiorite, foglie.

Quando e come utilizzare *Per evitare le crisi di asma*: infuso, una tazza prima di coricarsi (1).

In caso di tosse ribelle, per la sua azione espettorante: sciroppo, due cucchiai da minestra al giorno (5).

Per assicurare una buona digestione: tintura, 10 gocce in mezzo bicchiere d'acqua zuccherata, dopo un pasto troppo abbondante (3).

Contro il meteorismo intestinale: infuso, una tazza dopo ogni pasto (1).

Per ferite e bernoccoli (contusioni): impacchi di infuso (2).

Per attenuare le occhiaie: impacchi imbevuti di infuso, da tenere 15 minuti sugli occhi (4).

Per ammorbidire la pelle: lozione di infuso (4).

PREPARAZIONI

(1) Porre in infusione per 10 minuti 30 g di sommità fiorite in 1 l d'acqua bollente.
(2) Porre in infusione 10 minuti 100 g di sommità fiorite secche in 1 l d'acqua bollente. ►

▷ (3) Lasciar macerare per tre settimane 30 g di sommità fiorite in 1 l d'alcol a 60 gradi, filtrare. Conservare in bottiglia tappata.
(4) Porre in infusione per 10 minuti 50 g di foglie e di fiori in 1 l d'acqua bollente.
(5) Porre in infusione per 10 minuti 100 g di foglie e di fiori in 1 l d'acqua bollente, spremerne il succo, filtrare. Aggiungere 1 kg e mezzo di zucchero, far cuocere a fuoco lento fino a ottenere uno sciroppo.

ATTENZIONE L'essenza di issopo è molto tossica.

Lamio bianco

Lamium album

Famiglia botanica Labiate

Quasi sconosciuto nell'antichità e nel Medio Evo. Per il dottor Leclerc esso sembra esercitare un benefico influsso sulla circolazione uterina. L'abate Kinzle, nel 1924, mette in rilievo le sue virtù rinfrescanti contro la febbre. Sostiene anche che gli anziani che soffrono di ritenzione di urina trovano immediato sollievo con qualche tazza di tisana. Si consigliava inoltre, per le ferite infiammate, la polvere di pianta secca.

Descrizione Pianta perenne. Somiglia molto all'ortica anche se non irrita la pelle. Taglia da 20 a 40 cm. Fusto quadrato, cavo. Foglie ovali, dentellate, coperte di peluria non orticante. Fiori bianchi (da maggio a settembre) a forma di 'gola di belva'.
Il lamio bianco cresce lungo le siepi, sul bordo delle strade, in vicinanza dell'abitato in tutta Europa tranne che nelle regioni mediterranee.

Proprietà Astringente, tonica, emostatica, risolutiva, vulneraria.

Parti utili Sommità fiorite, foglie, pianta intera.

Quando e come utilizzare *Nelle infiammazioni dolorose della vescica (cistite)*: infuso (2).

In attesa del medico, in caso di sbocchi di sangue o di emorragia uterina: infuso (3).

Contro le emorroidi: infuso, due tazze al giorno (3).

In caso di mestruazioni dolorose o scarse: infuso, due tazze al giorno (4).

Per ammorbidire e rendere splendente la capigliatura: frizione con decotto (1).

PREPARAZIONI

(1) Far bollire per 10 minuti 50 g di pianta intera secca, spezzettata, in 1 l d'acqua.
(2) Porre in infusione per 10 minuti 20 g di fiori secchi in 1 l d'acqua bollente. ►

▷ (3) Porre in infusione per 10 minuti 50 g di fiori e foglie secche in 1 l d'acqua bollente.
(4) Porre in infusione per 10 minuti 20 g di pianta intera secca in 1 l d'acqua bollente.

Lauro ceraso

Prunus laurocerasus

Famiglia botanica Rosacee

CONTROINDICATA IN AUTOTERAPIA Pianta tossica: uso riservato al medico.

Acqua di lauroceraso Preparazione farmaceutica ottenuta dal *prunus laurocerasus*. Non può essere utilizzata se non su prescrizione medica, come stimolante della respirazione e per attenuare gli spasmi. A certe dosi è tossica.

Lavanda officinale

Lavandula officinalis

Famiglia botanica Labiate

Esistono tre tipi di lavanda, tutti dotati di proprietà terapeutiche. Si riconoscono dal profumo. Sono indicate nei casi di inappetenza, disturbi epatici, emicrania, epilessia, nevrastenia. L'abate Kneipp l'usava contro le manifestazioni infettive legate a disturbi digestivi.

Descrizione Pianta molto aromatica che cresce in cespugli in grandi distese. Taglia da 30 a 60 cm. Fusti diritti, sottili, grigio-verdi. Foglie strette, grigio-verdi. Fiori bluvioletti raggruppati in spighe (da giugno ad agosto).
La lavanda cresce nei terreni calcarei, rocciosi e soleggiati dell'Europa mediterranea.

Proprietà Antisettica, sedativa, antispastica, ipotensiva, coleretica, stimolante, diuretica, insetticida.

Parti utili Fiori.

Quando e come utilizzare *Per prevenire le crisi di asma*: infuso, tre tazze al giorno (2).

In caso di infiammazione bronchiale: infuso, tre tazze al giorno (4).

Per combattere le difficoltà respiratorie (asma, enfisema): infuso, due tazze al giorno (7).

Per curare l'acne: lozione a base di aceto, aggiungerne tutte le mattine un cucchiaio all'acqua della toilette (1).

Come stimolante, per combattere la fatica e tonificare: bagno completo a base di infuso concentrato (3).

Per ristabilire un buon equilibrio nervoso: bagno completo a base di infuso concentrato (3).

Per calmare i dolori articolari: frizione all'olio di fiori (8).

Per pulire una ferita superficiale: lavaggio con infuso (6).

Per combattere i pidocchi: frizioni con la lozione a base di aceto (1).

PREPARAZIONI

(1) Lasciar macerare per 10 giorni 100 g di fiori freschi in 1 l di aceto bianco, poi filtrare.
(2) Porre in infusione per 10 minuti 20 g di fiori secchi in 1 l di acqua bollente.
(3) Porre in infusione per 10 minuti 500 g di fiori secchi in 3 l d'acqua bollente, aggiungere all'acqua del bagno.
(4) Porre in infusione per 10 minuti 30 g di fiori secchi in 1 l d'acqua bollente.
(5) Lasciar macerare per 2 settimane, mescolando ogni giorno, 200 g di fiori in 1 l di aceto di alcol, poi filtrare.
(6) Porre in infusione per 10 minuti 60 g di fiori secchi in 1 l d'acqua bollente.
(7) Porre in infusione per 10 minuti 50 g di fiori secchi in 1 l d'acqua bollente.
(8) Far macerare in un ambiente tiepido e luminoso, se possibile al sole, per 3 giorni 40 g di fiori secchi in 1 l d'olio d'oliva, poi filtrare. Conservare al buio in bottiglia tappata.

Lespezeda

Lespezeda capitala

Famiglia botanica Ombrellifere

È una pianta che ha la caratteristica proprietà di accelerare l'eliminazione dell'urea. Da essa derivano numerose specialità farmaceutiche.
La lespezeda è originaria degli Stati Uniti.

Descrizione Piccolo arboscello che raggiunge al massimo 1,20 m di altezza. Foglie composte. Caratteristici fiori biancastri. Frutti: baccelli che contengono un solo seme.

Proprietà Diuretica, antiurica.

Parti utili Fusto, foglie.

Quando e come utilizzare *In tutti i casi di insufficienza urinaria*: macerazione, tre tazze al giorno (1).

Quando il tasso di urea è troppo elevato: infuso, tre tazze al giorno (2).

PREPARAZIONI

(1) Far bollire per 2 minuti e poi macerare per un'ora 10 g di fusti e foglie secche, poi filtrare.
(2) Gettare nell'acqua bollente 5 g di foglie e fusti secchi di lespezeda, 5 g di foglie secche di carciofo, 5 g di arenaria, 5 g di barba di granoturco e 5 g di orthosiphon. Mantenere l'ebollizione 3 o 4 minuti e filtrare.

Lichene d'Islanda

Cetraria islandica

Famiglia botanica Licheni

Il suo nome deriva dal fatto che gli islandesi la consumano abitualmente come alimento. A questo scopo essi la raccolgono nelle giornate piovose, la fanno macerare 24 ore nell'acqua per toglierle l'amaro, la fanno seccare e la riducono in farina. Tuttavia, malgrado il suo nome, non è né un muschio né una pianta propriamente islandese. Costituisce uno dei principali alimenti dei componenti le spedizioni polari ed è stato a lungo considerato come un potente ed efficace ricostituente.

Descrizione È una pianta europea, sconosciuta agli antichi e ai medici del XVI secolo. Espansioni fogliacee di appena qualche centimetro di lunghezza.
Il lichene d'Islanda cresce nelle praterie, nei boschi, in

montagna. Lo si trova anche nelle regioni artiche.

Proprietà Stimolante, antitosse, febbrifuga, vermifuga, antiemetica, antidiarroica, nutritiva.

Parti utili Il tallo.

Quando e come utilizzare *In caso di stanchezza generale e contro il vomito*: decotto, tre tazze al giorno (1).

Contro la tosse ribelle: due tazze al giorno (2).

Contro i parassiti intestinali: tre tazze al giorno (3).

Contro la diarrea: tre cucchiaini al giorno (4).

Contro la tosse cronica: tre tazze al giorno (5).

PREPARAZIONI

(1) Senza lavare la pianta, farne bollire in 1 l d'acqua per 3 o 4 minuti 30 g; lasciar macerare per un'ora.
(2) Far bollire per 3 o 4 minuti in 1 l d'acqua 30 g di lichene d'Islanda, 20 g di capelvenere, lasciar macerare da 40 a 50 minuti. Addolcire con del miele o aggiungere una punta di coltello di polvere di liquirizia.
(3) Mettere nell'acqua bollente 5 g di sommità fiorite secche di artemisia, 5 g di lichene d'Islanda, 5 g di semi secchi di zucca. Lasciar bollire per 3 minuti e macerare per un'ora.
(4) Far bollire per un'ora 30 g di gelatina di lichene secco in 2 l d'acqua. Far evaporare fino alla dose di 1 l. Aggiungere 30 g di zucchero.
(5) Aggiungere a una tisana di fiori di violetta 5 g di gelatina di lichene secco per ogni litro.

ATTENZIONE Il sapore amaro sparisce con due o tre lavaggi preliminari della pianta in acqua fredda oppure con una o due ebollizioni con acqua rinnovata ogni volta.

Licium

Lycium europaeum

Famiglia botanica Solanacee

CONTROINDICATA IN AUTOTERAPIA Pianta tossica, soprattutto le bacche. Uso riservato al medico.

Ligustro

Ligustrum vulgare

Famiglia botanica Oleacee

CONTROINDICATA IN AUTOTERAPIA Pianta tossica il cui uso è riservato al medico.

Lino

Linum usitatissimum

Famiglia botanica Linacee

Era coltivato anche in epoca preistorica, sia per la sua fibra che per i suoi semi commestibili. Veniva filato, tessuto e tinto. Nel V secolo a.C. la sua coltivazione era molto diffusa in Egitto. Se ne parla molto spesso anche nella Bibbia.
I discepoli di Ippocrate ne usavano i semi contro i dolori addominali e la diarrea e ne facevano degli impacchi emollienti.
Teofrasto, nel IV secolo a.C., raccomandava la sua mucillagine contro la tosse. Nel Medio Evo sia i semi sia le fibre erano usati come lassativo.
Nei secoli XV e XVI l'olio di lino viene usato, nella pratica medica, più delle altre preparazioni.

Descrizione Pianta annuale. Taglia da 40 a 70 cm. Foglie sparse, verde glauco, diritte, appuntite. Fiori blu, ascellari o terminali (giugno-luglio). Semi luccicanti chiusi in una capsula globulosa.

Proprietà Leggermente lassativa, vermifuga, antinfiammatoria cutanea, antiflogistica.

Parti utili Semi.

Come e quando utilizzare *Contro la costipazione*: decotto, due tazze al giorno (1).

Nelle gastriti, enteriti, eccetera: macerazione, tre tazze al giorno (2).

Per lenire certe irritazioni cutanee: un'applicazione, mattino e sera (3).

Per calmare la tosse (sotto controllo medico): impacchi (4).

PREPARAZIONI

(1) Far bollire per qualche minuto 10 g di semi secchi in 1 l d'acqua. Filtrare e usare in giornata.
(2) Far bollire 3 o 4 minuti e poi lasciar macerare per un'ora 4 g di semi secchi di lino, 5 g di fiori secchi di malva, 4 g di liquirizia. Filtrare e usare in giornata.
(3) Fare un decotto di 20 g di semi secchi per ogni litro d'acqua; usarlo per applicazioni esterne.
(4) Acquistare in farmacia impacchi già pronti di farina di lino.

Liquirizia

Glycyrrhiza glabra

Famiglia botanica Leguminose

Gli antichi Egiziani la usavano già contro il catarro. Santa Ildegarda la raccomandava contro il mal di cuore. Oggi il succo di liquirizia viene usato per la raucedine, per calmare la tosse, facilitare l'espettorazione e combattere l'acidità gastrica.
In tutt'altro campo il succo di liquirizia, che fornisce una tintura bruno-scura, serve per la tintura ad acqua ed entra nella composizione di un inchiostro di china scuro, molto diffuso.
È una pianta che deve essere usata con prudenza. Il suo uso prolugato è nefasto poiché provoca ipertensione arteriosa e complicazioni cardiovascolari.

Descrizione Pianta perenne, conosciuta da tempi molto antichi per le sue proprietà medicinali. Taglia da 0,40 a 2 m. Fusto diritto, robusto, cavo e striato. Foglie ovali, verde chiaro; fiori di un blu violetto chiaro, talvolta macchiati di bianco (giugno-luglio). Grosse radici gialle all'interno.
La liquirizia cresce sugli altopiani calcarei, nei terreni aridi, nei boschi radi dell'Europa meridionale.

Proprietà Antispastica, pettorale, tonica, digestiva, diuretica, depurativa, antinfiammatoria, cicatrizzante.

Parti utili Radici (legno di liquirizia).

Quando e come utilizzare *Per combattere l'aerofagia*: macerazione, da bere fredda, tre tazze al giorno (1).

Contro i dolori gastrici: decotto, due tazze al giorno (1).

Contro la tosse: macerazione, tre tazze al giorno nell'intervallo fra i pasti (2).

Per curare la congiuntivite e le infiammazioni oculari: bagni oculari con infuso (3).

Per una buona igiene orale: sciacqui con decotto (4).

Contro la flatulenza: sciacqui orali con vino di radici (5).

Come antispastico: macerazione, due tazze al giorno (1).

PREPARAZIONI

(1) Far bollire per 5 minuti 50 g di radici secche in 1 l d'acqua, lasciar macerare per 12 ore, poi filtrare.
(2) Lasciar macerare per 12 ore 40 g di radici secche spezzettate in 1 l d'acqua fredda.
(3) Porre in infusione per 45 minuti 80 g di radici secche spezzettate in 1 l d'acqua bollente. Filtrare accuratamente e poi di nuovo attraverso una garza sterile.
(4) Far bollire per 5 minuti 200 g di radici secche in 1 l d'acqua.
(5) Lasciar macerare per una settimana in 1 l di vino bianco 100 g di radici secche finemente spezzettate.

ATTENZIONE Non prolungare la cura oltre i 20 giorni, salvo indicazione medica contraria.
La liquirizia può migliorare notevolmente il sapore di alcune tisane altrimenti un po' sgradevoli.

Luppolo

Humulus lupulus

Famiglia botanica Cannabacee

Fra gli antichi solo Plinio ne parla e soltanto come di una verdura di fantasia. Sembra sia stato usato per la fabbricazione della birra già dall'XI secolo e santa Ildegarda ne parla, cent'anni dopo, come di un rimedio alla malinconia. In Inghilterra era considerata una pianta pericolosa e il suo impiego per la fabbricazione della birra fu vietato fino al XV e XVI secolo. Non così in Polonia e in Germania, paesi dove la sua coltivazione era molto diffusa. I medici, in quel periodo, inseriscono il luppolo in numerose terapie facendone frequente uso.

Descrizione Pianta rampicante perenne, che si aggrappa agli alberi torcendosi nel senso delle lancette di un orologio. Taglia da 5 a 7 m. Fusto munito di asperità che gli permettono di aggrapparsi ai supporti. Foglie verde chiaro, molto divise, simili a quelle della vite. Fiori gialli (giugno-luglio) a forma di piccoli coni ovoidali. Il luppolo cresce allo stato selvatico nei boschi umidi e lungo le siepi nell'Europa temperata del Nord.

Proprietà Sedativa, antispastica, stomachica.

Parti utili Fiori femmina (coni).

Quando e come utilizzare *Per combattere l'anoressia e stimolare l'appetito*: infuso, una tazza prima dei pasti (1).

Per garantire una buona digestione: decotto, due tazze al giorno (2).

Contro l'eccessivo nervosismo: infuso, due tazze al giorno (3).

Contro l'insonnia: decotto, una tazza alla sera prima di coricarsi (4) oppure bagno di infuso concentrato (5).

PREPARAZIONI

(1) Porre in infusione per 10 minuti 20 g di fiori femminili secchi in 1 l d'acqua bollente.
(2) Far bollire per 5 minuti 15 g di fiori femminili secchi in 1 l d'acqua, poi filtrare.
(3) Porre in infusione per 10 minuti 30 g di fiori femminili secchi in 1 l d'acqua bollente.
(4) Far bollire per 5 minuti 30 g di fiori femminili secchi in 1 l d'acqua, poi filtrare.
(5) Porre in infusione per 10 minuti 200 g di fiori femminili secchi in 3 l d'acqua, poi filtrare. Aggiungere all'acqua del bagno.

Maggiorana

Origanum majorana

Famiglia botanica Labiate

Sembra sia stata molto coltivata nell'antico Egitto. Era chiamata la pianta di Osiride; presso i Greci e i Romani era utilizzata sia come pianta aromatica sia come elemento decorativo delle corone. Ne veniva anche ricavata una pomata o una essenza per 'raffreddare' e rilassare i nervi.
Nel XVI secolo le donne apprezzavano moltissimo il suo profumo e lo coltivavano sia in vaso sia in terra. A quell'epoca si pensava fosse una pianta efficace contro le malattie di petto.

Descrizione Pianta perenne dal gradevole profumo. Taglia 30 cm circa. Foglie piccole, opposte, stoppose, dal profumo aromatico. Fiori piccoli, bianchi o rosa. Spighe terminali.
La maggiorana è originaria del Sud dell'Europa. Predilige i terreni aridi, leggeri, esposti al caldo.

Proprietà Stimolante aromatica, antispastica, sedativa, espettorante, diuretica, sudorifera.

Parti utili Sommità fiorite.

Quando e come utilizzare *Come stimolante dell'appetito dopo una malattia dell'apparato digerente o dopo una influenza o nelle persone anziane*: due tazze al giorno (1).

In caso di insonnia: una tazza, al momento di coricarsi (2).

In caso di raffreddore da fieno, di mal di testa: aspirazioni nasali tre o quattro volte al giorno (4).

In caso di infreddatura: tre tazze al giorno, con miele (3).

Contro i dolori reumatici: una frizione locale, mattino e sera (5), di preferenza dopo un bagno caldo alle alghe.

PREPARAZIONI

(1) Far bollire per qualche minuto, in una pentola smaltata ben chiusa 40 g di sommità fiorite secche in 1 l d'acqua. Lasciar macerare per 2 o 3 ore. ►

▷ (2) Far bollire per qualche minuto in 1 l d'acqua 5 g di sommità fiorite secche e 5 g di valeriana (facoltativa).
(3) Gettare nell'acqua bollente 40 g di sommità fiorite secche di maggiorana, 5 g di tussilagine, 5 g di strobili secchi di cipresso.
(4) Succo fresco (un bicchierino da liquore) ottenuto con la centrifuga sulla base di circa 150 g di maggiorana fresca.
(5) Far cuocere a bagnomaria bollente per un'ora 100 g di sommità fiorite fresche in mezzo litro di olio.

ATTENZIONE A dosi leggere la maggiorana è sedativa; a forti dosi, tonificante; a dosi eccessive, pericolosa.

Malva

Malva sylvestris

Famiglia botanica Malvacee

La malva è antico ortaggio e antico medicamento. I pitagorici la consideravano una pianta simbolica e sacra a motivo dell'orientamento dei suoi fiori verso il sole. Pensavano fosse capace di temperare le passioni e di procurare la libertà dello spirito. Come ortaggio era coltivata sia in Grecia sia in Italia: Cicerone e Orazio ne parlano come di un cibo ricercato, Orazio diceva di nutrirsi di olive, di cicoria e di malva, Cicerone addirittura di farne delle indigestioni.
Più tardi la malva faceva parte delle piante coltivate per legge nei dominii imperiali di Carlo Magno e di Luigi il Bonario. Santa Ildegarda, naturalmente, ne fa uso: contro il mal di testa, la sonnolenza, le malattie dei reni e come contravveleno.

Descrizione Pianta biennale, cugina dell'altea e della malvarosa. Taglia da 30 cm a 1,50 m. Fusto in parte diritto, vellutato. Foglie larghe, arrotondate, vellutate. Grandi fiori di un bel rosa violetto venato di rosso (da maggio ad agosto).
La malva cresce nei prati, nei campi, nei terreni coltivati ben concimati in tutta l'Europa temperata, tranne che nelle regioni mediterranee.

Proprietà Emolliente, antitosse, lassativa.

Parti utili Fiori, foglie, radici.

Quando e come utilizzare *Per curare le afte*: spennellate con decotto (1).

Per combattere le crisi di asma: inalazioni da farsi con il decotto (2).

In caso di infiammazione dei bronchi, di catarro, di tosse ribelle: decotto, due tazze al giorno (3).

Contro le infiammazioni della faringe: gargarismi, quattro volte al giorno, con infuso (4).

Per calmare l'eccesso di nervosismo: infuso (4).

Come sedativo: bagno completo a base di infuso concentrato (5).

Per l'igiene orale: sciacqui orali con decotto (6).

Contro le emorroidi: decotto, due tazze da bersi ogni giorno (7).

Come lassativo, contro la costipazione: infuso, tre tazze al giorno (4).

Contro la couperose: impacchi imbevuti di decotto (8).

PREPARAZIONI

(1) Far bollire per 20 minuti 50 g di fiori secchi in 1 l d'acqua.
(2) Far bollire per 10 minuti 50 g di fiori e foglie secche in 1 l d'acqua.
(3) Far bollire per 10 minuti 15 g di fiori secchi in 1 l d'acqua, poi filtrare.
(4) Porre in infusione per 20 minuti 40 g di foglie e fiori secchi in 1 l d'acqua bollente.
(5) Porre in infusione per 15 minuti 200 g di foglie fresche in 3 l d'acqua, aggiungere all'acqua del bagno.
(6) Far bollire fino a ridurre a un terzo 20 g di radici secche in 1 l d'acqua.
(7) far bollire 5 minuti poi lasciare in infusione per 10 minuti 30 g di fiori e foglie secche in 1 l d'acqua.
(8) Far bollire per 15 minuti 40 g di foglie fresche in 1 l d'acqua.

Mandragola

Mandragora officinarum

Famiglia botanica Solanacee

CONTROINDICATA IN AUTOTERAPIA Pianta tossica: uso riservato al medico.

Marrubio bianco

Marrubium vulgare

Famiglia botanica Labiate

Questa pianta era già usata nell'antico Egitto, ma allora era chiamata grano di Horus. Veniva adoperata contro le malattie respiratorie. Più tardi Dioscoride, pur riconoscendogli le stesse proprietà, lo giudicò nocivo per i reni e la vescica. Durante il Medio Evo venne adottata per curare i catarri cronici, la tosse, la tisi e le malattie del fegato. Nei secoli XVI e XVII furono constatati numerosi casi di guarigione dall'ittero ottenuta con l'aiuto del marrubio e questi risultati fecero diventare questa pianta una fra le più apprezzate.

Descrizione Pianta perenne dall'odore penetrante e molto particolare. Taglia da 30 a 80 cm. Fusto diritto. Foglie arrotondate, molto grinzose, cotonose e rugose. Fiori bianchi a corolla (da maggio a settembre).
Il marrubio bianco cresce nei terreni abbandonati, nei fossati, ai bordi delle strade nel mezzogiorno e nei terreni soleggiati e riparati.

Proprietà Espettorante, stomachica, tonica, antisettica, febbrifuga, sedativa.

Parti utili Foglie, sommità fiorite.

Quando e come utilizzare *Per stimolare l'appetito (effetto aperitivo)*: macerazione nel vino, un bicchierino prima di ciascun pasto (1).

In caso di difficoltà respiratorie (enfisema): vino di pianta, un bicchiere da vino prima di ciascun pasto (2) oppure decotto (5).

Per prevenire le crisi di asma: infuso, una tazza prima di coricarsi (3).

In caso di bronchite e di irritazione dei bronchi: infuso, tre tazze al giorno in cure di tre settimane (3).

Per far abbassare una forte febbre: infuso, tre grandi tazze nella giornata (4).

Per il suo effetto depurativo: infuso (3).

In caso di mestruazioni dolorose: decotto, due tazze al giorno, prima e durante le mestruazioni (5).

Per garantire un buon sonno: infuso, una tazza al momento di coricarsi (3).

PREPARAZIONI

(1) Far macerare per due settimane 50 g di sommità fiorite e foglie secche in 1 l di vino bianco, filtrare. Conservare in bottiglia tappata.
(2) Far macerare per 10 giorni 50 g di fiori e foglie secche in 1 l di vino dolce naturale. Filtrare.
(3) Porre in infusione per 10 minuti 30 g di sommità fiorite secche in 1 l d'acqua bollente.
(4) Porre in infusione per 10 minuti 40 g di sommità fiorite secche in 1 l d'acqua bollente.
(5) Far bollire per 5 minuti poi lasciare in infusione per 10 minuti 20 g di sommità fiorite secche in 1 l d'acqua.

Mate

Ilex paraguariensis

Famiglia botanica Ilicacee

Viene chiamato anche 'tè dei gesuiti' perché, sebbene gli Indios dell'America del Sud lo usassero già da molto tempo, fu introdotto in Europa soltanto dai gesuiti nel XVI secolo. Originario dell'America latina (Argentina, Brasile, Uruguay, Paraguay), è sempre molto popolare in quei paesi ed il suo consumo vi è molto diffuso.

Descrizione Specie di agrifoglio, di altezza fra 3 e 4 m, che popola intere foreste.

Proprietà Digestiva, stimolante, emetica (a forte concentrazione).

Parti utili Foglie.

Quando e come utilizzare *Per sostituire tè o caffè*: due tazze al giorno (1).

In caso di esaurimento nervoso: tre tazze al giorno (1).

PREPARAZIONI

(1) Gettare in 1 l di acqua calda 10 g di foglie secche. Far bollire per 10 minuti.

Matricaria (Camomilla tedesca)

Matricaria recutita

Famiglia botanica Composite

È chiamata anche 'piccola camomilla'. Un secolo prima di Cristo, Asclepiade ne faceva già l'infuso. Dioscoride in seguito la raccomanda, sempre in infuso, come diuretico. Nel secolo seguente Galeno la usa contro gli indolenzimenti, le febbri non infiammatorie e i dolori. Sembra che nel XII secolo santa Ildegarda l'abbia utilizzata chiamandola 'febrifuga'. A partire dal XV secolo di questa pianta si conosce e si usa anche l'olio essenziale.

Descrizione Pianta biennale. Taglia da 60 a 80 cm. Foglie alterne, picciolate, verde-cenere. Fiori in corimbi (giugno-agosto), tubolosi e gialli al centro, provvisti di ligula bianca quelli esterni.
La matricaria è originaria dell'Europa. Cresce in tutti i terreni soleggiati e non troppo umidi.

Proprietà Stimolante, digestiva, emmenagoga, antispastica, antielmintica, febbrifuga.

Parti utili Sommità fiorite.

Quando e come utilizzare *Per stimolare l'appetito e in caso di stanchezza generale*: una tazza prima dei pasti principali (1); bagno fresco (5).

In caso di dolori per ritardo delle mestruazioni: tre tazze al giorno, lontano dai pasti (2); bagni tiepidi (5).

Contro gli ossiuri e gli ascaridi (parassitosi intestinale): una tazza al mattino a digiuno, una tazza al momento di coricarsi 3 giorni prima e 3 giorni dopo il primo quarto di luna (4).

PREPARAZIONI

(1) Far bollire per 3 minuti e lasciar macerare per 5 minuti 5 g di sommità fiorite secche in 1 l d'acqua.
(2) Far bollire per 3 minuti e poi macerare per 15 minuti 5 g di sommità fiorite secche di matricaria e 10 g di fiori secchi di artemisia.
(3) Far bollire per 3 minuti in 1 l d'acqua 5 g di sommità fiorite secche di matricaria, 5 g di radici secche di valeriana, 5 g di pianta secca di passiflora. Lasciar macerare per un'ora.
(4) Far bollire per 3 minuti e poi lasciar macerare per un'ora 5 g di sommità fiorite secche di matricaria, 5 g di lichene d'Islanda, 5 g di fiori secchi di tanaceto.
(5) In un bagno completo mettere 30 g di sommità fiorite secche. Il bagno fresco è stimolante, quello tiepido antispastico.

ATTENZIONE Il profumo della matricaria allontana le api, quindi protegge dalle loro punture.

Meliloto

Melilotus officinalis

Famiglia botanica Leguminose

Se ne trova abbondantemente nei campi, nelle vigne, soprattutto in terreni calcarei e leggermente salati. È una pianta che fiorisce tutta l'estate e vive due anni. Poiché non cresce né in Grecia né nell'Italia meridionale, probabilmente gli antichi non la conoscevano.

Descrizione Pianta da foraggio biennale, affine al trifoglio, dai fiori profumati. Taglia da 0,30 a 1 m. Fusto diritto. Foglie ovali, dentellate. Piccoli fiori gialli in grappoli, piccoli frutti ovoidali (da giugno a settembre).
Il meliloto cresce nei campi, nelle vigne, nei terreni abbandonati in tutta l'Europa temperata.

Proprietà Antispastica, astringente, diuretica, antinfiammatoria, sedativa, attivatrice della circolazione venosa.

Parti utili Sommità fiorite.

Quando e come utilizzare *Per curare la blefarite e le irritazioni dell'occhio*: lavaggi delle palpebre con infuso (1).

In caso di bronchite: infuso, tre tazze al giorno (1).

Per calmare gli eccessi di nervosismo: infuso, due tazze al giorno (2).

Come revulsivo contro le nevralgie: impacchi imbevuti di infuso concentrato (3).

Per garantire un buon sonno: infuso, una tazza al momento di coricarsi (2).

PREPARAZIONI

(1) Lasciare in infusione per 10 minuti 100 g di sommità fiorite secche in 1 l di acqua bollente. Filtrare accuratamente e utilizzare in giornata.
(2) Lasciare in infusione per 20 minuti 30 g di sommità fiorite secche in 1 l di acqua bollente.
(3) Lasciare in infusione per 20 minuti in 1 l di acqua bollente 200 g di sommità fiorite secche, poi filtrare.

Melissa

Melissa officinalis

Famiglia botanica Labiate

Fu coltivata dai tempi più antichi come pianta medicinale. Intorno al 960 gli Arabi la coltivavano in Spagna e tutto lascia supporre che siano stati i monaci Benedettini a introdurla al nord delle Alpi. Fra tutte le proprietà che si attribuiscono a questa pianta è curioso constatare come non ci sia quella antispastica e stimolante che essi rilevavano. I medici arabi dell'Alto Medioevo, per primi, l'hanno esaltata come 'cordiale'. Aveva la fama di dare allegria, aiutare la digestione, calmare le palpitazioni, scacciare le preoccupazioni e dissipare l'ansia.

Descrizione Pianta perenne, mellifera, il cui profumo dal sentore di limone si trasforma col tempo in un odore sgradevole di cimice schiacciata. Taglia da 20 a 80 cm. Fusto diritto e striato. Foglie verde intenso, ovali, dentellate. Fiori gialli, rosa o bianchi (da giugno a settembre). La melissa cresce lungo le siepi, nei terreni incolti e fra le rovine nell'Europa meridionale.

Proprietà Antispastica, stomachica, sedativa, tonica, carminativa.

Parti utili Fusti, foglie, fiori.

Quando e come utilizzare *Per ronzii e fischi (acufene) alle orecchie*: infuso, una tazza al giorno dopo i pasti (1).

Per prevenire le crisi di asma: vino di pianta, un bicchierino da liquore 2 volte al giorno (2).

Per combattere le difficoltà respiratorie: infuso, due tazze al giorno (3).

Come sedativo: bagno a base di infuso concentrato (4).

Per favorire il sonno: infuso, una tazza al momento di coricarsi (5).

Per calmare la nausea dovuta a indigestione: infuso (1).

Per i dolori gastrici: infuso, una tazza dopo i pasti (3).

Per migliorare la funzione della memoria: infuso, in cure di 8 giorni al mese per 4 mesi (6).

Sulle punture di vespa o di ape: strofinare la puntura con foglie fresche (dopo aver tolto l'eventuale pungiglione).

PREPARAZIONI

(1) Porre in infusione per 10 minuti in recipiente coperto 60 g di fusti e foglie in 1 l d'acqua bollente, poi filtrare.
(2) Far macerare per 2 giorni 50 g di pianta in 1 l di vino bianco secco.
(3) Porre in infusione per 10 minuti 50 g di fusti e foglie in 1 l d'acqua bollente, poi filtrare.
(4) Porre in infusione per 10 minuti 350 g di foglie in 3 l d'acqua bollente. Filtrare e aggiungere all'acqua del bagno.
(5) Porre in infusione per 10 minuti 20 g di fusti e fiori in 1 l d'acqua bollente, poi filtrare.
(6) Porre in infusione per 10 minuti 30 g di sommità fiorite e foglie in 1 l d'acqua bollente, poi filtrare.

ATTENZIONE È preferibile usare la melissa fresca.

Menta

Mentha spp.

Famiglia botanica Labiate

Tanto è facile riconoscere le mente per il loro profumo caratteristico, altrettanto è difficile distinguerle l'una dall'altra perché ne esistono numerose specie intermedie. La menta puleggio avrebbe il pregio di allontanare le pulci. La menta piperita è la pianta medicinale per eccellenza. Probabilmente non se ne ebbe notizia fino al XVIII secolo. Se ne estrae il mentolo, che è un eccellente antisettico e analgesico.
La menta verde, quella che si trova più frequentemente nei giardini è, fra tutte, la più balsamica.

Descrizione Pianta perenne. Ne esistono numerose specie difficili a distinguersi l'una dall'altra a causa dei numerosi ibridi nati dall'incrocio di diverse specie. Tutte, però, hanno in comune il loro caratteristico profumo. Le loro proprietà medicinali sono identiche. Le specie usate più frequentemente sono: la menta piperita (*Mentha piperita*), la menta puleggio (*Mentha pulegium*) e la menta verde (*Mentha viridis*).
Le mente prosperano in tutta Europa, soprattutto nel bacino mediterraneo.

Proprietà Tonica, stimolante, antispastica, digestiva, carminativa, analgesica.

Parti utili Foglie, sommità fiorite.

Quando e come utilizzare *Contro il mal di testa*: infuso di menta piperita (1).

Contro l'emicrania: infuso di menta selvatica (2).

Contro le contratture muscolari e gli spasmi: infuso di menta piperita, due tazze al giorno (1).

Per calmare le palpitazioni: infuso di menta piperita (3).

In caso di crisi di nervi: infuso di menta selvatica (2).

Contro il singhiozzo: infuso di menta selvatica (2).

In caso di nausea: infuso di menta piperita (1).

Contro il meteorismo: infuso di menta piperita (4).

Per stimolare l'attività sessuale: infuso di menta piperita, una tazza al momento di coricarsi (1).

Contro raffreddore e angina: inalazione di infuso di menta piperita (6).

Per la cura del viso in caso di pelle grassa: lozione-infuso (5).

PREPARAZIONI

(1) Porre in infusione per 10 minuti 25 g di foglie e sommità fiorite fresche o secche di menta piperita in 1 l d'acqua bollente.
(2) Porre in infusione per 10 minuti 10 g di foglie secche di menta selvatica in una tazza d'acqua bollente.
(3) Porre in infusione per 10 minuti 40 g di foglie fresche di menta piperita in 1 l d'acqua bollente.
(4) Porre in infusione per 10 minuti 50 g di foglie secche di menta piperita in 1 l d'acqua bollente.
(5) Porre in infusione per 10 minuti 50 g di foglie e sommità fiorite fresche o secche di menta piperita in 1 l d'acqua bollente.
(6) Porre in infusione per 10 minuti 45 g di fiori freschi o secchi di menta piperita in 1 l d'acqua bollente.

Mercorella

Mercurialis annua

Famiglia botanica Euforbiacee

CONTROINDICATA IN AUTOTERAPIA La pianta presenta una certa tossicità: uso riservato al medico.

Migliarino (Litospermo)

Lithospermum officinale

Famiglia botanica Borraginacee

Sono ancora una volta Dioscoride e Plinio a raccomandarlo, contro i calcoli renali. Nel 1650, però, il celebre medico Bauhin ridimensiona i suoi pregi.

Attualmente si deve soprattutto mettere in evidenza un'altra proprietà di questa pianta: essa esercita un'azione inibitrice sulla secrezione degli ormoni femminili. È quindi una pianta utile nel trattamento dei disturbi della menopausa.

Descrizione Pianta perenne, conosciuta anche sotto il nome di 'erba delle perle'. Taglia da 30 a 80 cm. Fusto diritto, cilindrico. Foglie alterne. Fiori bianco-verdastri (estate).
Il migliarino cresce ai bordi delle strade e al limitare di boschi e pascoli.

Proprietà Diuretica, scioglie i calcoli renali, facilita le contrazioni dell'utero.

Parti utili Semi e pianta intera.

Come e quando utilizzare *In caso di difficoltà a urinare e in periodo di menopausa*: tre tazze lontano dai pasti (1).

In caso di calcoli ai reni o alla vescica: a piccole dosi, lungo la giornata (2).

All'approssimarsi del parto: un bicchiere mattino e sera (3).

PREPARAZIONI

(1) Fare un decotto con 30-45 g di pianta intera secca.
(2) Triturare 15 g di semi con 30 g di zucchero. Versarvi sopra lentamente 500 g di infuso di fiori di malva (20 g per litro).
(3) Mettere 8 g di polvere di semi in un bicchiere di latte.

Mirtillo rosso

Vaccinium vitis idaea

Famiglia botanica Ericacee

Questa pianta, che non cresce in Grecia, probabilmente era sconosciuta agli antichi. L'abbadessa santa Ildegarda (XII secolo) la raccomandava come emmenagoga. Stranamente i botanici e i grandi fitoterapeuti del XVI secolo la ignorarono completamente. Fu la tradizione po-

polare a tramandarci le proprietà terapeutiche, ancora oggi apprezzate, del mirtillo. L'americano Allen, con un estratto ricavatone dalle foglie, ottenne un'azione ipoglicemizzante e la chiamò 'insulina vegetale'. Secondo noi questo presunto effetto è molto relativo e va giudicato con la massima prudenza. Vi sono però altri estratti, ricavati dalle bacche di mirtillo, la cui azione antisettica intestinale non ha bisogno di dimostrazioni.
Noi chiamiamo il mirtillo 'velluto dell'intestino'.

Descrizione Pianta perenne dai caratteristici frutti. Taglia da 20 a 50 cm. fusto coricato, rotondo, a rami rialzati. Foglie persistenti, lucenti, dure, verdi nella pagina superiore e più chiare in quella inferiore. Fiori biancorosa (da maggio a luglio), in grappoli terminali penduli. Frutti (bacche) simili a piccole ciliegie.
Il mirtillo cresce in montagna, nelle lande e nelle foreste di tutta Europa, a eccezione delle regioni mediterranee.

Proprietà Anticolibacillica, antidiabetica, antisettica, astringente.

Parti utili Foglie, frutti, pianta intera.

Quando e come utilizzare *Come diuretico e antisettico in caso di infiammazione dolorosa della vescica*: decotto, quattro tazze al giorno (1).

Come sudorifico, nelle crisi di gotta: decotto, tre tazze al giorno (1).

Contro i dolori reumatici: decotto, cure di 10 giorni, 2 tazze al giorno (1).

PREPARAZIONI
(1) Far bollire per 5 minuti e poi lasciare in infusione per altri 10 minuti 30 g di pianta intera in 1 l d'acqua.

Mirto

Myrtus communis

Famiglia botanica Mirtacee

Sacro presso i Persiani, amato dagli Egiziani, popolare presso gli Ebrei che gli attribuivano una importante funzione nei loro riti, il mirto era il simbolo della giovinezza, della bellezza, della verginità (da cui l'usanza della corona di mirto per le giovani spose), dell'amore, dell'immortalità.
Il grande Dioscoride e Plinio ne indicano le numerose applicazioni mediche, segno che già gli antichi avevano, sia pur vagamente, intuito la proprietà antisettica di questa pianta.
In qualche regione meridionale, a Napoli per esempio, le foglie servivano alla concia del cuoio.
Con il legno di mirto si fanno bastoni da passeggio, talvolta anche mobilia.

Descrizione Arbusto sempreverde. Taglia da 2 a 3 m. Tronco molto ramificato, corteccia liscia. Foglie molto aromatiche oblunghe e appuntite, robuste, verde scuro brillante in ogni stagione. Fiori bianchi e profumati (maggio-agosto). Bacche nero-bluastre.
Il mirto cresce nelle macchie e sugli altopiani calcarei dell'Europa mediterranea.

Proprietà Antisettica, astringente, sedativa, espettorante.

Parti utili Foglie, fiori, frutti.

Quando e come utilizzare *Contro la bronchite*: decotto, un bicchierino da liquore ogni 2 ore (1).

Contro la tosse: sciroppo, tre cucchiai da minestra al giorno (2).

Contro il raffreddore: sciroppo, tre cucchiai da minestra al giorno (2).

In caso di sinusite: inalazioni con infuso, da farsi tre volte al giorno (3).

Contro i dolori dovuti a ecchimosi: impacchi imbevuti di infuso (4).

Per ritrovare l'equilibrio dopo uno shock nervoso: fare un bagno completo a base di infuso concentrato (5).

Contro le emorroidi: infuso, due tazze al giorno (4).

Contro l'alito cattivo: sciacqui orali con decotto (6).

PREPARAZIONI

(1) Far bollire 5 minuti 30 g di foglie secche in 1 l d'acqua, poi filtrare.
(2) Porre in infusione per 10 ore 70 g di foglie secche in 1 l d'acqua bollente, filtrare. Aggiungere mezzo chilo di zucchero, lasciar cuocere a fuoco lento, mescolando continuamente, fino a ottenere uno sciroppo.
(3) Porre in infusione per 20 minuti 50 g di foglie secche in 1 l d'acqua bollente.
(4) Porre in infusione per 20 minuti 25 g di foglie secche in 1 l d'acqua bollente.
(5) Porre in infusione per 10 minuti 150 g di foglie e fiori secchi in 3 l d'acqua, filtrare. Aggiungere all'acqua del bagno.
(6) Far bollire per 5 minuti 20 g di foglie secche in 1 l d'acqua, poi filtrare.

Mordigallina

Anagallis arvensis

Famiglia botanica Primulacee

CONTROINDICATA IN AUTOTERAPIA Pianta tossica il cui uso è riservato al medico.

Morella

Solanum nigrum

Famiglia botanica Solanacee

CONTROINDICATA IN AUTOTERAPIA Pianta tossica: uso riservato al medico.

Mughetto

Convallaria maialis

Famiglia botanica Liliacee

CONTROINDICATA IN AUTOTERAPIA Pianta che, a certe dosi, può essere tossica.
Uso riservato al medico.

Muschio di Corsica

Alsidium elminthocorton

Alghe

Alga marina che forma dei piccoli ciuffi brunastri. Cresce sulle rocce in Corsica, in Sardegna e in Sicilia.

Proprietà Vermifuga, dimagrante.

Parti utili La pianta intera.

Quando e come utilizzare *Contro gli ossiuri e gli ascaridi, nei bambini*: un bicchiere, mattino e sera (1).

Come coadiuvante nei trattamenti dimagranti: due tazze al giorno, lontano dai pasti (2).

PREPARAZIONI

(1) Fare un decotto con 10 g di pianta secca in 200 g d'acqua.
(2) Porre in infusione in 1 l d'acqua bollente 5 g di pianta secca di muschio di Corsica, 5 g di regina dei prati, 5 g di orthosiphon, 5 g di quercia marina, 5 g di carciofo, 5 g di equiseto. Filtrare.

N

Narciso

Narcissus pseudo-narcissus

Famiglia botanica Amarillidacee

Controindicata in autoterapia Pianta tossica: uso riservato al medico.

Ninfea

Nymphaea alba

Famiglia botanica Ninfeacee

La ninfea bianca e la ninfea gialla sono dei bellissimi fiori che sbocciano sulla superficie di stagni e acque calme in genere. La ninfea bianca si apre alle 7 del mattino e si richiude verso le 16. Non contiene nettare. Poiché 'ninfe' erano chiamate le divinità delle acque, il nome latino di *nymphaea* si addice perfettamente a questo superbo fiore acquatico; il nome nenufaro, così viene anche chiamata, è mutuato dall'arabo. Nell'antichità e presso i medici arabi del Medio Evo la ninfea aveva fama di potente anafrodisiaco. La ninfea gialla è diffusa in Francia e in tutto l'emisfero boreale. I suoi fiori molto profumati si schiudono per tutta l'estate.

Descrizione Pianta acquatica che si sviluppa a pelo d'acqua ad eccezione dei fiori, che ne emergono. Foglie molto grandi, molto picciolate, spesse, carnose, a forma di cuore, che aumentano di misura quando sopravviene il caldo estivo e spariscono in autunno. Fiori bianchi, grandi, solitari. Frutti: capsule che assomigliano a quelle del papavero e contengono abbondanti semi.
La ninfea cresce sulla superficie degli stagni.

Proprietà Calmante, sedativa, antispastica, anafrodisiaca.

Parti utili Foglie, rizomi.

Quando e come utilizzare *Come sedativo nervoso, soprattutto per calmare le intemperanze di carattere sessuale*: decotto, una tazza prima dei tre pasti principali (1).

Per migliorare la qualità del sonno e calmare l'ansia: infuso, una tazza alle 18 e una al momento di coricarsi (2).

Per abbellire la capigliatura: applicazioni di pomata prima dello shampoo, una volta alla settimana (3).

PREPARAZIONI

(1) Far bollire per 20 minuti 30 g di rizomi in 1 l d'acqua. Aromatizzare con acqua di fiori d'arancio (10 gocce per tazza).
(2) Porre in infusione per 30 minuti 5 g di fiori per ogni tazza di acqua bollente.
(3) Far cuocere per circa un'ora e mezza, a fuoco lento, 30 g di rizomi. Filtrare attraverso una tela sottile.

Noce

Juglans regia

Famiglia botanica Juglandacee

Esisteva già in Provenza nell'era quaternaria. Per Dioscoride la noce è nociva allo stomaco, è foriera di mal di testa, però scaccia il verme solitario.
Forse è per quest'ultima sua caratteristica che Carlo Magno ordinò di piantare dei noci nei suoi domini. Santa Ildegarda raccomandava di usarne la corteccia e il gheriglio contro i vermi, il mallo contro le lacrimazioni e le foglie contro la tenia, la gotta e la lebbra.
La materia colorante delle foglie, del mallo, e della corteccia giovane, danno ai tessuti, ai cuoi e al legno un caratteristico colore bruno. Si pensa che le foglie fresche scaccino gli insetti come le tarme e le cimici.

Descrizione È un albero grande e bello, a cima larga e folta. Foglie grandi, alterne, glabre, di un verde glauco. Fiori maschili in amenti, fiori femminili fertili (giugno-luglio). Frutti: drupe.
Il noce è originario della Persia.

Proprietà Astringente, tonica, sudorifera, depurativa, ipoglicemizzante.

Parti utili Foglie.

Quando e come utilizzare *In diversi casi di dermatosi, di eczema trasudante*: infuso di foglie fresche, da due a quattro tazze al giorno lontano dai pasti (1); impacchi di foglie in applicazione locale.

Contro il mal di gola e in caso di angina: gargarismi mattino e sera (1).

Contro la ritenzione biliare e l'insufficienza epatica: decotto, una tazza prima dei tre pasti principali (2).

Contro l'anemia e la fatica: vino di foglie, un bicchierino da marsala alla fine dei due pasti principali (3).

PREPARAZIONI

(1) Porre in infusione per 20 minuti da 15 a 20 g di foglie fresche o secche in 1 l d'acqua bollente. Questa può servire per degli impacchi locali.
(2) Far bollire per 10 minuti 15 g di foglie fresche in 1 l d'acqua, poi filtrare.
(3) Porre in infusione per un giorno 4 g circa di foglie secche in 150 g di vino bianco.

O

Olivo

Olea europaea

Famiglia botanica Oleacee

È opinione quasi unanime dei botanici che l'ulivo sia originario del bacino mediterraneo. Un olivo può vivere a lungo, anche 1000 o 2000 anni, ma non resiste agli inverni troppo rigorosi.
Non sappiamo dove, quando e come siano state ottenute le prime specie coltivate. I Sumeri lo conoscevano. In Egitto portava alla guarigione già 3000 anni prima di Cristo. Ai tempi di Omero la sua coltivazione era diffusa in tutta la Grecia. Tutti conoscono la leggenda del colombo che riporta a Noè un ramoscello di ulivo.
In epoca napoleonica, nel corso delle guerre di Spagna, i medici ne usavano con successo l'infuso, contro le febbri intermittenti dei soldati.

Descrizione Albero di media taglia, a corteccia liscia e grigiastra. Foglie opposte, verde tendente vagamente al giallo. Fiori bianchi, in piccoli grappoli. Frutti (olive) verdi.
L'olivo è spontaneo nell'Atlante, coltivato in Italia, in Spagna, nel Languedoc e in Provenza.

Proprietà Ipotensiva, coronaro-dilatatrice, spasmolitica, antiaritmica, ipoglicemizzante, diuretica.

Parti utili Foglie fresche o secche.

Quando e come utilizzare *Contro l'ipertensione arteriosa*: decotto, a piccole dosi lungo la giornata (1).

Contro l'eccesso di nervosismo e l'angoscia: decotto, una tazza al momento della crisi o quando se ne sente necessità (2).

Contro i disturbi del ritmo cardiaco: decotto, da bere in tre o quattro volte nella giornata (4).

Per integrare le cure del diabete, ma soltanto sotto controllo medico: decotto, da bere in tre o quattro volte nella giornata (4).

In caso di difficoltà a urinare: decotto, da bere a grandi tazze, lontano dai pasti (5).

PREPARAZIONI

(1) Portare a ebollizione in 1 l d'acqua 40 g di foglie, poi filtrare.
(2) Portare a ebollizione in 3/4 di litro d'acqua 20 g di foglie di olivo, 10 g di sommità fiorite secche di biancospino, 10 g di pianta completa secca di passiflora. Filtrare.
(3) Far bollire per 10 minuti 20 g di foglie di olivo, 20 g di foglie secche di cardiaca. Addolcire con miele.
(4) Far bollire a fuoco lento per un'ora 20 g di foglie di olivo, 20 g di baccelli di fagiolo, 5 g di radici secche di ginseng, 5 g di radici secche di artiglio del diavolo. Filtrare.
(5) Portare dolcemente a ebollizione in 1 l d'acqua 20 g di foglie di olivo, 10 g di pianta intera di orthosiphon, 20 g di radici secche di gramigna. Filtrare.

Ononide

Ononis spinosa

Famiglia botanica Leguminose

Il grande Dioscoride consigliava di lasciarla macerare nel vino. Diceva infatti: «Essa aumenta la quantità di urine, riduce la calcolosi, e corrode i bordi delle ulcere». Dalle sommità fiorite dell'ononide si ottiene un decotto color rosso-bruno, usato per tingere la lana. Aggiungendovi solfato di ferro si ottiene una tonalità verde; aggiungendo invece allume, una tonalità giallo-intenso.

Descrizione Pianta spinosa di odore sgradevole. Taglia da 20 a 90 cm. Fusto legnoso, portante spine (dai rami abortiti). Foglie verdi ovali. Fiori rosa (da aprile a settembre).
L'ononide cresce, in terreni argillo-calcarei, nei campi, nei prati, nei pascoli, in tutta l'Europa temperata.

Proprietà Antisettica, diuretica, depurativa, astringente.

Parti utili Fiori, foglie, radici.

Quando e come utilizzare *Come antisettico in caso di infiammazione dolorosa della vescica (cistite)*: decotto, tre tazze al giorno (1).

In caso di litiasi renale (calcoli): infuso, tre tazze al giorno (2).

In caso di edema: infuso, in cure di tre settimane, tre tazze al giorno (2).

PREPARAZIONI

(1) Far sobbollire per 20 minuti 30 g di radici secche spezzettate in 1 l d'acqua, poi filtrare.
(2) Porre in infusione per 10 minuti 30 g di fiori e foglie secche in 1 l d'acqua bollente.

Ontano

Alnus glutinosa

Famiglia botanica Betullacee

È il cugino primo della betulla e del nocciolo. Questa incantevole famiglia vegetale produce dei fiori ai quali i botanici hanno dato il bel nome di 'gattini' (o amenti). Ancora una volta è santa Ildegarda a raccomandarlo, nel XII secolo contro le ulcere e l'idropisia. La principale caratteristica dell'ontano è di avere la corteccia molto ricca di tannino; per questo fu usata nella concia del cuoio, a cui dà una colorazione grigio scura. Come tutte le piante da tannino è astringente, antidiarroica e febbrifuga.

Descrizione Bell'albero dal fogliame che si dispiega a formare quasi delle volte regolari. Taglia fino a 25 m. Corteccia liscia, grigia quando l'albero è giovane, screpolata e scura più tardi. Foglie verde-scure nella pagina superiore, più chiare in quella inferiore. Fiori (febbraio-marzo) raggruppati in amenti verde pallido o rossastri. Frutti bruno-rossi, piccoli e schiacciati.
L'ontano cresce in luoghi umidi e lungo i fiumi in tutta l'Europa e nell'Africa del Nord.

Proprietà Astringente, cicatrizzante, febbrifuga.

Parti utili corteccia, foglie.

Quando e come utilizzare *Contro il mal di gola e le infiammazioni della bocca e delle gengive*: gargarismi e sciacqui orali a base di decotto di foglie o di corteccia (1 o 2).

Negli stati febbrili: vino di corteccia: sei cucchiai da minestra al giorno (3).

Per aiutare a interrompere la secrezione lattea: applicare tre volte al giorno sul seno impacchi di foglie fresche schiacciate.

PREPARAZIONI

(1) Far bollire per 3 minuti 40 g di corteccia secca in 1 l d'acqua e poi lasciare in infusione per 20 minuti.
(2) Fare bollire 100 g di foglie secche in 1 l d'acqua fino a ridurre il liquido alla metà.
(3) Far macerare per 10 giorni 15 g di corteccia secca in 1 l di vino bianco secco, poi filtrare.

Origano

Origanum vulgare

Famiglia botanica Labiate

Spesso confuso con la maggiorana, l'origano è diffuso nella maggior parte dell'Europa e dell'Asia. I suoi fiori forniscono alle api un nettare abbondante e profumato. Il suo nome, derivato dal greco, significa 'ornamento delle montagne'. Se preso a forti dosi l'origano dapprima eccita la funzione cardiaca, poi provoca depressione e sonnolenza.

Descrizione Pianta perenne, conosciuta per le sue proprietà aromatiche e medicinali. Taglia da 30 a 80 cm. Fusto diritto, peloso, verde, talvolta tinto di rosso. Foglie ovali, appuntite, non dentellate. Fiori rosa, talvolta bianchi o violetti (da luglio a settembre).
L'origano cresce nei terreni rocciosi e soleggiati di tutta l'Europa temperata.

Proprietà Antispastica, sedativa cardiaca, ansiolitica, antitosse, espettorante, insettifuga.

Parti utili Sommità fiorite secche.

Quando e come utilizzare *Per stimolare l'appetito in caso di anoressia*: infuso, due tazze al giorno prima dei pasti (1).

Per combattere l'aerofagia: infuso, due tazze al giorno, di preferenza dopo i pasti (1).

Per calmare le crisi di angoscia: infuso, tre tazze al giorno, una delle quali al momento di coricarsi (2).

Contro i crampi e i dolori gastrici: vino di fiori, un bicchierino a ciascun pasto (3).

In caso di mestruazioni dolorose: infuso, due tazze al giorno (5).

Contro la tosse: infuso, tre tazze al giorno, nell'intervallo fra i pasti (5).

In caso di tracheite: decotto, tre tazze lungo la giornata (4).

Per eliminare i pidocchi: frizioni con decotto (4).

PREPARAZIONI

(1) Porre in infusione per 2 minuti (non di più) 20 g di sommità fiorite in 1 l d'acqua bollente.
(2) Porre in infusione per 10 minuti 50 g di sommità fiorite secche in 1 l d'acqua bollente.
(3) Mettere a macerare per una settimana 50 g di sommità fiorite in 1 l di buon vino rosso, filtrare. Conservare in bottiglia tappata.
(4) Far bollire per 10 minuti 40 g di sommità fiorite in 1 l d'acqua.
(5) Porre in infusione per 10 minuti 10 g di sommità fiorite in 1 l d'acqua bollente.

Origano di Spagna

Thymus capitatus

Famiglia botanica Labiate

È una varietà di timo, chiamata timo capocchiuto, che fu introdotta nella pratica fitoterapeutica in seguito agli studi di aromaterapia del dottor Belaiche. Secondo la sua classificazione, infatti, essa rientra nel numero delle piante da cui si ricavano gli oli essenziali più importanti nel trattamento delle malattie infettive. Questa è probabilmente la pianta che ha maggior potere antisettico. Noi abbiamo sottolineato il ruolo importante che essa svolge nel trattamento delle malattie infettive. Tuttavia, poiché la sua utilizzazione rientra nel campo dell'aromaterapia, il suo uso è strettamente riservato ai medici.

Ortica

Urtica dioica

Famiglia botanica Urticacee

Contrariamente alla sua reputazione l'ortica è amica dell'uomo. Lo segue dovunque egli si installi. Era la verdura delle popolazioni preistoriche; la si è mangiata, a guisa di spinacio, fino al XVI secolo.
Il grande Dioscoride ne consigliava il decotto di semi nel vino d'uva come afrodisiaco.

Descrizione Pianta perenne, coperta di peluria urticante, che può raggiungere anche 80 cm di altezza.
Foglie opposte, lanceolate, molto dentellate sui bordi.
Fiori dioici: i fiori maschili e quelli femminili sono su gambi separati in grappoli pendenti, verdastri.
L'ortica dioica o grande ortica cresce in tutta l'Europa temperata.

Proprietà Ricostituente, diuretica, antigotta, antireumatica, colagoga, antidiabetica, antidiarroica, antiemorragica.

Parti utili Foglie fresche o secche, radici.

Quando e come utilizzare *Per combattere l'anemia e l'astenia*: infuso, da una a tre tazze al giorno nell'intervallo fra i pasti (1).

Per ottenere una energica azione diuretica: decotto, berne 1 l nella giornata in sostituzione dell'abituale bevanda (2).

Contro la gotta e i dolori reumatici cronici: succo di ortica, quattro cucchiai da minestra nel corso della giornata in un po' d'acqua (3).

Per combattere la diarrea, le coliche addominali e le fermentazioni intestinali: decotto concentrato, due o tre tazze nella giornata (4).

Nei casi di emorragia, in attesa del medico: succo di ortica, 100 g divisi in due dosi (3).

Contro le afte: sciacqui orali, quattro volte al giorno (6).

PREPARAZIONI

(1) Porre in infusione 50 g di foglie in 1 l d'acqua bollente.
(2) Bollire e mantenere a fuoco lento fino a ridurre ai due terzi 30 g di foglie in 1 l d'acqua.
(3) Mettere nella centrifuga 2 kg di foglie fresche e raccoglierne il succo. ►

▷ (4) Far bollire in 1 l d'acqua 30 g di radici e 30 g di acetosella, mantenendo la cottura fino a ridurre alla metà.
(5) Stessa della preparazione 4, ma utilizzando 100 g di radici.
(6) Porre in infusione per 15 minuti 200 g di foglie in mezzo litro di acqua bollente.

P

Panace

Heracleum sphondylium

Famiglia botanica Ombrellifere

Il nome di *Heracleum* allude al fatto che la pianta, probabilmente per il suo carattere robusto, era consacrata a Ercole. Nell'Europa dell'Est e nell'America del Nord una specie di minestra acidula, preparata con il panace, era un piatto molto popolare. La parte interna del fusto, preventivamente privato della corteccia e seccato al sole, costituisce una vera leccornia per le popolazioni slave. Il nostro collega Henry Leclerc ha stabilito le proprietà afrodisiache del panace, legate però alla condizione che la preparazione sia eseguita con la pianta fresca.

Descrizione Pianta perenne, robusta, dall'odore sgradevole. Taglia da 0,50 a 1,50 m. Fusto robusto, rigido, scanalato e peloso. Foglie grandi, dentellate, grigio-verdi. Fiori bianchi (da giugno a settembre) in ombrelli.
Il panace cresce nei terreni e nei boschi umidi in tutta l'Europa tranne che nelle regioni mediterranee.

Proprietà Digestiva, ipotensiva, stimolante, risolutiva, detergente, vermifuga.

Parti utili Radici, foglie, frutti.

Quando e come utilizzare *Digestione difficile*: infuso (1).

In caso di ipertensione arteriosa: infuso, tre tazze al giorno per 10 giorni (2).

Per combattere l'astenia: infuso, due tazze al giorno (3).

Per stimolare l'attività sessuale: vino di pianta, un bicchiere prima di ogni pasto (4).

Per combattere la frigidità: infuso, una tazza ogni sera (5).

In caso di mestruazioni dolorose o difficili: decotto (6).

PREPARAZIONI

(1) Porre in infusione per 10 minuti 15 g di radici secche in 1 l d'acqua bollente.
(2) Porre in infusione per 10 minuti 25 g di foglie e radici secche mescolate in 1 l d'acqua bollente. ►

▷ (3) Porre in infusione per 10 minuti 50 g di foglie secche in 1 l d'acqua bollente.
(4) Far macerare per 2 giorni in 1 l di buon vino rosso 50 g di radici e foglie fresche spezzettate, filtrare. Conservare in recipiente tappato.
(5) Porre in infusione per 10 minuti 50 g di radici e foglie fresche spezzettate in 1 l d'acqua bollente.
(6) Bollire 5 minuti e lasciare in infusione per 5 minuti 20 g di radici secche in 1 l d'acqua.

Papavero di California

Eschscholtzia californica

Famiglia botanica Papaveracee

È una pianta interessante, destinata a una promettente 'carriera': è una delle rare piante medicinali che induca veramente al sonno. La sua essiccazione porta alla distruzione dei principi attivi: si deve quindi adoperare soltanto la pianta fresca e ciò comporta grosse difficoltà nell'uso a scopi terapeutici. Il papavero della California è originario della costa occidentale degli Stati Uniti.

Descrizione Pianta selvatica di 40 cm circa di altezza. Foglie glauche finemente ritagliate. Fiori solitari giallo vivo o arancio.

Proprietà Ipnotica, sedativa, antiemicrania.

Parti utili La pianta intera.

Quando e come utilizzare *Nelle insonnie ribelli*: due tazze al momento di coricarsi (1).

Nei soggetti nervosi: una tazza, tre volte al giorno (1).

Contro le emicranie dovute a spasmi: tre o quattro tazze al giorno (1).

Contro l'enuresi (pipì a letto): una tazza prima di coricarsi (2). Non somministrare mai prima dei 10 anni.

PREPARAZIONI

(1) Far bollire 3 o 4 minuti 10 g di pianta intera secca nell'equivalente di una tazza di acqua, lasciar macerare per 10 minuti. ►

▷ (2) Far bollire 2 o 3 g di pianta secca in una tazza di acqua, lasciar macerare per 10 minuti. La pianta contiene un alcaloide quindi rispettare scrupolosamente le dosi.

Papavero selvatico

Papaver rhoeas

Famiglia botanica Papaveracee

Purtroppo non si trova più questo papavero nei campi a causa dell'impiego sistematico degli erbicidi selettivi. Esso è utilizzato in Oriente da tempo immemorabile per la sua efficacia contro la tosse.
Esistono delle specialità a base di papavero; esso entra anche nella composizione della 'tisana ai 4 fiori'.
I rischi di intossicazione, a forti dosi, non sono affatto trascurabili.

Descrizione Pianta annuale a fusto diritto, sottile, forte, leggermente peloso. Taglia da 25 a 60 cm. Foglie molto dentellate, verde chiaro. Fiori rosso vivo (da maggio a luglio) molto fragili.
Il papavero cresce nei campi di cereali, sulle scarpate, sui terrapieni in tutta l'Europa.

Proprietà Pettorale, antispastica, emolliente, antitosse.

Parti utili Fiori.

Quando e come utilizzare *Per calmare le coliche dolorose*: infuso (1).

Per combattere l'eccessivo nervosismo: infuso, due tazze al giorno (1).

Per facilitare l'espettorazione in caso di tosse ribelle nell'adulto: sciroppo, prenderne due cucchiai da minestra al giorno (2).

Per garantire un buon sonno: infuso, una tazza la sera al momento di coricarsi (3).

Come cura di bellezza, per rassodare la pelle e attenuare le rughe: applicazioni quotidiane di impacchi imbevuti di infuso (4).

PREPARAZIONI

(1) Porre in infusione per 10 minuti 20 g di fiori secchi in 1 l d'acqua, poi filtrare.
(2) Versare 1 l d'acqua bollente su 400 g di fiori freschi, lasciare in infusione per 12 ore in recipiente coperto. Filtrare. Aggiungere mezzo chilo di zucchero e far cuocere fino a ispessimento.
(3) Porre in infusione per 10 minuti 15 g di fiori secchi in 1 l d'acqua bollente.
(4) Porre in infusione per 10 minuti 60 g di fiori secchi in 1 l d'acqua bollente, poi filtrare.

Parietaria

Parietaria officinalis

Famiglia botanica Urticacee

Fu diffusa in Europa dai Romani, ma nel Medio Evo venne utilizzata soltanto dagli Arabi. Nel XVI secolo i medici se ne servivano per curare le ferite. Si credeva che il succo della pianta, tenuto in bocca, calmasse il mal di denti e, aggiunto nel clistere, calmasse il mal di ventre.

Descrizione Pianta perenne della quale esistono molte varietà dalle proprietà identiche. La varietà officinale ha un fusto diritto, rossastro e foglie lunghe e appuntite. Fiori piccoli verde pallido (da giugno a ottobre).
La parietaria è originaria delle regioni mediterranee, dalle quali si è diffusa in tutta l'Europa, anche in quella settentrionale.

Proprietà Diuretica, emolliente, antireumatica.

Parti utili La pianta intera, salvo la radice.

Quando e come utilizzare *In caso di albuminuria, ma soltanto sotto controllo medico*: infuso, quattro tazze al giorno (1).

In caso di cistite: infuso, mezzo litro al giorno (2).

Contro gli edemi alle caviglie: decotto, tre tazze al giorno (3).

Per calmare i dolori emorroidali: impacchi di foglie secche cotte nel latte.

PREPARAZIONI

(1) Porre in infusione per 10 minuti 30 g di pianta fresca in 1 l d'acqua bollente.
(2) Porre in infusione per 10 minuti 10 g di pianta intera secca in 1 l d'acqua bollente.
(3) Far bollire per 5 minuti poi lasciare in infusione per 10 minuti 25 g di pianta fresca in 1 l d'acqua.

PREPARAZIONI

(1) Porre in infusione per 15 minuti 30 g di bottoni di fiori secchi in 1 l d'acqua bollente.
(2) Far macerare per una settimana 20 g di sommità fiorite secche in 100 g di alcol a 60 gradi, filtrare.
(3) Porre in infusione per 10 minuti 10 g di fiori e foglie secche in una tazza di acqua bollente.

Passiflora

Passiflora incarnata

Famiglia botanica Passifloracee

Viene anche chiamata 'fiore della Passione'. Fu un americano, nel 1867, a mettere in rilievo le sue proprietà sedative. Essa si è rivelata molto utile anche in certi casi di tossicomania (alcolismo e morfinomania).

Descrizione Pianta perenne, rampicante, esotica. Taglia da 6 a 9 m. Fusto rampicante, sottile, munito di viticci. Foglie persistenti, divise in tre lobi ovali. Fiori molto grandi a petali bianchi, ornati da una corona interna di filamenti purpurei. Frutti ovoidali delle dimensioni di una piccola mela, dalla polpa gialla commestibile.
La passiflora è originaria della regione tropicale degli Stati Uniti. Si è acclimatata anche nelle regioni mediterranee.

Proprietà Sedativa, antispastica.

Parti utili Fiori, foglie.

Quando e come utilizzare *Contro l'angoscia*: infuso, due tazze al giorno, una al momento di coricarsi (1).

Per assicurare un buon sonno: tintura, 20 gocce prima di coricarsi in mezzo bicchiere d'acqua zuccherata (2).

Contro le nevralgie: infuso, tre tazze al giorno, da bere molto calde (3).

Contro il nervosismo: infuso, due tazze al giorno (1).

Contro l'emicrania: infuso (3).

Come decontratturante muscolare e viscerale: infuso, due tazze al giorno (1).

Pilosella

Hieracium pilosella

Famiglia botanica Composite

Sembra che gli antichi non la conoscessero.
Nel Medio Evo ne parla solo santa Ildegarda (XII secolo) che la considera un tonico cardiaco. Matthiole nel 1554 la reputa astringente e refrigerante. Queste proprietà sono ben note ai pastori: infatti le pecore che brucano quest'erba subiscono delle contrazioni intestinali tali da portarle talvolta alla morte.
Nel XIX secolo la pianta viene dimenticata, anche se nella pratica popolare si continua a farne uso per le malattie renali. In seguito, ancora una volta attraverso il filone della tradizione popolare, la pilosella ricompare nella medicina fitoterapica odierna.

Descrizione Pianta perenne, piccola ed esile, spesso raggruppata in ampi tappeti sui terreni rocciosi. Taglia da 10 a 15 cm. Fusto sottile ricoperto di peluria. Foglie oblunghe, verde grigiastro. Fiori giallo chiaro (da maggio a settembre).
La pilosella cresce nei terreni rocciosi e secchi, nelle lande dell'Europa temperata a esclusione delle regioni mediterranee.

Proprietà Astringente, colagoga, diuretica, tonica.

Parti utili La pianta intera fresca.

Quando e come utilizzare *In caso di albuminuria*: infuso, due tazze al giorno nell'intervallo fra i pasti (1).

Per il suo effetto sedativo: infuso, due tazze al giorno (2).

In convalescenza: decotto, tre tazze al giorno (3).

Contro la diarrea: infuso, due tazze al giorno (2).

In appoggio al trattamento medico nei casi di ipertensione arteriosa: infuso, tre tazze al giorno (1).

Per aiutare a eliminare l'urea: infuso, bere tre tazze al giorno (4).

PREPARAZIONI

(1) Porre in infusione per 25 minuti 100 g di pianta intera in 1 l d'acqua.
(2) Porre in infusione per 10 minuti 60 g di pianta intera in 1 l d'acqua.
(3) Far bollire per 5 minuti e successivamente lasciare in infusione per 10 minuti 80 g di pianta in 1 l d'acqua.
(4) Porre in infusione per 10 minuti 80 g di pianta in 1 l d'acqua.

Pino silvestre

Pinus sylvestris

Famiglia botanica Pinacee

Pino e abete sono conifere che forniscono alla medicina molti dei loro elementi: resina, germogli, corteccia, foglie, che sono anche utilizzati per la fabbricazione di prodotti quali il catrame vegetale e l'essenza di trementina.

Descrizione Albero molto bello la cui corteccia ha un colore molto caratteristico. Taglia da 20 a 45 m. Tronco diritto, slanciato. Corteccia rossastra, scagliosa. Foglie persistenti a forma di corti aghi. Germogli (in primavera) ricoperti di resina. Frutti (strobili) scagliosi. Il pino silvestre cresce spontaneo in montagna in tutta Europa; è più raro in pianura dove è necessario coltivarlo.

Proprietà Balsamica, pettorale, decongestionante, antireumatica, diuretica.

Parti utili Aghi, germogli.

Quando e come utilizzare *Contro le crisi di asma, le tossi ribelli, il catarro*: infuso, tre tazze al giorno (1).

Contro la bronchite, per alleviare le irritazioni della gola, contro la tosse: sciroppo, quattro cucchiaini al giorno (3).

Contro i mali di gola, le tonsilliti e la raucedine: gargarismi con decotto (4).

Per prevenire i rischi di bronchite, per cancellare la fatica nervosa, per mantenere bella e morbida la pelle: bagno completo a base di decotto concentrato (2).

Per il suo effetto diuretico: decotto (6).

Contro i dolori della gotta: pediluvi a base di decotto (5).

Contro le affezioni urinarie (cistite, litiasi, uretrite): decotto, tre tazze al giorno nell'intervallo fra i pasti (4).

Contro i dolori reumatici: bagni (7).

PREPARAZIONI

(1) Porre in infusione per 2 ore 30 g di germogli in 1 l d'acqua, filtrare.
(2) Bollire per mezz'ora 100 g di germogli in 3 l d'acqua, filtrare. Diluire nell'acqua del bagno.
(3) Far macerare per 12 ore 100 g di germogli in 100 g di alcol a 60 gradi. Aggiungere 1 l di acqua bollente e lasciare macerare ancora per mezza giornata. Filtrare premendo i germogli per spremerne il succo, far riscaldare a bagnomaria aggiungendo un chilo e mezzo di zucchero. Mescolare fino a ottenere uno sciroppo.
(4) Far bollire per 5 minuti 30 g di germogli in 1 l d'acqua, filtrare.
(5) Far bollire per mezz'ora 250 g di germogli in 4 l d'acqua, filtrare.
(6) Far bollire per 25 minuti 50 g di aghi in 1 l d'acqua, filtrare.
(7) Far bollire per mezz'ora 200 g di aghi e di germogli in 3 l d'acqua, filtrare. Aggiungere all'acqua del bagno.

Poligala amara

Polygala amarelle

Famiglia botanica Poligalacee

La poligala ha dato il suo nome a un'intera famiglia botanica. Per Dioscoride e Plinio questo nome, di deriva-

zione greca, che significa 'latte abbondante', allude proprio all'influsso positivo che questa pianta opera sulla secrezione lattea.
Non siamo certi, comunque, che la poligala di Dioscoride e di Plinio corrisponda a quella così chiamata attualmente.

Descrizione Pianta perenne molto comune, facilmente identificabile grazie alla forma molto particolare dei suoi fiori. Taglia da 5 a 20 cm.
Fusto strisciante, poi eretto. Foglie ovali, molli, color verde chiaro.
Fiori piccoli, con petali diseguali, raggruppati in grappoli, di un bel tono di blu, talvolta, ma raramente, rosa o bianchi (da maggio a luglio).
La poligala amara cresce nei terreni umidi e argillosi dell'Europa temperata.

Proprietà Emolliente, espettorante, diuretica, tonica.

Parti utili La pianta fiorita.

Quando e come utilizzare *Per stimolare le funzioni digestive*: decotto, bere tre tazze al giorno, nell'intervallo fra i due pasti (1).

Per restituire appetito e 'tono' ai convalescenti: decotto, tre tazze al giorno, nell'intervallo fra i pasti (1).

Contro le difficoltà respiratorie e per prevenire le crisi di asma: decotto, bere mezzo litro al giorno, frazionato in più dosi (2).

Contro le infiammazioni dei bronchi: decotto, due tazze al giorno (2).

Contro la tosse: decotto, tre tazze al giorno, lontano dai pasti (1).

PREPARAZIONI
(1) Far bollire per 5 minuti e lasciare in infusione per 10 minuti 120 g di radici secche in 1 l d'acqua. Filtrare.
(2) Far bollire per 10 minuti e lasciare in infusione per 5 minuti 40 g di pianta intera secca, privata della radice, in 1 l d'acqua. Filtrare.

Potentilla (Argentina)

Potentilla anserina

Famiglia botanica Rosacee

Sconosciuta o ignorata dal mondo antico, questa pianta fu tenuta in gran considerazione nel Medio Evo e le utilizzazioni di allora sono le stesse di oggi. Ne veniva adoperata soltanto la radice. È un energico astringente, un tonico, uno stomachico. Il dottor Kneipp la raccomandava contro gli sbocchi di sangue, le emorragie, le emorroidi. Anche come semplice bevanda è ottima per calmare la sete dei diabetici e degli albuminurici.

Descrizione Pianta erbacea perenne. Taglia da 20 a 40 cm. Fusto strisciante, grandi foglie a numerose foglioline dentellate, verde intenso sulla faccia superiore, vellutate e argentee su quella inferiore. Fiori giallo oro (da giugno a ottobre) isolati in cima a un lungo stelo.
La potentilla cresce nei campi incolti, sui bordi delle strade, in località abbandonate, in quasi tutta Europa. È una 'malerba' molto diffusa e invadente.

Proprietà Antidiarroica, astringente.

Parti utili Pianta intera fiorita.

Quando e come utilizzare *Contro le coliche dolorose e la diarrea*: decotto, tre tazze al giorno dopo i pasti (1); vino di macerazione, tre bicchierini da liquore al giorno (2); polvere, 1 g (una punta di coltello) tre volte al giorno disciolta in un bicchierino di acqua o di vino.

Per asciugare le ferite superficiali e accelerarne la cicatrizzazione: lavaggi frequenti con la lozione-decotto (3).

Per rinforzare le gengive: polvere, da usare sullo spazzolino due volte alla settimana.

PREPARAZIONI
(1) Bollire per 5 minuti 50 g di pianta secca in 1 l d'acqua, lasciare in infusione 10 minuti.
(2) Far macerare per una settimana in 1 l di buon vino rosso 75 g di pianta fresca schiacciata, poi filtrare.
(3) Bollire per 10 minuti 100 g di rizomi secchi spezzettati e lasciare in infusione per 5 minuti.

Avvertenze La potentilla non deve mai essere conservata in recipienti di ferro.

Prugnolo

Prunus spinosa

Famiglia botanica Rosacee

È difficile distinguere, sui testi antichi, le allusioni al pruno o al prugnolo. Infatti solo nel XVI secolo vengono distinti nettamente i due tipi di pianta, di cui vengono utilizzati soltanto i frutti, mai i fiori. Verso il 1900 l'abate Kneipp, ispirandosi alla pratica popolare, ha dato fama ai fiori di prugnolo.

Descrizione Arbusto a cespuglio. Taglia da 1 a 3 m. Fusto legnoso. Corteccia scura. Foglie piccole, ovali, appuntite, di colore verde intenso. Fiori bianco candido, punteggiati di rosa (marzo-aprile). Frutti (prugnole) piccoli, blu-violetto scuro, rotondi.
Il prugnolo cresce al limitare dei boschi, lungo le strade, sulle scogliere marittime dell'Europa temperata.

Proprietà Depurativa, diuretica, sudorifera, astringente.

Parti utili Corteccia, fiori in bocciolo.

Quando e come utilizzare *Contro l'acne*: infuso, due tazze al giorno, mattino e sera (1).

Per il suo effetto depurativo: infuso, in cure di tre settimane, due tazze al giorno (2).

Contro la diarrea: decotto, due tazze al giorno (3); vino di fiori, due bicchierini al giorno (4).

PREPARAZIONI

(1) Porre in infusione per 10 minuti 50 g di fiori in bocciolo secchi in 1 l d'acqua bollente.
(2) Porre in infusione per 5 minuti 20 g di fiori in bocciolo secchi in 1 l d'acqua bollente.
(3) Far bollire per 15 minuti 40 g di corteccia secca in 1 l d'acqua, poi filtrare.
(4) Versare 1 l di vino rosso bollente su 40 g di fiori in bocciolo secchi, lasciar raffreddare in infusione a recipiente coperto, poi filtrare.

Attenzione Per tutte queste preparazioni non superare le dosi prescritte.

Pulsatilla

Anemone pulsatilla

Famiglia botanica Ranuncolacee

Controindicata in autoterapia Pianta tossica, uso strettamente riservato al medico.

Pungitopo

Ruscus aculeatus

Famiglia botanica Liliacee

Fu il grande fitoterapeuta Dioscoride a chiamarlo *ruscus* e, nonostante le sue spine, la fitoterapia lo ha sempre molto apprezzato.
Il pungitopo è un notevole tonico del sistema venoso e per questo motivo è alla base di numerose specialità farmaceutiche.

Descrizione Arbusto sempreverde che raggiunge circa 80 cm di altezza.
Fusti cilindrici, ramificati.
Foglie ovali, aguzze, di un verde brillante, munite di una spina all'estremità.
Fiori piccoli, verdastri, che nascono all'ascella di una brattea (piccole foglie collocate vicino a un fiore). Frutti (bacche) globulosi, rosso scarlatto.
Il pungitopo è diffuso nell'Europa centrale e meridionale e nell'Africa del Nord.

Proprietà Diuretica, antinfiammatoria, antitosse, vasocostrittrice, ipoglicemizzante.

Parti utili Rizomi secchi.

Quando e come utilizzare *Per migliorare la circolazione*: decotto, si consiglia di berne una tazza al mattino e una alla sera (3-4).

Come tonico del sistema venoso: decotto, una tazza al mattino e una alla sera (1-2).

PREPARAZIONI

(1) Far bollire per un'ora 50 g di rizomi secchi in 1 l d'acqua.

(2) Far bollire per un'ora 20 g di rizomi secchi di pungitopo, 10 g di foglie di vite rossa, 5 g di bacche di mirtillo e 10 g di foglie di amamelide in 1 l d'acqua.

(3) Portare a ebollizione in 1 l d'acqua 20 g di rizomi secchi di pungitopo, 5 g di strobili ► di cipresso, 10 g di fiori di tussilagine e 10 g di pianta di rosmarino.

(4) Portare a ebollizione in 1 l d'acqua 10 g di rizomi secchi di pungitopo, 10 g di radici di artiglio del diavolo e 10 g di foglie di frassino. Far bollire il tutto per 10 minuti e poi aggiungere 10 g di sommità fiorite di regina dei prati. Proseguire l'ebollizione a fuoco dolce ancora per 30 minuti.

Q

Quercia

Quercus robur

Famiglia botanica Fagacee

Tutte le querce devono al tannino le loro proprietà medicinali. Esse fanno parte della stessa famiglia botanica del faggio e del castagno. 'Quercus' era il nome latino della pianta. Lo studio del tannino, che le querce contengono in grande quantità, è fondamentale in fitoterapia. Mentre il tannino farmaceutico, quello cioè, come si usa dire, 'isolato chimicamente', può essere aggressivo per le mucose (bruciature, nausee, vomiti), quello prescritto e contenuto in una preparazione vegetale non instaura nessun effetto secondario.
I tannini 'fisiologici e naturali', d'altronde, sono anche dotati di maggior efficacia. Possiamo concludere che questa è davvero una pianta insostituibile.

Descrizione È uno degli alberi più belli dei nostri parchi e delle nostre foreste, quello conosciuto da tempi più remoti, quello più carico di simboli. Taglia fino a 45 m. Tronco massiccio. Corteccia grigio-bruna, a scaglie. Foglie dal caratteristico disegno, verde-grigie. Amenti verde-gialli. Frutti (ghiande) ovoidali.
La quercia cresce in tutta l'Europa, a esclusione delle regioni più settentrionali.

Proprietà Astringente, emostatica, antisettica, febbrifuga, tonica.

Parti utili Corteccia, foglie, ghiande.

Quando e come utilizzare *Contro i geloni e le screpolature*: bagni delle parti colpite, con decotto (1).

Per impedire alle gengive di sanguinare: prima di ogni pasto sciacqui orali con vino di radici (2).

In caso di emorragia, in attesa del medico: decotto (3).

In caso di dolori emorroidali: semicupio con decotto (4).

Contro la diarrea: clistere con decotto tiepido (5).

Contro la forfora: frizioni con lozione-decotto (5).

Per tonificare la pelle: bagno di decotto di corteccia (6).

PREPARAZIONI

(1) Far bollire per 10 minuti in 1 l d'acqua 50 g di corteccia secca polverizzata, lasciar riposare mezz'ora prima di filtrare.
(2) Far macerare per 5 giorni 25 g di corteccia fresca spezzettata in 1 l di vino rosso, filtrare. Conservare in bottiglia tappata.
(3) Far bollire per 10 minuti 40 g di corteccia secca in 1 l d'acqua.
(4) Far bollire per 10 minuti 80 g di corteccia secca in 1 l d'acqua, poi filtrare.
(5) Far bollire per 45 minuti 80 g di corteccia secca in 1 l d'acqua. Filtrare accuratamente.
(6) Far bollire in recipiente scoperto per mezz'ora 30 g di corteccia spezzettata per ogni litro d'acqua. Filtrare.

Quercia marina

Fucus vesiculosus

Famiglia botanica Alghe brune

Fuca, goèmon, varech, sono nomi di diverse alghe brune che abbondano sulle spiagge dell'Atlantico perché vi sono gettate in grande quantità dalle maree e dalle tempeste. Contengono bromuri e molto iodio.
Specie che vive sulle roccie, alle quali può aggrapparsi.

Descrizione Taglia da 60 a 70 cm di lunghezza. Pianta bruna o verde, con rigonfiamenti che scoppiano sotto la pressione delle dita, diffusa sulle rocce della costa atlantica e mediterranea.

Proprietà Stimolante della tiroide, stimolante generale, attivatrice della coagulazione sanguigna, dimagrante.

Parti utili Il tallo (la pianta).

Quando e come utilizzare *Come corroborante nelle persone anziane e nei soggetti indeboliti*: infuso-macerazione, due tazze al giorno (1).

In caso di ipertiroidismo: infuso-macerazione, tre tazze al giorno (1).

In caso di astenia: infuso-macerazione, due tazze al giorno (1).

Per integrare le diete: decotto, da una a tre tazze al giorno (2); bagno due o tre volte la settimana (3).

PREPARAZIONI

(1) Far bollire per qualche minuto in 1 l d'acqua 20 g di quercia marina ben lavata, lasciar macerare per un'ora e filtrare: se ne può migliorare il gusto aggiungendo una punta di cannella o di zenzero. ►

▷ (2) Far bollire in 1 l d'acqua e mantenere in ebollizione per 3 minuti 10 g di quercia marina, 10 g di sommità fiorite di regina dei prati e 5 g di alburno di tiglio.
Lasciar macerare il tutto per almeno un'ora e quindi filtrare.

(3) Cucire in un sacchetto 30 g di quercia marina in polvere. Aggiungere all'acqua del bagno con qualche goccia di lavanda deterpenata.

Rafano

Cochlearia armoracia

Famiglia botanica Crucifere

Proviene dai paesi slavi e la sua diffusione nell'ovest dell'Europa risale a circa mille anni fa.
Nel Medio Evo non solo santa Ildegarda, ma persino i manuali di cucina lo consigliano insistentemente, sia come lassativo, sia contro le malattie renali, gli avvelenamenti di qualsiasi tipo, l'itterizia... La sua azione energetica è simile a quella della senape. Secondo il dottor Leclerc il rafano è molto utile nei casi di tubercolosi polmonare. Gli impacchi di radici di rafano erano usati contro i mali di testa e di denti, i crampi, le sciatiche, le lombaggini, le punture d'ape. Si applicava il succo di foglie sui tagli e sulle bruciature; l'aceto di rafano, invece, attenuava le lentiggini.

Descrizione Pianta perenne. Taglia fino a 1,20 m. Fusto diritto, robusto. Foglie radiali molto grandi; le altre, più piccole, sono verde brillante. Fiori grandi in grappoli. Frutti: siliquette.
Il rafano cresce allo stato selvaggio sulle rive dei ruscelli. È coltivato in Francia, Inghilterra e Germania.

Proprietà Stimolante, antiscorbutica, diuretica.

Parti utili Radice (non conservarla oltre i 2 anni).

Quando e come utilizzare *In caso di stanchezza*: diversi cucchiaini da caffè al giorno (1).

In caso di edema di origine renale: da uno a due bicchieri al giorno, sotto controllo medico (2).

Contro l'edema delle gambe: tre tazze al giorno (3).

Contro i reumatismi cronici: un bicchiere mattino e sera (3).

PREPARAZIONI

(1) Far macerare per 15 giorni in 1 l di buon vino bianco 30 g di radici fresche di rafano e 30 g di bacche di ginepro.
(2) Porre in infusione per una notte 5 g di radici fresche grattugiate in un bicchiere di vino bianco. Filtrare. ►

▷ (3) Gettare in 1 l d'acqua bollente da 15 a 30 g di pianta secca, far bollire per 5-10 minuti. Filtrare.

Ramno

Rhamnus cathartica

Famiglia botanica Ramnacee

CONTROINDICATA IN AUTOTERAPIA Pianta tossica: uso riservato al medico.

Ranuncolo di palude

Ranunculus acris

Famiglia botanica Ranuncolacee

CONTROINDICATA IN AUTOTERAPIA Pianta tossica: uso riservato al medico.

Raperonzolo

Campanula rapunculus

Famiglia botanica Campanulacee

CONTROINDICATA IN AUTOTERAPIA La pianta può presentare una certa tossicità: uso riservato al medico.

Regina dei prati

Spiraea ulmaria

Famiglia botanica Rosacee

È una pianta nobile e fu introdotta nel gruppo delle piante medicinali nel corso del Rinascimento.
Conobbe un periodo di fama, ma in seguito venne di nuovo dimenticata.
Fu riabilitata da un oscuro curato di campagna, a nome Obriot, che nel 1851 la segnalò a un luminare dell'Ospedale Maggiore di Lione che la sperimentò contro l'idropisia.
Contiene un principio attivo simile a quello dell'aspirina.

Descrizione Pianta perenne che, pur non essendo che un'erba di campo, deve alla sua eleganza il nome regale. Taglia da 0,80 a 1,50 m. Fusto diritto, robusto. Foglie grandi, verde cenere, molto dentellate. Numerosi fiori piccoli, raggruppati, giallo pallido (da giugno ad agosto). Profumo aromatico.
Cresce nei prati e nel sottobosco umido, ma non nelle regioni mediterranee.

Proprietà Diuretica, antireumatica, vulneraria.

Parti utili Sommità fiorire, foglie.

Quando e come utilizzare *Contro l'arteriosclerosi*: infuso, due tazze al giorno da bere nell'intervallo fra un pasto e l'altro (1).

Contro la diarrea: infuso, tre tazze al giorno (2).

Come diuretico: vino di fiori, due bicchierini da liquore al giorno (3).

In caso di crisi di gotta, per eliminare l'acido urico: infuso, due tazze al giorno (4).

In caso di edema delle membra inferiori: infuso, in cure di tre settimane, tre tazze al giorno (5).

Contro i dolori provocati dalle crisi reumatiche dolorose: infuso, in cure di tre settimane, berne tre tazze al giorno (4).

PREPARAZIONI

(1) Porre in infusione per 10 minuti 30 g di sommità fiorite e foglie secche in 1 l d'acqua bollente, far raffreddare per 15 minuti. Filtrare.
(2) Porre in infusione per 10 minuti 30 g di pianta secca in 1 l d'acqua bollente.
(3) Versare 1 l di vino bianco bollente su 50 g di fiori freschi, lasciare in infusione per 10 minuti, filtrare. Conservare in bottiglia tappata.
(4) Porre in infusione per 10 minuti 50 g di fiori secchi in 1 l d'acqua bollente.
(5) Porre in infusione per 10 minuti 60 g di fiori e foglie secche in 1 l d'acqua bollente.

ATTENZIONE Non si deve mai far bollire la regina dei prati.

Renella

Asarum europeum

Famiglia botanica Aristolochiacee

CONTROINDICATA IN AUTOTERAPIA Pianta tossica: uso riservato al medico.

Ribes nero

Ribes nigrum

Famiglia botanica Sassifragacee

Un grande studioso delle piante, Pietro Foresto, nel 1814, si avvalse per primo delle foglie di ribes nero per curare la ritenzione delle urine e i calcoli della vescica. Un secolo dopo l'abate Bailly de Montaran, descrisse tutte le meravigliose virtù terapeutiche della specie nell'opuscolo *Le ammirevoli proprietà del ribes*. Oltre alla loro efficacia contro vari disturbi, questi frutti hanno il vantaggio di fornire all'organismo grande abbondanza di vitamine e in particolare di vitamina C. I frutti sono usati nella fabbricazione di dolci, marmellate e liquori.

Descrizione Arboscello folto, non spinoso e profumato. Taglia da 1 a 2 m. Foglie verde scuro. Fiori bianco-rosati (aprile-maggio). Frutti in grappoli, neri e aromatici. Il ribes nero cresce allo stato spontaneo nei boschi e sottoboschi di tutta l'Europa e del Nord temperato. Nelle regioni meridionali è invece coltivato.

Proprietà Diuretica, tonica, antireumatica, astringente, cicatrizzante.

Parti utili Foglie, sommità fiorite, frutti.

Quando e come utilizzare *Per mantenere un buon sistema arterioso*: infuso, tre tazze al giorno, durante i tre mesi invernali (1).

Per rinforzare le difese dell'organismo in caso di epidemie (esempio influenza): infuso, tre tazze al giorno (1).

In caso di problemi biliari ed epatici: infuso, una tazza il mattino a digiuno (2).

Per assicurare un buon funzionamento renale: infuso, tre tazze al giorno in cure di tre settimane (2).

Per la sua azione diuretica nei casi di eccesso di peso: infuso, tre tazze al giorno (1).

Contro i dolori reumatici: infuso, tre tazze al giorno in cure di 3 settimane (1).

Per eliminare l'acido urico: infuso, tre tazze al giorno una delle quali a digiuno (2).

Per i disturbi premestruali: infuso, due tazze al giorno (2).

Per calmare l'infiammazione delle palpebre: lavaggi con infuso (1).

PREPARAZIONI

(1) Porre in infusione per 15 minuti 50 g di foglie secche in 1 l d'acqua.
(2) Porre in infusione per 10 minuti 30 g di foglie secche in 1 l d'acqua bollente.

Rindomolo

Amni maius

Famiglia botanica Ombrellifere

CONTROINDICATA IN AUTOTERAPIA Il rindomolo, anche in infuso, può causare problemi di fotosensibilizzazione, in particolare di bruciature cutanee in caso di esposizione al sole.

Robinia

Robinia pseudoacacia

Famiglia botanica Leguminose

CONTROINDICATA IN AUTOTERAPIA Pianta tossica in certi dosaggi: uso riservato al medico.

Rosa

Rosa centifolia

Famiglia botanica Rosacee

È la 'rosa pallida', probabilmente lo stupendo risultato dell'incrocio fra la rosa di Provenza e la rosa canina d'Oriente. Una sua 'cugina' viene chiamata 'la rosa di tutti i mesi' per la sua lunga fioritura che profuma e fornisce la celebre 'acqua di rose'.

Descrizione Taglia 1,50 m circa. Fiori rosa dal profumo tenue e delicato. La rosa dai cento fiori è coltivata soprattutto per estrarne l'olio essenziale di rosa.

Proprietà Leggermente purgativa, astringente, tonica, antinfiammatoria.

Parti utili Petali, fiori.

Quando e come utilizzare *Per combattere la costipazione*: due tazze al giorno (1).

Per stimolare gli stomaci delicati: due cucchiaini da caffè al giorno (2).

Come vermifugo: due tazze al giorno (1).

In caso di costipazione con spasmi: due tazze al giorno (3).

Per calmare le irritazioni degli occhi: bagni oculari (4).

PREPARAZIONI

(1) Porre in infusione 3-4 minuti 10 g di petali secchi in 1 l d'acqua, poi filtrare.
(2) Far macerare per 8 giorni in 1 l di buon vino rosso 20 g di petali secchi.
(3) Far cuocere dolcemente da 5 a 10 minuti in un po' di latte 20 g di foglie secche, filtrare.
(4) Mescolare 15 g di acqua di rose a 15 g di acqua di piantaggine. Queste acque devono essere di una assoluta purezza batteriologica.

Rosa canina

Rosa canina

Famiglia botanica Rosacee

La rosa canina è una rosa selvatica che ha numerose varietà. In medicina se ne utilizzano i fiori, i frutti e i semi. Il frutto, detto cinorrodo, è diuretico e molto ricco di vitamina C.
Secondo la tradizione popolare svizzera i cinorrodi interi sono un rimedio eccellente contro la tenia.

Descrizione Pianta perenne da cui sono derivati i roseti di coltivazione. Taglia da 1 a 4 m. Fusto verde, rami ricadenti, forniti di spine. Foglie ovali, verde-gialle, dentellate. Fiori rosa (giugno-luglio). Frutti (cinorrodi) ovoidali, lisci e carnosi. L'arbusto ha un gradevole profumo. La rosa canina cresce nei boschi, lungo le siepi, nei boschi cedui in tutta l'Europa temperata.

Proprietà Diuretica, astringente, tonica, cicatrizzante, molto ricca di vitamina C (800 mg per 100 g).

Parti utili Foglie, frutti (cinorrodo), galla (escrescenza barbata, provocata da un parassita della pianta).

Quando e come utilizzare *Contro l'angoscia e la tensione nervosa*: decotto, cinque tazze al giorno (1).

Come ricostituente per le persone anziane: liquore, un bicchierino prima di ogni pasto (4).

Per aumentare la resistenza dell'organismo a freddo e microbi in caso di epidemia: decotto, due tazze al giorno (6).

Per combattere la fatica: infuso, quattro tazze al giorno (5).

Per la sua azione depurativa e ricostituente: cure di tre settimane di decotto, quattro tazze al giorno (2).

Come diuretico in caso di nefrite: infusione di galla, due tazze al giorno (5).

Contro la diarrea: sciroppo, tre cucchiai da minestra al giorno (per un bambino metà dose) (3); decotto, mezzo litro al giorno (6).

PREPARAZIONI

(1) Far macerare a freddo per un'ora 40 g di frutti secchi. Far bollire per 5 minuti, poi lasciar macerare per 15 minuti.
(2) Schiacciare 50 g di cinorrodo, preferibilmente fresco, farlo bollire per 3 minuti in 1 l d'acqua. Filtrare accuratamente.
(3) Schiacciare, e premere fino a estrarne il succo, 200 g di cinorrodo fresco, aggiungere lo stesso peso di zucchero e cuocere a fuoco dolce fino a ispessimento. Conservare in un recipiente tappato.
(4) Far macerare in 1 l d'acquavite per tre ► ▷ settimane in ambiente caldo 200 g di cinorrodo fresco preferibilmente mescolato a 100 g di zucchero candito, filtrare. Aggiungere, al momento di bere, un terzo di acqua.
(5) Porre in infusione per 10 minuti 50 g di galla secca in 1 l d'acqua.
(6) Far bollire per 10 minuti e poi lasciare in infusione per un'ora 30 g di cinorrodo secco in 1 l d'acqua. Filtrare accuratamente attraverso una pezza sottile.

Rosa di Natale

Helleborus niger

Famiglia botanica Ranuncolacee

CONTROINDICATA IN AUTOTERAPIA Pianta tossica: uso riservato al medico.

Rosmarino

Rosmarinus officinalis

Famiglia botanica Labiate

Molto apprezzato dagli antichi, gli erano però riconosciute scarse proprietà medicamentose. Nelle cerimonie aveva un posto di tutto rispetto come simbolo dell'amore, del matrimonio e della morte. Nel XVI secolo viene composta la famosa 'acqua della regina di Ungheria', così chiamata perché la regina Isabella, guarita a settantadue anni per merito di quest'acqua dai dolori reumatici, pensò di aver scoperto 'l'elisir della giovinezza'.

Descrizione Arboscello sempreverde. Taglia fino a 2 m. Foglie strette, persistenti, verde scuro nella pagina superiore. Fiori blu chiaro. Il rosmarino cresce in terreni calcarei e fino a 1500 m nelle regioni mediterranee.

Proprietà Aromatica, stimolante, colagoga, coleretica, diuretica, vermifuga, antispastica, battericida, antinfiammatoria.

Parti utili Sommità fiorite, foglie.

Quando e come utilizzare *Come stimolante (insufficien-*

za renale e vescicolare): due tazze al giorno, lontano dai pasti (1).

Come vermifugo contro gli ascaridi: tre tazze al giorno, lontano dai pasti (2).

In caso di spasmi accompagnati da febbre moderata: due tazze al giorno, lontano dai pasti (3).

In caso di storte: in applicazioni locali (4).

Per l'igiene orale: sciacqui orali dopo i pasti (5).

PREPARAZIONI

(1) Porre in 1 l d'acqua bollente 20 g di sommità fiorite secche e lasciare in infusione per 15 minuti.
(2) Porre in 1 l d'acqua bollente 10 g di sommità fiorite secche e lasciare in infusione per 15 minuti.
(3) Porre in 1 l d'acqua bollente 5 g di sommità fiorite secche di rosmarino, 5 g di corteccia di salice, 5 g di radici secche di angelica, far bollire per 10 minuti.
(4) Far cuocere per 15 minuti in 1 l di vino rosso 30 g di foglie fresche di rosmarino.
(5) Far bollire per 3 minuti in 1 l d'acqua 20 g di sommità fiorite secche di rosmarino e 20 g di foglie di rovo.

ATTENZIONE Il consumo eccessivo di rosmarino può talvolta essere pericoloso.

Rovo

Rubus fruticosus

Famiglia botanica Rosacee

Teofrasto, nel IV secolo a.C., conosceva già il rovo come pianta medicinale; Dioscoride sottolinea le sue proprietà astringenti. Nel XII secolo santa Ildegarda ricorda che il rovo era utilizzato contro la tosse e la dissenteria emorragica.
Contro le infiammazioni oculari, si utilizzava un ottimo collirio preparato con il succo di giovani germogli di rovo battuti nell'acqua di rose con un bianco d'uovo.

Descrizione Pianta della quale esistono in Europa almeno mille e cinquecento specie. Taglia da 0,40 a 3 m. Fusto flessuoso ma robusto, rossastro e spinoso. Foglie piccole, ovali, appuntite, dentellate. Fiori rosa o bianco-rosati (da maggio ad agosto). Frutti (more) carnosi, rossi, poi neri alla maturazione.
Il rovo cresce lungo le siepi, ai bordi delle strade, al limitare delle foreste, nei terreni incolti in tutta l'Europa.

Proprietà Astringente, diuretica, depurativa, emostatica.

Parti utili Foglie, fiori in boccioli, pianta.

Quando e come utilizzare *Per curare le afte*: sciacqui orali frequenti a base di decotto (1).

Per curare una raucedine: gargarismi con decotto, tre volte al giorno (2).

In caso di gengivite: sciacqui orali con decotto (3).

Come antisettico e cicatrizzante delle ulcere delle gambe: impacchi di foglie fresche collocate fra due compresse di garza (4).

PREPARAZIONI

(1) Far bollire per 20 minuti 100 g di foglie fresche in 1 l d'acqua.
(2) Far bollire per 15 minuti 100 g di foglie in 1 l d'acqua bollente, poi filtrare.
(3) Far bollire per 5 minuti e lasciare in infusione per 10 minuti 30 g di pianta in 1 l d'acqua.
(4) Far bollire 100 g di foglie fresche in 1 l d'acqua.

ATTENZIONE Filtrare con cura le preparazioni.

Ruta

Ruta graveolens

Famiglia botanica Rutacee

CONTROINDICATA IN AUTOTERAPIA Pianta tossica: uso riservato al medico.

Sabina

Juniperus sabina

Famiglia botanica Cipressacee

CONTROINDICATA IN AUTOTERAPIA Pianta tossica: uso riservato al medico.

Salcerella

Lythrum salicaria

Famiglia botanica Litracee

Già conosciuta da Dioscoride, fu molto raccomandata dal celebre medico Fracistrato del III secolo a.C.
Nel Medio Evo il suo nome volgare tedesco, 'il nobile Enrico', dimostra il grande significato che essa aveva in quella tradizione popolare, che vedeva addirittura in questa pianta la dimora dei folletti. Nel XVIII secolo viene riscoperta e usata contro la dissenteria. Il dottor Leclerc, all'inizio della ritirata della Marna nel 1914, ha potuto con essa «bloccare dei flussi intestinali ribelli a ogni medicamento chimico della sua farmacia da campo».

Descrizione Pianta molta bella, simile all'epilobio. Taglia fino a 1 m. Foglie opposte, lanceolate, pubescenti nella pagina inferiore. Fiori rosso vino in spighe terminali (giugno-luglio).
La salcerella cresce lungo le rive di fiumi, stagni e paludi.

Proprietà Antidiarroica, regolatrice del flusso mestruale.

Parti utili Sommità fiorite, radici.

Quando e come utilizzare *Nelle diarree croniche*: tre tazze lontano dai pasti (1); da tre a quattro volte al giorno (3), oppure una tazza mattino e sera (4).

In caso di flusso mestruale troppo abbondante: tre tazze lontano dai pasti (1) oppure tre tazze in concomitanza con le mestruazioni (2).

PREPARAZIONI

(1) Fare un decotto con 60 g di sommità fiorite secche per ogni litro d'acqua. ►

▷ (2) Far bollire per 10 minuti 160 g di sommità fiorite fresche in 1 l d'acqua.
(3) Aggiungere a 500 g di acqua di papavero selvatico 30 g di sciroppo di altea e 6 g di polvere di salcerella. Bere in giornata.
(4) Possiamo utilizzare una formula equivalente alla preparazione 3 facendo bollire in 1 l d'acqua per 20 minuti 20 g di radici di salcerella, 10 g di radici di altea e 5 g di fiori di papavero selvatico.

Salice bianco

Salix alba

Famiglia botanica Salicacee

Viene chiamato anche vetrice bianco. Dioscoride lo consigliava contro gli sbocchi di sangue; inoltre riteneva che i semi, il succo e la corteccia fossero astringenti e la linfa, raccolta al momento della fioritura, alleviasse la debolezza oculare.
Secondo il grande Gallieno (II secolo) non vi era cicatrizzante più efficace della linfa di salice.
Nel Medio Evo, in alcuni ricettari, vengono raccomandate la corteccia e le foglie di salice contro la pleurite, le malattie del fegato e della milza.
Santa Ildegarda non ne parla. Nel XVI secolo Léonard Fuchs riprende, parola per parola, le indicazioni di Dioscoride. Alla fine del XVII secolo il salice inizia ad avere fama di febbrifugo.

Descrizione Albero facilmente identificabile dal colore chiaro del suo fogliame. Taglia da 10 a 25 m. Tronco dalla corteccia scura e screpolata. Foglie molto strette e allungate, lisce, verde argenteo chiaro. Fiori in amenti verde pallido o giallo (aprile-maggio).
Il salice bianco cresce lungo i corsi d'acqua, nelle località umide in tutta l'Europa.

Proprietà Antidolorifica, antireumatica, antispastica, febbrifuga, sedativa.

Parti utili Corteccia, amenti, foglie.

Quando e come utilizzare *Come antidolorifico*: applicazioni locali di impacchi impregnati di vino di foglie (1).

Contro la febbre: vino di corteccia, due bicchierini da liquore al giorno (2).

Contro l'influenza: infuso, tre tazze al giorno (3).

Contro l'eccessivo nervosismo: infuso, bere due tazze al giorno (3).

Per garantire un buon sonno: infuso, una tazza al momento di coricarsi (3).

Per le pelli grasse: lozione-decotto (4).

Per i piedi affaticati: bagni di decotto di 15 minuti (5).

PREPARAZIONI

(1) Far bollire, a fuoco lento e a recipiente coperto per due ore, 50 g di foglie secche in 1 l di buon vino bianco. Filtrare.
(2) Far macerare per 2 settimane in 1 l di buon vino rosso 40 g di corteccia spezzettata. Filtrare. Conservare in recipiente tappato.
(3) Porre in infusione per 10 minuti 40 g di foglie e amenti secchi in 1 l d'acqua bollente.
(4) Far bollire per 10 minuti 50 g di corteccia spezzettata in 1 l d'acqua. Filtrare.
(5) Far bollire per 10 minuti poi lasciare in infusione per 10 minuti 60 g di corteccia spezzettata in 1 l d'acqua. Filtrare. Aggiungere all'acqua del pediluvio.

Salsapariglia

Smilax aspera

Famiglia botanica Liliacee

È questa la varietà di salsapariglia maggiormente diffusa in Europa.
Nel XVI secolo Matthiole le attribuì proprietà terapeutiche nei confronti della sifilide.
Attualmente gli asmatici ne fumano la radice macinata.

Descrizione Pianta perenne. Taglia da 1 a 2 m. Fusto rampicante, spinoso. Foglie persistenti, di un bel colore verde scuro, macchiate di verde più chiaro, la forma è quella di un cuore allungato e appuntito, sono bordate di spine.
Fiori disposti in grappoli, bianchi macchiati di verde (da agosto a ottobre). Frutti (bacche) rotondi e rossi, così simili al ribes da trarre in inganno. Radici brune o grigio chiaro.
La salsapariglia cresce lungo le siepi, nei boschi radi, nei campi, nelle macchie in tutta l'Europa.

Proprietà Diuretica, depurativa, sudorifera.

Parti utili Radici.

Come e quando utilizzare *Contro i dolori reumatici e articolari*: decotto, due tazze al giorno, in cure di tre settimane (1).

Per eliminare l'acido urico in caso di crisi di gotta: infuso, due tazze al giorno (2).

In caso di infiammazione renale: decotto, 1 l al giorno da bere nell'intervallo fra i pasti (3).

Per curare l'influenza: decotto, tre tazze al giorno (3).

Per prevenire le crisi di asma: decotto, una tazza prima dei due pasti principali (4).

Contro l'herpes simplex: decotto, una tazza un'ora prima dei due pasti principali (5).

Per riacquistare un bel colorito: decotto, due tazze al giorno in cure di 8 giorni (3).

PREPARAZIONI

(1) Far bollire per 20 minuti 40 g di radici secche in 1 l d'acqua.
(2) Porre in infusione per 10 minuti 50 g di radici secche in 1 l d'acqua bollente, filtrare.
(3) Far bollire per 10 minuti e lasciare in infusione per 5 minuti 50 g di radici secche in 1 l d'acqua.
(4) Far bollire per 15 minuti e lasciare in infusione per 10 minuti 50 g di radici secche in 1 l d'acqua.
(5) Far bollire per 20 minuti 70 g di radici secche in 1 l d'acqua.

Salvia

Salvia officinalis

Famiglia botanica Labiate

Già nella Grecia antica, dove era considerata pianta sacra, se ne distinguevano circa venti differenti qualità. Nel I secolo Dioscoride la riteneva diuretica, tonica, emostatica. Nel IX secolo la troviamo coltivata prima negli orti dei monasteri, poi anche in quelli dei contadini. La credenza popolare, che trovava una netta somiglianza fra le foglie della salvia e la schiena del rospo, sosteneva che questo animale e questa pianta facessero, per così dire, comunella.
Da questa credenza hanno tratto origine sia una novella (la numero 37) di Giovanni Boccaccio (il noto scrittore toscano del XIV secolo), sia una di Hans Sachs (1494-1576), il più grande dei Maestri cantori della tradizione tedesca.
Dopo essere stata a lungo dimenticata, oggi la salvia vede di nuovo riconosciute quasi tutte le sue proprietà.

Descrizione Pianta a cespuglio, molto aromatica. Taglia da 20 a 70 cm. Fusto diritto, legnoso. Foglie persistenti, spesse, larghe e oblunghe di un verde biancastro. Fiori grandi, blu-violetti (da maggio a ottobre).
La salvia cresce sui dirupi, nei terreni rocciosi e aridi delle regioni mediterranee.

Proprietà Antisettica, antispastica, sedativa, carminativa, antisudorale, stomachica, stimolante, vulneraria, ormonale.

Parti utili Le foglie mondate, le sommità fiorite.

Quando e come utilizzare *In caso di astenia, di convalescenza e di grande stanchezza*: vino di foglie, un bicchierino alla fine di ogni pasto (1).

Contro gli stati depressivi: infuso, due tazze al giorno (2).

Come sedativo ed equilibrante del sistema nervoso: infuso, due tazze al giorno (3).

Contro la gengivite: infuso, sciacqui orali, più volte al giorno (4).

Dopo il parto, per aiutare a prosciugare la secrezione lattea: infuso, tre tazze al giorno (2).

Contro le vampate di calore della pre-menopausa: infuso, tre tazze al giorno (2).

In caso di mestruazioni dolorose: infuso, due tazze al giorno, prima e durante le mestruazioni (3).

PREPARAZIONI

(1) Far macerare per 10 minuti 30 g di foglie mondate in 1 l di buon vino rosso, poi filtrare. Conservare in recipiente tappato.
(2) Porre in infusione per 10 minuti 20 g di foglie mondate in 1 l d'acqua bollente.
(3) Porre in infusione per 10 minuti in 1 l d'acqua bollente 15 g di foglie e fiori secchi.
(4) Porre in infusione per 10 minuti 60 g di foglie mondate in 1 l d'acqua bollente.

ATTENZIONE La salvia non va consumata dalle donne che allattano. Non mettere in contatto la pianta con il ferro; per le preparazioni usare una casseruola smaltata. Controindicata in caso di mastiti o di cancro al seno.

Sambuco ebbio

Sambucus ebulus

Famiglia botanica Caprifogliacee

CONTROINDICATA IN AUTOTERAPIA Pianta tossica a certe dosi: uso riservato al medico.

Sambuco nero

Sambucus nigra

Famiglia botanica Caprifogliacee

Le popolazioni preistoriche raccoglievano già le bacche di sambuco. I discepoli di Ippocrate gli attribuivano proprietà lassative, diuretiche e attività nel campo ginecologico. Dioscoride sosteneva che le foglie e i giovani germogli, cotti come una verdura, contrastassero gli eccessi di bile.

Descrizione Arbusto dai fiori profumati. Taglia da 2 a 6 m. Corteccia ruvida, marrone-grigia. Foglie dentellate

verde scuro. Fiori bianchi a ombrello (giugno-luglio). Bacche nero-bluastre, brillanti, in grappoli.
Il sambuco cresce nelle siepi, al limitare dei boschi. In montagna lo si trova solo fino a 1200 m.

Proprietà Diuretica, sudorifera, emolliente, purgativa, vulneraria.

Parti utili Foglie, fiori, frutti, corteccia.

Quando e come utilizzare *Contro i disturbi dell'arteriosclerosi*: decotto, mezzo litro diviso in tre dosi nella giornata (1).

Contro la costipazione: decotto, un bicchierino al mattino a digiuno, un altro la sera al momento di coricarsi (2).

Come stimolante epatico: infuso, tre tazze al giorno, di cui una a digiuno (3).

Nelle crisi di gotta, per eliminare l'acido urico: decotto, due tazzine da caffè al giorno (4).

Per calmare i dolori emorroidali: impacchi imbevuti di infuso (5).

Per favorire la sudorazione, in caso di malattie infettive, di influenza o di affezioni delle vie respiratorie: infuso, due tazze al giorno (6).

In caso di crisi reumatica: aceto dolce, due cucchiai da minestra al giorno (7).

Per combattere le irritazioni agli occhi: bagni oculari con infuso (5).

Contro mal di gola e stomatite: gargarismo con infuso (5).

PREPARAZIONI

(1) Far bollire fino a ridurre alla metà 50 g di foglie secche in 1 l d'acqua.
(2) Far bollire per 5 minuti 80 g di bacche secche in 1 l d'acqua, poi filtrare.
(3) Gettare 50 g di fiori secchi in 1 l d'acqua bollente e filtrare immediatamente.
(4) Far bollire per 3 minuti 60 g di corteccia secondaria secca in 1 l d'acqua.
(5) Porre in infusione per 10 minuti 80 g di fiori secchi in 1 l d'acqua bollente, poi filtrare. ►
(6) Porre in infusione per 10 minuti 35 g di fiori in 1 l d'acqua bollente.
(7) Far macerare per 4 giorni in 1 l di aceto di vino 50 g di fiori secchi; aggiungere alla macerazione il doppio del suo peso di miele, lasciar cuocere a fuoco lento mescolando fino a ottenere uno sciroppo.

Santoreggia

Satureia montana

Famiglia botanica Labiate

Nell'antichità i Greci la usavano come condimento. Molto diffusa durante il Medio Evo nei monasteri benedettini, era molto nota a santa Ildegarda che nel XII secolo la utilizzava contro la gotta. I botanici del XV e XVI secolo ne parlano come di un afrodisiaco.
Successivamente dimenticata fu riportata alla ribalta nel 1933 come antidiarroica.
Nella classificazione del dottor Belaiche essa fa parte delle piante il cui olio essenziale è considerato 'maggiore' nel trattamento delle malattie infettive.

Descrizione Pianta perenne dal profumo molto aromatico. Taglia da 10 a 40 cm, fusto ascendente legnoso e rigido. Foglie strette appuntite, brillanti e coriacee. Fiori in spighe bianchi, rosa o violetti (da luglio a settembre). La santoreggia cresce sulle ripe soleggiate, sulle pietraie, sui terreni aridi e calcarei in tutte le regioni mediterranee.

Proprietà Antisettica, antispastica, carminativa, stomachica, astringente, espettorante.

Parti utili Sommità fiorite, pianta intera.

Quando e come utilizzare *Contro l'astenia o la stanchezza dei convalescenti*: infuso, due tazze al giorno (1).

In caso di infiammazione dei bronchi: infuso, due tazze al giorno (2).

Contro la diarrea: decotto, tre tazze al giorno (3).

Per stimolare l'attività gastrica: infuso, due tazze al giorno (4).

Contro le dilatazioni (meteorismo): infuso, una tazza dopo i pasti (1).

Contro gli spasmi e le contratture: infuso, bere due tazze al giorno (2).

Per stimolare l'attività sessuale: infuso, bere una tazza alla sera (2).

PREPARAZIONI

(1) Porre in infusione per 10 minuti 30 g di pianta intera secca in 1 l d'acqua bollente.
(2) Porre in infusione per 10 minuti 50 g di pianta intera secca in 1 l di acqua bollente.
(3) Far bollire per 10 minuti 80 g di pianta intera secca in 1 l d'acqua.
(4) Porre in infusione per 10 minuti 20 g di sommità fiorite secche in 1 l d'acqua bollente.

Saponaria

Saponaria officinalis

Famiglia botanica Cariofillacee

Gli antichi se ne servivano per lavare la biancheria, poiché a quel tempo non si conosceva ancora il sapone. Secondo Dioscoride la sua radice accresce la secrezione urinaria; inoltre, mescolata al miele, è efficace contro la tosse e le malattie del fegato e, mescolata invece con farina e aceto, diventa un ottimo impiastro per le malattie della pelle.
Nei secoli successivi numerosi medici l'hanno decantata contro la gotta, i reumatismi e i disturbi sifilitici.

Descrizione Pianta perenne, decorativa e profumata. Taglia da 40 a 80 cm. Fusto diritto, robusto, rossastro. Grandi foglie ovali verde chiaro. Fiori rosa pallido tendenti talvolta al lilla (da giugno a settembre). Rizomi bruno-rossi.
La saponaria cresce lungo le siepi, le strade e le scarpate nei terreni umidi.

Proprietà Depurativa, tonica, risolutiva, detergente.

Parti utili Rizomi.

Quando e come utilizzare *Per asciugare i bottoni di acne e curare la pitiriasi*: lozione, tamponare due volte al giorno con un'ovatta imbevuta (1).

Contro l'eczema: decotto, due tazze al giorno (2).

Contro l'herpes: decotto, due tazze al giorno (2); lozione, per uso esterno (1).

Per il suo effetto coleretico: decotto, tre tazze al giorno, una delle quali a digiuno (2).

Contro i dolori reumatici: decotto, due tazze al giorno in cure di 10 giorni (3).

PREPARAZIONI

(1) Porre in infusione per 10 minuti 100 g di rizomi secchi in 1 l d'acqua bollente e filtrare subito.
(2) Far bollire per 15 minuti 30 g di rizomi secchi in 1 l d'acqua e filtrare subito.
(3) Far bollire per 5 minuti 20 g di rizomi secchi in 1 l d'acqua e filtrare subito.

ATTENZIONE La pianta non deve macerare nell'acqua. Si deve filtrare immediatamente e utilizzare la preparazione entro breve tempo, evitando la conservazione anche se in frigorifero.

Scabiosa

Succisa pratensis

Famiglia botanica Dipsacacee

Deve il suo nome al fatto di essere stata un antico rimedio contro la scabbia; è stata molto usata per curare le malattie della pelle. La sua radice superficiale sembra essere stata tagliata di netto nel senso della lunghezza. A questo proposito la leggenda dice che è stato Satana a tagliarla con i denti, in un momento di collera, per punirla dei suoi meriti terapeutici.

Descrizione Pianta perenne, caratterizzata dai fiori arruffati e dalla radice molto corta che sembra sia stata tranciata di netto. Taglia da 0,30 a 1 m. Fusto diritto, liscio. Foglie ovali. Fiori color blu-violetto riuniti in capolini sferici, irti di reste nere (da agosto a ottobre). La scabiosa cresce nelle radure e nei prati umidi, nelle paludi, nei terreni argillosi in quasi tutta l'Europa.

Proprietà Depurativa, espettorante, astringente, vulneraria, sudorifera.

Parti utili Foglie, fiori, l'intera pianta.

Quando e come utilizzare *Per prevenire le crisi di asma*: infuso, tre tazze al giorno, una al mattino a digiuno e una prima dei pasti (1).

In caso di bronchite e di tosse ribelle: sciroppo, tre cucchiaini da caffè nel corso della giornata (2).

Contro le afte: sciacqui orali frequenti con il decotto (3).

Contro la pitiriasi: lozione-decotto, tamponare con un'ovatta imbevuta senza strofinare (4).

Per calmare il prurito: lavaggi, più volte al giorno, con lozione-decotto (5).

PREPARAZIONI

(1) Porre in infusione per 10 minuti 20 g di fiori e foglie secche in 1 l d'acqua bollente.
(2) Porre in infusione 5 ore 80 g di foglie e fiori secchi in 1 l d'acqua bollente. Filtrare. Incorporare 1 kg e mezzo di zucchero e cuocere a fuoco lento, fino a ottenere uno sciroppo.
(3) Far bollire in recipiente scoperto per 20 minuti 50 g di foglie secche in 1 l d'acqua. Filtrare.
(4) Far bollire per 5 minuti e lasciare in infusione per 10 minuti 50 g di pianta intera secca in 1 l d'acqua. Filtrare.
(5) Far bollire per 10 minuti 50 g di pianta intera secca in 1 l d'acqua. Filtrare.

Scrofularia

Scrofularia nodosa

Famiglia botanica Scrofulariacee

Nel XVI secolo la scrofularia era impiegata contro le malattie della pelle e ritenuta anche antiemorroidale. Sotto Luigi XIII, durante l'assedio di La Rochelle, le ferite e le piaghe furono curate con questa pianta. A quell'epoca veniva chiamata dai francesi anche 'erba della sedia', probabilmente per le sue proprietà antiemorroidali. Era un facile gioco di parole, dovuto al fatto che sedia e assedio, in francese, sono tradotti con la stessa parola *siège*.

Descrizione Pianta perenne dal ceppo molto folto. Taglia fino a 1,50 m. Fiori verdastri o bruni. Fusto ad angoli ottusi. Foglie lisce, allungate, dentellate a sega. La scrofularia cresce nelle località campestri, nei boschi umidi, nei fossati.

Proprietà Eccitante, purgativa, vermifuga, antiemorroidale, antipitiriasi.

Parti utili Radici, foglie.

Quando e come utilizzare *Nel caso in cui altre piante vermifughe non abbiano dato risultati*: due tazze al giorno, lontano dai pasti, tre giorni prima e tre giorni dopo il cambiamento della luna (1).

In caso di emorroidi, quando altri preparati vegetali non hanno sortito effetto: bere due tazze al giorno, lontano dai pasti (2).

PREPARAZIONI

(1) Far macerare per un'ora in una pentola ben chiusa in 1 l d'acqua bollente 10 g di scrofularia secca e 5 g di semi di angelica.
(2) Lasciar macerare per 15 minuti in 1 l d'acqua bollente 15 g di radici.

ATTENZIONE A forti dosi la scrofularia è emetica: perciò è necessario rispettare scrupolosamente il dosaggio indicato nelle preparazioni.

Sedano

Apium graveolens

Famiglia botanica Ombrellifere

Quando cresce selvatica nella palude, questa pianta è chiamata appio. Nome latino che sta a indicare il fatto che sia molto apprezzata dalle api. Il sedano era una pianta medicinale molto nota a Egiziani, Greci e Romani.

Achille, racconta Omero, la usò per guarire il suo cavallo. Questa pianta, nell'antichità, era simbolo sia di gioia che di tristezza: infatti, stranamente, era usata sia per ornare i monumenti funebri e le colonne sepolcrali, sia per rivestire gli archi trionfali o le corone nuziali.
La badessa sant'Ildegarda, nel Medio Evo, la usava come toccasana, ma solo più tardi, nel XVI secolo essa fu coltivata come ortaggio e il buon sedano rapa divenne il piatto forte di molti focolari fino all'arrivo della patata. Ma, anche se la tradizione popolare lo ha un po' dimenticato, ricorda però sempre le notevoli proprietà della sua acqua di cottura per combattere la forfora.

Descrizione Pianta biennale (la selvatica). Taglia da 30 a 90 cm. Fusto scanalato. Foglie spesse, lucide, verde scuro, divise in triangoli dentellati. Fiori bianchi (da luglio a settembre) che si presentano in forma di piccoli ombrelli. Frutti piccoli, globosi, grigi.
L'appio selvatico cresce nei terreni umidi, salati, spesso in prossimità delle saline, in Europa.

Proprietà Diuretica, stimolante, risolvente.

Parti utili Foglie, frutti, radici.

Quando e come utilizzare *Contro i calcoli renali e biliari*: decotto, due tazze al giorno (1).

Per un bel colorito: tre tazze al giorno per 10 giorni (1).

In caso di albuminuria: decotto, tre tazze al giorno (1).

Contro le infiammazioni reumatiche: infuso, due tazze al giorno per tre settimane (2).

Contro il meteorismo: infuso, una tazza dopo i pasti (3).

Contro la tosse: decotto (1).

Sulle ecchimosi: cataplasma di foglie fresche schiacciate.

PREPARAZIONI

(1) Far bollire 10 minuti 30 g di radici secche in 1 l d'acqua. Lasciare in infusione 10 minuti.
(2) Porre in infusione per 10 minuti 70 g di foglie secche in 1 l d'acqua bollente.
(3) Porre in infusione per 10 minuti 30 g di frutti secchi in 1 l d'acqua.

Sena

Cassia angustifolia

Famiglia botanica Leguminose

La sua diffusione, che risale al X secolo, è dovuta alla medicina araba. Nella prima metà del XVI secolo la si coltiva anche in Italia e le si riconosce azione purgativa.

Descrizione Pianta legnosa. Foglie allungate, appuntite. Fiori riuniti in grappoli ascellari, gialli venati di bruno. Frutti, baccelli piatti e membranosi.
Cresce allo stato selvatico in Somalia ed è coltivata in India, nella regione meridionale di Tinneveny.

Proprietà Lassativa, purgativa.

Parti utili Foglioline, semi.

Quando e come utilizzare *In caso di costipazione tenace*: un clistere di evacuazione (1) oppure due tazze al giorno, lontano dai pasti (2).

Nei casi di costipazione cronica, se altre preparazioni non hanno effetto: tre tazze al giorno, lontano dai pasti (3).

PREPARAZIONI

(1) Porre in infusione 10 g di semi secchi in 1 l d'acqua bollente.
(2) Porre in infusione per 3 minuti 10 g di semi secchi e 10 g di caffè in 170 g di acqua bollente. Zuccherare.
(3) Porre in infusione in 1 l d'acqua bollente 5 g di semi secchi lavati prima nell'alcol (la sena, se lavata nell'alcol ha meno probabilità di causare coliche).

ATTENZIONE Non usare mai per periodi prolungati.

Senape nera

Brassica nigra

Famiglia botanica Crucifere

CONTROINDICATA IN AUTOTERAPIA Pianta molto irritante: uso riservato al medico.

Senecio

Senecio vulgaris

Famiglia botanica Composite

Nell'antichità Teofrasto, allievo di Aristotele, la considerava già una pianta medicinale. Il grande Dioscoride la ritiene rinfrescante, adatta a guarire le emorroidi e i mali di stomaco. Plinio ne mette in rilievo soprattutto l'efficacia su fegato, cuore, reni e vescica. Nel Medio Evo viene dimenticata, tranne che dagli Arabi. Nel XVI secolo si riparla di nuovo dei suoi benefici: il succo fresco guarisce gli sbocchi di sangue e le emorragie uterine e la pianta in generale serve a curare ulcere e piaghe di ogni genere. È prudente usare questa pianta esclusivamente sotto controllo medico.

Descrizione Pianta annuale che fiorisce tutto l'anno. Taglia da 20 a 40 cm. Fusto diritto, grosso. Foglie spesse, dentellate in lobi irregolari. Piccoli fiori gialli riuniti in capolini.
Il senecio cresce comunemente nei giardini, nei campi coltivati, negli orti, nei terreni arati da poco tempo in tutta l'Europa.

Proprietà Emmenagoga, emostatica, astringente, emolliente, vulneraria, espettorante, sedativa.

Parti utili Pianta intera, radici.

Quando e come utilizzare *Per migliorare la circolazione sanguigna*: infuso, due tazze al giorno, nell'intervallo fra i pasti (1).

Contro la tosse e il catarro: decotto, tre tazze al giorno, nell'intervallo fra i pasti (2).

Come sedativo rilassante: infuso, bere, all'occasione, due tazze al giorno (3).

Contro la diarrea: infuso, tre tazze al giorno (3).

In caso di mestruazioni dolorose: infuso, due tazze al giorno prima e durante il flusso (4).

Per aiutare a far cessare la secrezione lattea dopo il parto: applicazioni, più volte al giorno, di impacchi di foglie fresche schiacciate.

PREPARAZIONI

(1) Porre in infusione per 10 minuti 30 g di pianta intera secca in 1 l d'acqua.
(2) Far bollire per 10 minuti 30 g di pianta intera secca in 1 l d'acqua.
(3) Porre in infusione per 10 minuti 30 g di radici in 1 l d'acqua bollente.
(4) Porre in infusione per 10 minuti 50 g di radici in 1 l d'acqua bollente.

ATTENZIONE Non utilizzare più a lungo dei soliti 20 giorni, salvo diversa prescrizione medica.

Senecio del Canadà

Erigeron canadensis

Famiglia botanica Composite

Questa pianta fece la sua prima apparizione in un parco botanico di Blois; era stata importata dall'America del Nord intorno al 1655. Successivamente ha letteralmente invaso l'Europa, tanto da comparire talvolta in vaste distese. Dobbiamo al nostro collega Leclerc la prima sperimentazione clinica del senecio del Canadà in un caso grave di malattia reumatica.
Attualmente esso è utilizzato, con più o meno successo, per le sue proprietà antinfiammatorie.

Descrizione Pianta biennale. Taglia fino a 1 m. Numerosi piccoli capolini, biancastri.
Il senecio è originario del Canadà ma si è acclimatato dovunque, nell'Europa temperata.

Proprietà Tonica, diuretica, antidiarroica, emostatica, antireumatica, uricolitica, vermifuga.

Parti utili La pianta intera.

Quando e come utilizzare *In caso di albuminuria o di acido urico*: infuso, tre tazze al giorno (1).

In caso di cistite: macerazione, da bere a piccole dosi nella giornata (2).

In caso di diarrea, anche se l'intestino è leggermente irritato: decotto, tre tazze al giorno (3).

Come vermifugo contro gli ascaridi e la tenia: bere 1 l nella giornata (4).

PREPARAZIONI

(1) Porre in infusione per 10 minuti 20 g di pianta intera secca in 1 l d'acqua bollente.
(2) Porre in infusione per 2 minuti in mezzo litro d'acqua bollente e poi lasciar macerare un'ora 15 g di pianta intera secca di senecio del Canadà e 15 g di foglie seccate di uva orsina.
(3) Far bollire per 2 minuti, in mezzo litro d'acqua, 30 g di pianta intera seccata.
(4) Far bollire per 2 minuti in 1 l d'acqua, poi lasciar macerare per un'ora, 30 g di senecio del Canadà, 30 g di muschio della Corsica e 10 g di sommità fiorite di artemisia.

Serpillo

Thymus serpyllum

Famiglia botanica Labiate

Parente stretto del timo, il serpillo ne condivise le proprietà e la fama presso gli antichi. Teofrasto e Dioscoride lo considerano benefico per calmare le convulsioni, lenire le infiammazioni del fegato e dell'intestino, regolarizzare le mestruazioni e sedare, in generale, tutti gli spasmi. Nei suoi *Capitolari*, Carlo Magno ne ordina la coltivazione. Fa bene allo stomaco e a tutto il sistema digerente, se ne consiglia largo uso anche in cucina. È l'ingrediente fondamentale del pesce in carpione (ricetta a base di pesce fritto e marinato in aceto caldo con verdure e aromi).
In aromaterapia, l'olio essenziale di serpillo è considerato essenza germicida media, secondo la classificazione del dottor Belaiche.

Descrizione Piccola pianta perenne, molto profumata. Taglia da 5 a 40 cm. Fusto coricato con i rami fioriti eretti. Foglie piccole e oblunghe; fiori piccoli, in spighe, rosa, bianchi o rosa-violetti (da aprile a ottobre).
Il serpillo cresce lungo le strade, nei pascoli, nelle radure, nelle macchie in tutta l'Europa temperata.

Proprietà Stimolante, tonica, stomachica, espettorante, antispastica, sedativa, astringente, antisettica.

Parti utili Sommità fiorite, pianta intera fiorita.

Quando e come utilizzare *Per evitare le crisi di asma*: infuso, due tazze al giorno dopo i pasti (1).

Per stimolare l'attività gastrica: infuso, due tazze al giorno nell'intervallo fra i pasti (2).

Contro la costipazione: infuso, tre tazze al giorno (2).

Contro la dilatazione (meteorismo): decotto, una tazza dopo ogni pasto (3).

Contro i dolori articolari: impacchi imbevuti di infuso (4).

Contro l'astenia: bagno stimolante a base di infuso di pianta intera (2).

Contro la stanchezza: bagno completo a base di infuso concentrato (5).

PREPARAZIONI

(1) Porre in infusione per 5 minuti 60 g di pianta intera secca in mezzo litro d'acqua bollente, lasciar intiepidire, poi filtrare.
(2) Porre in infusione per 10 minuti 20 g di pianta intera secca in 1 l d'acqua bollente.
(3) Far bollire per 5 minuti poi lasciare in infusione per 10 minuti in 1 l d'acqua 20 g di pianta intera secca.
(4) Porre in infusione per 5 minuti 50 g di sommità fiorite secche in 1 l d'acqua bollente.
(5) Porre in infusione per 10 minuti 150 g di pianta fresca con 3 l d'acqua bollente. Filtrare premendo la pianta per estrarne il succo e versare nell'acqua del bagno.

Sigillo di Salomone

Polygonatum officinale

Famiglia botanica Liliacee

CONTROINDICATO IN AUTOTERAPIA Le bacche sono tossiche. Uso riservato al medico.

Sputaveleno

Ecballium elaterium

Famiglia botanica Cucurbitacee

CONTROINDICATA IN AUTOTERAPIA Pianta tossica: uso riservato al medico.

Stalloggi

Aristolochia clematis

Famiglia botanica Aristolochiacee

CONTROINDICATA IN AUTOTERAPIA Pianta tossica: il suo uso è riservato al medico.

T

Tamaro

Tamus communis

Famiglia botanica Dioscoreacee

CONTROINDICATA IN AUTOTERAPIA Pianta tossica: uso riservato al medico.

Tanaceto

Tanacetum vulgare

Famiglia botanica Composite

Viene anche chiamato 'l'erba dei vermi' per le sue proprietà vermifughe. I nostri antenati lo chiamavano 'il profumo'. Le donne ne facevano affannosa ricerca lungo le rive degli stagni, lo facevano seccare nei granai poi lo appendevano a mazzi nelle case per scacciare tarme e cimici. Se ne metteva anche nei canili per liberare i cani dalle pulci.

Descrizione Pianta perenne dal profumo penetrante che allontana gli insetti (mosche, tarme, pulci). Taglia da 0,80 a 1,60 m. Fusto angoloso, striato, diritto. Foglie molto dentellate che emanano un profumo forte e penetrante. Fiori giallo oro (da giugno a ottobre).
Il tanaceto cresce lungo le strade, nei campi, nei terreni incolti in Europa, tranne che nelle regioni mediterranee dove se ne trova invece una specie annuale, più piccola, ma dalle identiche proprietà.

Proprietà Emmenagoga, digestiva, rinfrescante, vermifuga, insetticida.

Parti utili Sommità fiorite, semi.

Quando e come utilizzare *Per stimolare l'attività gastrica*: vino di fiori, un bicchierino da liquore dopo i pasti (1).

Contro l'aerofagia: infuso, due tazze al giorno dopo i pasti (2).

Come vermifugo contro gli ossiuri: infuso, una grande tazza al mattino a digiuno per 10 giorni (3) oppure clistere con infuso (2).

In caso di mestruazioni dolorose: infuso, due tazze al giorno prima e durante il ciclo (2).

Per calmare un fortissimo mal di denti: gargarismi di infuso (4).

Su una storta: impacchi imbevuti di infuso da cambiare ogni 3 ore (4).

Su una ecchimosi: impacchi imbevuti di infuso (2).

PREPARAZIONI

(1) Lasciar macerare per una settimana 50 g di sommità fiorite fresche in 1 l di buon vino bianco. Conservare in recipiente tappato.
(2) Porre in infusione per 10 minuti in recipiente coperto 25 g di sommità fiorite fresche in 1 l d'acqua bollente.
(3) Porre in infusione per 10 minuti 5 g di semi secchi in 1 l d'acqua bollente.
(4) Porre in infusione per 10 minuti 50 g di sommità fiorite secche in 1 l d'acqua bollente.

ATTENZIONE Rispettare i dosaggi indicati, l'eccessiva concentrazione può essere pericolosa. La pianta può essere tossica; deve essere prescritta soltanto dal medico.

Tarassaco

Taraxacum officinale

Famiglia botanica Composite

Si comincia a sentir parlare di questa pianta soltanto nel XVIII secolo.
Per il dottor Leclerc ha la proprietà di favorire la funzione biliare. La sua coltivazione risale all'inizio del XIX secolo; essa diventa l'insalata dei francesi e verso la fine del secolo anche degli svizzeri.
Tuttavia, già intorno al 1650, il tarassaco era consumato come insalata nei dintorni di Padova.

Descrizione Pianta perenne della quale esistono numerose varietà simili e dalle identiche proprietà. Taglia da 5 a 12 cm. Foglie molto lunghe e dentellate. Fiori gialli, composti da numerose linguette raggruppate in grossi capolini rotondi, che fioriscono tutto l'anno. Radici bruno scuro, della grossezza di un dito, bianche all'interno.

Cresce nei campi, coltivati o no, lungo le strade e nelle torbiere di tutto l'emisfero settentrionale.

Proprietà Aperitiva, depurativa, diuretica, lassativa, stomachica, tonica.

Parti utili Foglie, radici, pianta intera.

Quando e come utilizzare *Per il suo effetto diuretico*: decotto, due tazze al giorno (1).

Contro la litiasi, renale o biliare: decotto (2).

Per evitare l'eccesso di colesterolo: decotto, tre tazzine al giorno, una delle quali a digiuno (1).

Per aver cura del sistema arterioso: decotto, tre tazze al giorno, per una settimana al mese (3).

Per eliminare l'urea: decotto, tre tazze al giorno (4).

Contro le emorroidi: semicupio a base di decotto (5).

Come trattamento di bellezza per la pelle: decotto, cure di tre settimane, tre tazze al giorno (4).

PREPARAZIONI

(1) Far bollire per 10 minuti 100 g di radici in 1 l d'acqua, poi filtrare.
(2) Far bollire per 5 minuti poi lasciare in infusione per 10 minuti 50 g di pianta intera ridotta in pezzi in 1 l d'acqua. Filtrare.
(3) Far bollire per 3 minuti e lasciare in infusione per 10 minuti 60 g di foglie secche e di radici spezzettate in 1 l d'acqua. Filtrare.
(4) Far bollire per 10 minuti poi lasciare in infusione per 2 ore 60 g di radici spezzettate in 1 l d'acqua. Filtrare.
(5) Far bollire per 5 minuti poi lasciare in infusione per 10 minuti 50 g di pianta intera spezzettata in 1 l d'acqua. Filtrare. Aggiungere alla quantità d'acqua necessaria a un semicupio.

Tasso

Taxus baccata

Famiglia botanica Taxacee

CONTROINDICATA IN AUTOTERAPIA Tutta la pianta è tossica: uso riservato al medico. Questa pianta è fatta oggetto di intense ricerche nel campo dei tumori.

Tasso barbasso

Verbascum thapsus

Famiglia botanica Scrofulariacee

Questa pianta originariamente allignava soltanto in Sicilia. Ora è diffusa dappertutto. Assomiglia a un cero ed è ricoperta di morbida peluria. Nella tradizione popolare si usavano i fiori in caso di colpi di freddo, bronchite, affezioni acute delle vie urinarie, diarree e coliche.

Descrizione Pianta biennale robusta e profumata. Taglia da 1 a 2 m. Fusto rigido e forte. Grandi foglie ovali, spesse e pelose. Fiori giallo dorato (da giugno a novembre), raggruppati in una grossa spiga profumata.
Il tasso barbasso cresce nei terreni incolti e secchi in tutta l'Europa temperata.

Proprietà Sedativa, emolliente, pettorale, lenitiva.

Parti utili Fiori, foglie.

Quando e come utilizzare *Per prevenire le crisi di asma*: infuso, tre tazze al giorno, due fra i pasti e una prima di coricarsi (1).

Contro le infiammazioni dei bronchi: infuso, tre tazze al giorno (2).

Contro la tracheite: infuso, tre tazze al giorno (2).

Per curare la raucedine: gargarismi di decotto, tre volte al giorno (3).

Per alleviare le difficoltà respiratorie dovute a bronchite, enfisema, asma, tosse: infuso, due tazze al giorno (1).

Per garantire un buon sonno: infuso, una tazza prima di coricarsi (4).

Per calmare il prurito: lavaggi frequenti con decotto, (5).

Sulle scottature superficiali: impacchi di infuso (4).

Contro le coliche: infuso, tre tazze al giorno (6).

Per far maturare un foruncolo: impacchi di foglie cotte nel latte.

Per calmare i dolori da emorroidi: impacchi di foglie cotte nel latte.

PREPARAZIONI

(1) Porre in infusione per 10 minuti in 1 l d'acqua bollente 20 g di fiori secchi.
(2) Porre in infusione per 10 minuti 30 g di fiori secchi in 1 l d'acqua bollente.
(3) Far bollire per 10 minuti 30 g di fiori secchi in 1 l d'acqua e filtrare accuratamente. Addolcire con miele.
(4) Porre in infusione per 10 minuti 25 g di fiori secchi in 1 l d'acqua bollente.
(5) Far bollire per 10 minuti 60 g di fiori e foglie secche in 1 l d'acqua.
(6) Porre in infusione per 10 minuti 40 g di fiori e foglie secche in 1 l d'acqua.

ATTENZIONE Le tisane di tasso barbasso devono essere accuratamente filtrate attraverso una pezzuola per eliminare il peli irritanti della pianta.

Tiglio

Tilia europaea

Famiglia botanica Tiliacee

Gli antichi lo conoscevano, ma sembra non lo usassero a scopi terapeutici. Anche nel Medio Evo pare non fosse utilizzato, ad eccezione della corteccia e delle foglie con cui si curavano i disturbi oculari. L'infuso di tiglio viene adottato soltanto molto più tardi: si inizia a parlarne nella letteratura medica soltanto nel XVI secolo.

Descrizione Albero eccezionalmente longevo (molti secoli). Taglia da 20 a 30 m. Tronco diritto. Corteccia liscia quando l'albero è giovane, screpolata con il tempo. Foglie verde chiaro, a forma di cuore, dentellate. Fiori giallo pallido (giugno-luglio) piccoli e profumati, raggruppati all'estremità di lunghi peduncoli saldati a brattee. Il tiglio cresce allo stato spontaneo nei boschi e nelle foreste dell'Europa temperata. È coltivato frequentemente nei parchi, nei giardini pubblici, lungo i viali delle città e le strade dei paesi.

Proprietà Antispastica, sedativa, calmante, emolliente, sudorifera, coleretica.

Parti utili Fiori, inflorescenze con le brattee, foglie, alburno (tessuto sottostante la corteccia).

Quando e come utilizzare *In caso di influenza e di dolori febbrili*: infuso, due tazze al giorno (1).

Contro il mal di testa: infuso, due tazze al giorno (2).

In caso di crisi reumatiche dolorose: infuso, due tazze al giorno (2).

Per calmare l'angoscia: infuso, due tazze al giorno (2).

In caso di crisi di nervi: infuso, due tazze al giorno, da bere molto calde (3).

Come calmante: bagno completo a fine giornata (4).

Contro l'insonnia: infuso, una tazza prima di coricarsi (1).

Contro le palpitazioni: infuso, due tazze al giorno (1).

Per calmare la nausea: decotto, due tazze al giorno (5).

Per combattere la raucedine e il mal di gola: inalazioni di infuso, due volte al giorno (6).

Contro i gonfiori delle palpebre: impacchi di decotto (5).

Contro la couperose: applicazioni quotidiane di impacchi imbevuti di infuso (3).

Per tonificare l'epidermide e conservare un incarnato luminoso: lozione-infuso fredda, in applicazioni locali (1).

PREPARAZIONI

(1) Porre in infusione per 15 minuti 15 g di fiori secchi in 1 l d'acqua bollente.
(2) Porre in infusione per 10 minuti 20 g di fiori secchi in 1 l d'acqua bollente.
(3) Porre in infusione per 10 minuti 30 g di fiori secchi in 1 l d'acqua bollente.
(4) Far bollire per 10 minuti e lasciare in infusione per un'ora 50 g di alburni spezzettati in 1 l d'acqua. Aggiungere all'acqua del bagno.
(5) Far bollire per 15 minuti 50 g di fiori secchi in 1 l d'acqua.
(6) Porre in infusione per 10 minuti 150 g di fiori secchi in 1 l d'acqua bollente.

Timo

Thymus vulgaris

Famiglia botanica Labiate

Il timo è una pianta caratteristica delle regioni mediterranee. Teofrasto e Dioscoride parlano di due specie di timo, uno bianco e l'altro nero; sostengono che esso «inquina l'organismo e provoca la bile». Santa Ildegarda e sant'Alberto Magno lo utilizzavano contro la lebbra e la paralisi. Il dottor Leclerc lo ritiene ottimo per l'astenia nervosa e in tutti i casi in cui è necessario stimolare la circolazione capillare.
Il dottor Schulz ne adotta l'infuso contro le epidemie di pertosse per calmare o prevenire gli accessi di tosse.
Il timo fornisce un olio essenziale che, nella classificazione del dottor Belaiche, fa parte delle essenze 'maggiori' per il trattamento delle malattie infettive.

Descrizione Pianta aromatica. Taglia da 20 a 30 cm. Fusto legnoso, tortuoso. Foglie piccole, strette, arrotolate, persistenti, molto profumate. Fiori in spighe, rosa o bianchi (da aprile a ottobre).
Il timo cresce allo stato selvatico sulle ripe soleggiate e sulle pietraie nelle regioni mediterranee.

Proprietà Aperitiva, antisettica, antispastica, bechica, stomachica, carminativa, cicatrizzante, revulsiva, emmenagoga, tonica, vermifuga, insetticida.

Parti utili Foglie, sommità fiorite, pianta intera fiorita.

Quando e come utilizzare *Per stimolare l'attività gastrica*: infuso, due tazze al giorno, nell'intervallo fra i pasti (1).

Contro la dilatazione (meteorismo): infuso, una tazza dopo ogni pasto (1).

Contro l'influenza: infuso, tre tazze al giorno (1).

Contro la sinusite: inalazioni di infuso, tre volte al giorno (2).

Contro la tosse: decotto al miele, due cucchiaini da caffè al giorno (3).

In caso di mestruazioni dolorose: infuso, due tazze al giorno, nell'intervallo fra i pasti, prima e durante il ciclo (1).

Per pulire una ferita superficiale: lavaggio con infuso (1).

Come vermifugo (solo per adulti): infuso, una tazza ogni mattino a digiuno per tre settimane (4).

Per eliminare i pidocchi: frizioni, dopo lo shampoo, con lozione-decotto (5).

PREPARAZIONI

(1) Porre in infusione per 10 minuti 25 g di pianta intera secca in 1 l d'acqua bollente.
(2) Porre in infusione per 10 minuti 50 g di pianta intera secca in 1 l d'acqua bollente.
(3) Far bollire per 10 minuti 250 g di pianta intera secca in 1 l d'acqua, filtrare. Rimettere a fuoco molto dolce, quindi incorporare, mescolando, 250 g di miele. Conservare in recipiente tappato.
(4) Porre in infusione per 10 minuti 10 g di pianta intera secca in una tazza di acqua bollente.
(5) Far bollire per 15 minuti 100 g di pianta intera secca in 1 l d'acqua, poi filtrare.

Tormentilla

Potentilla erecta

Famiglia botanica Rosacee

La tormentilla, sconosciuta agli antichi, è una pianta da tannino, con notevole potere astringente.
Nel XVII secolo un grande fitoterapeuta di nome Gilbert, citato anche da Fournier, sostiene di «aver visto un tubercolotico guarire soltanto per aver usato, su consiglio di un contadino, della polvere di tormentilla». Ne aveva presa una dose di 4 g, ogni mattino a digiuno, per un mese. All'inizio del secolo il nostro collega Leclerc la considerava uno dei migliori agenti della fitoterapia tanninica della tubercolosi. Oggi abbiamo mezzi più efficaci per guarire questa malattia, gli antibiotici antitubercolari, tuttavia la tormentilla va tenuta ancor sempre in considerazione come pianta da tannino.

Descrizione Pianta perenne, parente prossima dell'argentina e della cinquefoglia. Taglia da 10 a 40 cm. Fusto

diritto, gracile. Foglie numerose, molto frastagliate, dentellate. Fiori giallo oro (da maggio a ottobre). Rizomi corti e robusti.
La tormentilla cresce nei pascoli, nei fossati, lungo le strade, vicino ai tagli dei boschi in tutta l'Europa tranne che nelle regioni mediterranee.

Proprietà Astringente, cicatrizzante, tonica, febbrifuga.

Parti utili Rizomi, foglie.

Quando e come utilizzare *Per mantenere in buona salute le gengive*: sciacqui orali con decotto (1).

Per pulire una ferita superficiale: lavaggio con decotto (2).

Contro le emorroidi: impacchi imbevuti di decotto (1).

Contro la leucorrea: irrigazioni locali con decotto (2).

PREPARAZIONI
(1) Far bollire per 10 minuti poi lasciare in infusione per 10 minuti 40 g di rizomi in 1 l d'acqua. Filtrare.
(2) Far bollire per 10 minuti poi lasciare in infusione per 10 minuti 30 g di rizomi in 1 l d'acqua. Filtrare.

ATTENZIONE La pianta non deve essere conservata né preparata in recipienti di ferro.

Trifoglio fibrino

Menyanthes trifoliata

Famiglia botanica Genzianacee

È detto 'trifoglio acquatico' perché vive nell'acqua ma non ha niente a che vedere con i comuni trifogli, che sono delle leguminose. Ha odore simile a quello del bitume e un sapore amaro. Usato da medici e botanici dal XVI secolo in poi, ha un alto contenuto di manganese.

Descrizione Pianta perenne. Taglia 25 cm circa. Foglie ovali picciolate con tre foglioline glabre, verde scuro. Fiori, in grappoli, bianco-rosa (maggio-giugno).
Questo trifoglio cresce nelle paludi, sulla riva degli stagni in tutta l'Europa.

Proprietà Tonica, febbrifuga, emmenagoga, vermifuga, antireumatica.

Parti utili La pianta intera.

Quando e come utilizzare *Nei casi di stanchezza con anoressia*: se modesti, due o tre tazzine al giorno lontano dai pasti (1); se più rilevanti, un bicchierino da marsala prima dei due pasti principali (2).

Nei casi di reumatismo articolare: un bicchiere a ciascun pasto (3).

Nelle eruzioni cutanee di origine non precisabile: applicazioni locali, mattino e sera (4) oppure tre tazze al giorno (4).

Come vermifugo in caso di ossiuri: insaporire gli alimenti con 60 g di polvere tre giorni prima del cambio della luna.

PREPARAZIONI
(1) Far bollire per 2 minuti poi lasciar macerare per 5 minuti da 15 a 30 g di pianta secca per ogni litro d'acqua.
(2) Far macerare in 1 l di buon vino rosso per 8 giorni 30 g di pianta secca.
(3) Gettare nell'acqua bollente e lasciare in infusione per 10 minuti 5 g di pianta secca di trifoglio fibrino, 5 g di foglie secche di crescione, 5 g di foglie di coclearia, 5 g di radici di rafano, 5 g di foglie di acetosa.
(4) Far bollire per 10 minuti da 15 a 30 g di pianta secca in 1 l d'acqua.

Tussilagine

Tussilago farfara

Famiglia botanica Composite

Chiamata anche 'passo d'asino', la tussilagine sembra sia stata sempre utilizzata; gli antichi però ne sfruttavano soltanto foglie e radici. Il grande Dioscoride la raccomandava in suffumigi contro la tosse e gli ascessi pettorali. Santa Ildegarda ne parla solo come di un antidoto contro i disordini di stomaco e di fegato.

Descrizione Pianta perenne i cui fiori sbocciano alla fine dell'inverno prima delle foglie. Taglia da 10 a 30 cm. Fusto tozzo, scaglioso. Foglie molto larghe e arrotondate, incavate a cuore alla base, verdi nella pagina superiore, biancastre in quella inferiore. Fiori in capolini, giallo oro (febbraio-marzo).
La tussilagine cresce nei prati, nei pascoli, nei campi umidi, in suoli argillosi e calcarei nell'Europa temperata.

Proprietà Emolliente, espettorante, depurativa, calmante, antisudorifica.

Parti utili Foglie, fiori.

Quando e come utilizzare *In caso di tracheite e per favorire l'espettorazione*: infuso, tre tazze al giorno (1).

Contro la tosse: infuso (1).

Contro l'irritazione delle corde vocali: infuso, tre tazze al giorno (1).

Per pulire e tonificare la pelle grassa: lavaggi con infuso (1).

Per deodorare i piedi che traspirano: pediluvi a base di decotto (2).

PREPARAZIONI

(1) Porre in infusione per 10 minuti 50 g di fiori secchi in 1 l d'acqua bollente.
(2) Far bollire per 15 minuti 200 g di foglie secche in 2 l d'acqua, poi filtrare. Aggiungere all'acqua del bagno.

U

Uva di volpe

Paris quadrifolia

Famiglia botanica Liliacee

CONTROINDICATA IN AUTOTERAPIA Le bacche sono molto tossiche: uso riservato al medico.

Uva orsina

Arctostaphylos uva ursi

Famiglia botanica Ericacee

È la cugina prima dell'erica di cui Henry Leclerc vantava le proprietà. Questa pianta iniziò la sua 'carriera' di pianta medicinale in Inghilterra e fu portata sul continente soltanto intorno al 1600; la scuola di Montpellier ne mise in rilievo per prima l'efficacia in caso di disturbi urinari. Attualmente questa pianta è oggetto di un importante lavoro di sperimentazione clinica da parte della nostra équipe presso la Facoltà di medicina di Bobigny (Parigi-Nord). L'uva orsina era utilizzata nel Nord-Europa per la concia del 'cuoio di Russia'.

Descrizione Pianta strisciante. Taglia da 15 a 30 cm. Fusto strisciante, legnoso. Foglie persistenti ovali, spesse e rigide. Fiori in grappoli, a forma di sonagli, bianco-rosati (da aprile a giugno). Bacche globulose, rosse quando giungono a maturazione.

L'uva orsina cresce nei terreni rocciosi e nel sottobosco nell'Europa del Nord e in quella temperata.

Proprietà Antisettica, astringente, diuretica, disinfettante urinaria.

Parti utili Foglie.

Quando e come utilizzare *Contro le infiammazioni della vescica*: infuso, due tazzine al giorno (1).

Per combattere l'enuresi: decotto, bere un quarto di litro al giorno (2).

Contro i calcoli renali e le coliche nefritiche: infuso, in cure di tre settimane, tre tazze al giorno (3).

Per garantire l'eliminazione dell'urea: decotto, tre tazze al giorno (4).

PREPARAZIONI

(1) Porre in infusione per 5 minuti 20 g di foglie secche in 1 l d'acqua bollente, lasciare intiepidire, poi filtrare.
(2) Far bollire in 1 l d'acqua 25 g di foglie secche fino a ridurre il liquido alla metà (dose per 48 ore).
(3) Porre in infusione per 30 minuti 30 g di foglie secche in 1 l d'acqua bollente.
(4) Far bollire per 5 minuti e lasciare in infusione per 10 minuti 40 g di foglie secche in 1 l d'acqua.

V

Valeriana

Valeriana officinalis

Famiglia botanica Valerianacee

Le sue radici hanno un forte, caratteristico odore di urina di gatto. Il termine 'valeriana', sconosciuto sia ai Greci che ai Romani, compare per la prima volta nel IX-X secolo. In Inghilterra la radice di valeriana era talmente apprezzata per le sue proprietà medicinali che le classi più povere del Nord la ritenevano ingrediente indispensabile di brodi, minestre e anche di medicine: era considerata diuretica e emmenagoga. Anche il suo odore sgradevole non era poi insopportabile, visto che si era presa l'abitudine di porre una sua radice a profumare i vestiti!

Descrizione Pianta elegante, che emana un odore molto particolare. Taglia da 0,50 a 2 m. Fusto diritto, robusto, cavo e scanalato. Foglie grandi e frastagliate. Fiori piccoli, raggruppati in ombrelli, rosa o bianchi (da maggio ad agosto).
La valeriana cresce nei terreni umidi e freschi di tutta l'Europa tranne che nelle regioni mediterranee.

Proprietà Antispastica, sedativa, carminativa, ipnotica, febbrifuga.

Parti utili Radici, foglie.

Quando e come utilizzare *Per rilassarsi*: bagno completo a base di infuso concentrato (1).

Per riequilibrare il proprio stato nervoso: macerazione, una tazza, mattino e sera, per due settimane (2).

Come sedativo, contro il nervosismo della pre-menopausa: macerazione, una tazza al mattino a digiuno (2).

Per le crisi di nervi: 40 gocce di tintura su una zolletta di zucchero o in mezzo bicchiere d'acqua zuccherata (3).

Contro l'angoscia: macerazione, due tazzine al giorno (4).

Contro nevralgie e mali di testa di origine nervosa o dovuti all'abuso di tabacco: infuso, due tazze nella giornata (5).

Per evitare l'insonnia: 20 gocce di tintura su una zolletta di zucchero o in un po' d'acqua zuccherata al momento di coricarsi (3).

Per diminuire l'appetito nel caso di un regime restrittivo: macerazione fredda, un bicchiere prima di ogni pasto (4).

PREPARAZIONI

(1) Porre in infusione per 30 minuti 300 g di radici secche spezzettate in 2 l d'acqua bollente. Aggiungere all'acqua del bagno.
(2) Far macerare per 12 ore 10 g di radici fresche spezzettate in una tazza di acqua fredda, poi filtrare.
(3) Far macerare per due settimane 200 g di radici fresche spezzettate in 1 l d'acquavite e filtrare. Conservare in recipiente tappato.
(4) Far macerare a freddo per 12 ore 25 g di radici fresche in mezzo litro d'acqua.
(5) Porre in infusione per mezz'ora 25 g di radici secche in 1 l d'acqua bollente, poi filtrare.

Verga d'oro

Solidago virga aurea

Famiglia botanica Composite

Conosciuta già dagli antichi, ritornò nell'uso soltanto dopo il XIII secolo per la sua proprietà di sciogliere i calcoli urinari. Dal XVI secolo il suo impiego si allarga perché ritenuta anche diuretica e astringente. Viene poi dimenticata fino a circa il 1886 quando le sue proprietà antiinfettive urinarie attirano di nuovo l'attenzione dei fitoterapeuti.

Descrizione Bella pianta perenne. Taglia fino a 1 m. Fusto diritto, scanalato, pubescente alla sommità. Fiori gialli, brillanti, in grappoli (agosto-settembre).
La verga d'oro cresce nei boschi, nei pascoli di montagna in tutta l'Europa.

Proprietà Diuretica, antilitisiaca, urinaria, astringente, antidiarroica.

Parti utili Erba, sommità fiorite.

Quando e come utilizzare *Contro i calcoli urinari e gli edemi*: un bicchiere la mattina a digiuno (1); a piccole dosi nella giornata (2).

Nei casi di diarrea cronica: a piccole dosi nella giornata (2).

PREPARAZIONI

(1) Far macerare per tutta la notte 1 g di polvere in un bicchiere di buon vino bianco.
(2) Mettere in 1 l d'acqua bollente 60 g di sommità fiorite secche e far bollire per 10 minuti.

Veronica officinale

Veronica officinalis

Famiglia botanica Scrofulariacee

Il re francese Luigi XIV, che si dice bevesse tutte le sere un infuso di veronica, visse fino a 75 anni. D'altronde allora la veronica era considerata una 'signora pianta', un toccasana, il rimedio per eccellenza contro la tubercolosi. Era chiamata anche 'tè d'Europa' o 'tè del Nord'. Effettivamente la veronica si può considerare un ottimo succedaneo del tè.

Descrizione Minuscola pianta perenne che cresce, formando tappeto, nei boschi, nelle radure e nei pascoli. Taglia da 10 a 20 cm. Fusto duro e legnoso, coricato, che porta dei rami eretti. Foglie ovali, vellutate, grigioverdi. Fiori piccoli, riuniti in grappoli, blu-violetto molto chiaro (da maggio a luglio).
La veronica officinale cresce in tutta l'Europa tranne che sul litorale mediterraneo.

Proprietà Aperitiva, tonica, stomachica, diuretica, astringente, calmante.

Parti utili Foglie, sommità fiorite.

Quando e come utilizzare *In caso di anoressia, per aumentare l'appetito*: decotto, bere due tazze al giorno prima dei pasti (1).

Contro l'aerofagia: infuso, due tazze al giorno appena prima dei pasti (2).

Per migliorare la funzione epatica: decotto, tre tazze al giorno una delle quali a digiuno (1).

Per migliorare la funzione renale: infuso, cure della durata di tre settimane, tre tazze al giorno (3).

Per rilassarsi e combattere la stanchezza: infuso, due tazze al giorno (4).

Su un bruciatura superficiale o un colpo di sole: impacchi imbevuti di infuso (4).

Sulle ulcere cutanee: lavaggi con decotto (1).

PREPARAZIONI

(1) Far bollire per 10 minuti in 1 l d'acqua 50 g di sommità fiorite secche.
(2) Porre in infusione per 15 minuti 60 g di foglie secche spezzettate in 1 l d'acqua bollente.
(3) Porre in infusione per 10 minuti 40 g di sommità fiorite secche in 1 l d'acqua bollente.
(4) Porre in infusione per 10 minuti 20 g di fiori secchi in 1 l d'acqua bollente.

Violacciocca

Cheirantus cheiri

Famiglia botanica Crucifere

CONTROINDICATA IN AUTOTERAPIA A certe dosi la pianta è tossica: uso riservato al medico.

Viola mammola

Viola odorata

Famiglia botanica Violacee

Le proprietà della violetta erano note agli antichi. Le corone di violette avevano, secondo loro, il potere di combattere l'ubriachezza tanto che era sufficiente porsene una sul capo per proteggersi dai misfatti dell'alcol.
Dioscoride ne raccomandava le qualità 'rinfrescanti'. Sono stati tuttavia i medici arabi del Medio Evo a individuare le innumerevoli doti terapeutiche della violetta. Soprattutto le sue proprietà emetiche ed energetiche, infatti, ne hanno favorito l'uso durante la prima guerra mondiale.

Descrizione Pianta perenne. Taglia 15 cm al massimo.

Grosso ceppo che produce lunghi ricacci che possono far radici e fiorire. Foglie picciolate a forma di cuore. Fiori a cinque petali, profumati (marzo).
La viola mammola cresce nei boschi, lungo le siepi, nei luoghi ombreggiati.

Proprietà Emetica, espettorante, emolliente, bechica, lassativa.

Parti utili Fiori, radici.

Quando e come utilizzare *Contro raffreddori, bronchiti, angine*: infuso, due o tre tazze al giorno (1).

PREPARAZIONI
(1) Porre in infusione da 15 a 20 minuti 5 g di fiori secchi in 1 l d'acqua bollente, addolcire con del miele.

Viola selvatica

Viola tricolor arvensis

Famiglia botanica Violacee

Soltanto nel XVI secolo la viola dei campi viene presa in considerazione a scopi terapeutici. I medici la utilizzavano allora per le malattie della pelle.
Anche nel XVIII e XIX secolo il campo di impiego rimase essenzialmente quello delle dermatosi.

Descrizione Piccola pianta erbacea annuale, conosciuta sotto il nome popolare di 'erba della Trinità'. Taglia da 5 a 40 cm. Fusto eretto. Foglie ovali, appuntite, talvolta dentellate. Fiori a cinque petali, gialli, bianchi e violetti (da aprile a ottobre).
La viola selvatica cresce nei campi, nei prati, nei terreni abbandonati nell'Europa temperata.

Proprietà Depurativa, cicatrizzante, calmante, lassativa, diuretica.

Parti utili La pianta intera, esclusa la radice.

Quando e come utilizzare *Per combattere le dermatosi (eczema, impetigine, acne, pitiriasi)*: infuso, tre tazze al giorno, una al mattino a digiuno, per due settimane (1).

Per far asciugare i bottoni di acne non ancora aperti: lozione-infuso, tamponare con ovatta imbevuta due volte al giorno (1).

Come lassativo e diuretico leggero: decotto, tre tazze al giorno nell'intervallo fra i pasti (2).

Contro i dolori reumatici: infuso, in cure di tre settimane, tre tazze al giorno (3).

PREPARAZIONI
(1) Porre in infusione per 10 minuti 30 g di fiori in 1 l d'acqua bollente, poi filtrare.
(2) Far bollire per 10 minuti 50 g di fiori in 1 l d'acqua, poi filtrare.
(3) Porre in infusione per 10 minuti 10 g di pianta intera senza la radice in 1 l d'acqua.

ATTENZIONE Le preparazioni a base di viola selvatica non devono essere somministrate ai bambini.
La viola selvatica trasmette un pessimo odore alle urine; ciò non deve destare preoccupazione alcuna.

Vischio

Viscum album

Famiglia botanica Lorantacee

Ne esistono ben 400 specie, tutte parassite di altri vegetali, che vivono nei climi tropicali; due di esse, però, allignano anche in Europa.
Il vischio bianco è il più conosciuto e anche il più importante sul piano terapeutico. Le bacche di vischio sono molto apprezzate dai tordi; questi, dopo aver ingerito le bacche le restituiscono o subito dal becco o, dopo averle digerite, sotto forma di lunghe strisce che aderiscono ai rami e, penetrando nella corteccia, producono una germinazione. Il vischio è parassita soprattutto dei meli e dei pioppi, ma talvolta lo è persino di se stesso.
Le popolazioni galliche lo veneravano e lo consideravano una panacea, ma era già conosciuto dai grandi fitoterapeuti dell'antichità. Ippocrate, Plinio e santa Ildegarda lo raccomandavano contro i mali di petto e la gotta.

All'uso prolungato il vischio presenta una certa tossicità, quindi non deve essere prescritto per più di 20 giorni.

Descrizione Arboscello parassita. Taglia da 40 a 50 cm di altezza. Fusti divisi. Foglie in ciuffi arrotondati, verdegialle. Fiori piccoli giallastri. Frutti globulosi, bianchi. Il vischio cresce sui rami di melo, quercia, olmo, frassino, betulla, pioppo in tutto l'emisfero nord.

Proprietà Ipotensiva, diuretica, antispastica, antitosse, analgesica. La pianta, in uso continuato, può diventare tossica.

Parti utili Foglie, fusti (parti legnose), sementi, corteccia.

Quando e come utilizzare *Nell'ipertensione arteriosa*: tre tazze al giorno (1).

Per calmare una tosse spasmodica: sugli alimenti (2).

Per placare l'eccesso di nervosismo e le sue manifestazioni (vertigini, convulsioni): tre tazze al giorno (3).

Nei dolori della gotta: impacchi imbevuti (4).

PREPARAZIONI

(1) Porre in infusione 10 g di fusti e foglie secche in 1 l d'acqua bollente, poi filtrare.
(2) Polvere di corteccia, 2 g due volte al giorno.
(3) Mettere in 1 l d'acqua bollente 5 g di fusti e foglie secche di vischio, 10 g di radici secche di valeriana. Mantenere l'ebollizione per 2 minuti poi lasciar macerare per un'ora e filtrare.
(4) Riumidificare dei semi secchi e usarli in impacchi.

ATTENZIONE Rispettare la regola dei 20 giorni.

Visciolo

Prunus cerasus

Famiglia botanica Rosacee

È il visciolo che ci fornisce, per innesto, il vero albero di marasco. La fermentazione dei frutti di alcune qualità selvatiche produce invece il Kirsch, bevanda alcolica molto nota ai pasticceri. Il marasco era conosciuto già dai Greci, mentre i Romani conoscevano soltanto le specie selvatiche della pianta. Fu Lucullo, nel 64 a.C., a importarne la qualità innestata.

Descrizione Albero da frutta che produce piccole ciliegie aspre (visciole o marasche o amarene), utilizzate per sciroppi e preparati alcolici. Taglia 10 m al massimo. Corteccia bruna, scura, foglie allungate, lucenti, verde intenso; fiori bianco-rosato, molto numerosi, presenti prima delle foglie (marzo-aprile); frutti rosso chiaro.
Il visciolo è coltivato in tutte le regioni a clima temperato.

Proprietà Diuretica, lassativa, rinfrescante.

Parti utili I peduncoli dei frutti.

Quando e come utilizzare *Come diuretico e per calmare le infiammazioni delle vie urinarie*: decotto, mezzo litro al giorno (1).

Per assicurare un buon funzionamento dei reni: decotto, in cure di tre settimane, tre tazze al giorno (1).

Per curare ogni infiammazione dolorosa della vescica (normalmente chiamata cistite): infuso, berne mezzo litro nella giornata (2).

Per la sua efficacia come diuretico nel caso sia necessaria una perdita di peso: decotto, mezzo litro al giorno (1).

PREPARAZIONI

(1) Far macerare per 12 ore in acqua fredda 30 g di peduncoli per rammollirli e quindi farli bollire per 10 minuti in 1 l d'acqua. Filtrare.
(2) Far macerare come sopra 10 g di peduncoli, poi lasciarli in infusione per 10 minuti in 1 l d'acqua bollente.

Vitalba

Clematis vitalba

Famiglia botanica Ranuncolacee

CONTROINDICATA IN AUTOTERAPIA Pianta che può presentare una certa tossicità; quindi il suo uso è riservato al medico.

Vite

Vitis vinifera

Famiglia botanica Vitacee

La coltivazione della vite risale a epoche molto remote; in Europa se ne trovano tracce che risalgono forse al pliocene. Ne deriva che è stata usata fin dagli albori dell'umanità. La Bibbia dice che la vite «rallegra il cuore dell'uomo». Con le sue foglie si curano i disturbi circolatori e le emorragie. Il succo di uva acerba è acido, e fu usato, nella tradizione popolare, contro le emorragie di ogni genere e soprattutto, come gargarismo, contro le angine e le stomatiti.

Descrizione Grande arboscello legnoso a viticci. La sua taglia è molto variabile ed è determinata, nelle coltivazioni, dalla potatura e dal tipo di impianto. Foglie larghe, verdi nella pagina superiore, biancastre in quella inferiore. Fiori profumati, verde-giallastri in grappoli, opposti alle foglie.

Proprietà Nutriente, lassativa, astringente, diuretica, antispastica, tonica del sistema venoso.

Parti utili Frutti, foglie.

Quando e come utilizzare *In caso di stanchezza con tendenza alla costipazione*: decotto, 1 l a piccole dosi nella giornata (2).

Per migliorare la diuresi: tre o quattro bicchieri al giorno (1) e 1 l, a piccole dosi, nella giornata (2).

Per far cessare le emorragie nasali: medicazione nasale (3).

Per combattere le varici: macerazione, da bere a piccole dosi, lungo tutta la giornata (4).

PREPARAZIONI

(1) Succo di frutti freschi ottenuto con la centrifuga.
(2) Far bollire per qualche minuto in 1 l d'acqua da 30 a 60 g di foglie secche.
(3) Introdurre nelle fosse nasali della polvere di vite.
(4) Far bollire da tre a quattro minuti poi far macerare per un'ora 20 g di foglie secche di vite e 10 g di foglie secche di amamelide.

Z

Zenzero

Zingiber officinale

Famiglia botanica Zingiberacee

Questa pianta fu molto apprezzata sia come condimento che come pianta medicinale. Santa Ildegarda pensava che preservasse dalla peste. Gli equipaggi dei battelli di lungo corso lo prendevano per combattere lo scorbuto.

Descrizione Assomiglia al gladiolo. Taglia 80 cm circa. È originario delle Indie, della Cina e di Giava. È coltivato in Giamaica, a Tahiti e nella Costa d'Avorio.

Proprietà Digestiva, tonica, antisettica, antiscorbutica, ipocolesterolica, antireumatica, revulsiva.

Parti utili Rizomi.

Quando e come utilizzare *In casi di digestione difficile con gas intestinali*: vino di zenzero, da 10 a 20 gocce in acqua fredda, prima dei pasti (1).

Per combattere lo stress: polvere, una punta di coltello sugli alimenti (farinacei e verdure crude).

Contro l'influenza e i raffreddori di stagione: masticare lentamente un pezzetto di rizoma fresco.

Contro l'ipercolesterolemia dopo pasti pesanti e ricchi di grassi: decotto, una tazza tre volte al giorno (2).

Contro i dolori reumatici (delle mani: frizioni (3).

PREPARAZIONI

(1) Far macerare per 3 o 4 giorni 5 g di rizomi in 1 l di vino bianco.
(2) Fare un decotto di 3 g di rizomi in una tazza di acqua bollente.
(3) 40 g di tintura di zenzero, 2 g di essenza di cipolla e 60 g di alcolato di rosmarino.

Zucca

Cucurbita pepo

Famiglia botanica Cucurbitacee

Soltanto dopo la scoperta dell'America si è diffusa in Europa la coltivazione della zucca. Gli Indiani dell'America centrale e del Nord ne coltivavano numerose varietà e gli Europei, in particolare gli Spagnoli, lo fecero in modo intensivo nello stesso periodo in cui importavano dall'America anche fagioli e mais, che conobbero un successo senza precedenti. L'acqua di zucca, che è un decotto della polpa, è rinfrescante e lassativa. Aveva fama di 'spegnere il calore delle ulcere', ed è la cura più adatta delle costipazioni nei soggetti che hanno tendenza alle emorroidi. Il nostro collega Leclerc ne raccomanda la composta. Si mescolano 200 g di mele con 800 g di polpa di zucca, in pezzetti, in un recipiente; si aggiungono 100 g di zucchero candito e si copre il tutto di acqua. Si cuoce fino a che mele e zucca quasi si spappolano. Si passa attraverso un setaccio e si aromatizza con cannella, buccia d'arancio e vaniglia.

Descrizione Pianta coltivata per uso alimentare. Fusto ruvido, vellutato, scanalato dotato di numerosi viticci, che porta grandi foglie picciolate, alterne, pubescenti, divise in molti lobi. Frutti molto voluminosi (possono pesare fino a 100 kg).
La zucca è coltivata in tutta l'Europa e nelle Americhe.

Proprietà Emolliente, lassativa, vermifuga.

Parti utili I semi con il loro involucro.

Quando e come utilizzare *Contro gli ascaridi e la tenia*: un cucchiaino da caffè al mattino per 3 o 4 giorni (2). L'ultima dose deve essere seguita da una purga.

In caso di diarrea o di costipazione modesta: decotto, una tazza dopo i due pasti principali (1).

In attesa del medico, in caso di cistite acuta: decotto, una tazza (1).

In caso di scottature superficiali per attenuare il dolore: applicare la buccia della zucca, ben lavata, sulla piaga.

PREPARAZIONI

(1) Fare un decotto di 30 g di semi secchi in 1 l d'acqua.
(2) Schiacciare accuratamente 45 g di semi secchi con dello zucchero.

APPENDICE BIBLIOGRAFICA

Fitoterapia

Per quanto riguarda più propriamente l'aspetto terapeutico dell'uso delle piante officinali, consigliamo i seguenti trattati.

L.P. Da Legnano *Le piante medicinali nella cura delle malattie umane*, Edizioni Mediterranee, Roma
un trattato completo di fitoterapia, realizzato con la collaborazione del Centro Italiano di Fitofarmacoterapia. Nella prima parte sono esaminate le malattie curabili con le piante secondo un preciso schema anatomico e fisiologico. In seguito vengono prese in considerazione le singole piante medicinali, con le loro proprietà terapeutiche e le modalità di utilizzo.

J. Valnet *Fitoterapia. Cura delle malattie con le piante*, Giunti-Martello, Firenze
J. Valnet *Cura delle malattie con ortaggi, frutta e cereali. Le proprietà dell'argilla*, Giunti-Martello, Firenze
in questi due testi vengono analizzate centinaia di piante, con la classificazione botanica, i principali costituenti noti, le proprietà, le controindicazioni e il modo d'impiego. Per apprezzare le indicazioni riportate è però indispensabile avere un minimo di dimestichezza con l'argomento, altrimenti si rischia di non sapersi districare nel lungo elenco delle indicazioni terapeutiche.

H. Leclerc *Précis de Phitotherapie*, Masson, Paris
più volte citato da P. Belaiche, H. Leclerc è un importante nome della scuola fitoterapica francese, uno dei maggiori specialisti nel campo della farmaceutica vegetale. Il testo indicato rappresenta la sua opera completa.

R. Benigni, C. Capra, P.E. Cattorini *Piante medicinali, chimica, farmacologia e terapia*, Inverni & Della Beffa, Milano
è un testo scientifico di notevole livello rivolto a medici, biologi, farmacisti. Costituisce una completa revisione critica della fitoterapia e riporta un gran numero di ricerche sperimentali originali. Esaurito da molti anni, può essere reperito nelle biblioteche pubbliche, oppure in qualche biblioteca di industrie farmaceutiche.

Quaderni di erboristeria, Clesav, Milano
editi dallo stesso gruppo di lavoro che pubblica i *Quaderni di controinformazione alimentare*; sono testi scientifici che hanno però il pregio di essere di facile comprensione. I primi tre Quaderni si occupano del riconoscimento, raccolta e uso delle principali erbe, delle erbe diuretiche, delle erbe per la cura della pelle e del sistema nervoso autonomo. Il taglio pratico e la scelta di trattare solo un piccolo numero di erbe di facile reperimento e immediata utilità rendono queste pubblicazioni preziose per chi intenda iniziare a occuparsi di erboristeria e fitoterapia.

A. Poletti *Fiori e piante medicinali. Salute e bellezza dell'uomo*, Musumeci, Aosta
i tre volumi di quest'opera hanno avuto molto successo grazie a una serie di accorgimenti pratici per facilitare il riconoscimento 'sul campo' delle varie piante. Pregio particolare dell'opera è quello di fornire una buona documentazione fotografica di ogni singola specie trattata.

J.M. Pelt *La medicina con le piante*, Feltrinelli, Milano
il libro rappresenta un vero e proprio saggio dedicato alla fitoterapia e si discosta dal classico modello di manuale di consultazione. Ricco di aneddoti e di notizie storiche, prezioso per le spiegazioni dei chimismi delle piante medicinali, sia nell'uso tradizionale sia in quello della moderna farmacologia, questo libro offre al lettore comune un quadro complessivo della materia e propone allo specialista numerosi elementi di riflessione.

C. Bergeret, M. Tétau *La nuova fitoterapia*, Edizioni del Riccio, Firenze
gli autori, entrambi medici omeopati, affrontano in forma sistematica e completa il campo delle applicazioni terapeutiche delle piante officinali. Si tratta di un lavoro ben documentato, frutto di accurata ricerca (nel testo si riportano esempi di numerosi casi clinici), indispensabile agli specialisti della materia (medici, farmacisti, erboristi) ma prezioso per ogni lettore desideroso di capire le ragioni che stanno alla base di una prescrizione medica, nonché i meccanismi di azione dei diversi preparati prescritti.

Crescere sano e sereno il proprio figlio è il desiderio di ogni genitore. Le erbe medicinali possono aiutare in questo compito rispettando il meraviglioso meccanismo della crescita e dello sviluppo dei bambini.
J. Bouhours *La salute del bambino con le piante*, Giunti-Martello, Firenze
D. Koechlin-Schwartz, M.E. Granier-Rivière *Medicine dolci per i vostri bambini*, red./studio redazionale, Como.

L'utilizzo delle erbe, per la cura di malattie e disturbi, si integra ed è complementare a tutte quelle pratiche curative che fanno riferimento a una 'medicina diversa', più naturale, più rispettosa degli equilibri, dei ritmi e delle potenzialità del corpo. Segnaliamo alcuni testi che affrontano queste tematiche generali e includono parti riguardanti l'uso delle erbe medicinali.

R. Nissin *Gin-ecologia*, red./studio redazionale, Como
una guida utile a tutte le donne di qualsiasi età per imparare a conoscere da sole i disturbi dell'apparato genitale e per guarirli con le erbe, l'acqua, l'argilla, l'esercizio fisico e l'alimentazione.

A. Stanway *Guida alle medicine naturali*, red./studio redazionale, Como
un libro che è come un buon medico di famiglia, per quanto riguarda la prevenzione, per curarsi in modo naturale, per star bene in tutte le situazioni della vita e a tutte le età. Comprende un capitolo specifico di fitoterapia e uno sulle pratiche mediche popolari.

S. Greenwood *Menopausa naturalmente*, red./studio redazionale, Como
il libro affronta i problemi fisici e psicosomatici legati a questo delicato periodo della vita di tutte le donne e rappresenta un aiuto per vivere con energia, serenità e salute la seconda metà della vita.

Fitoterapia veterinaria

Nel campo della veterinaria, settore molto promettente in cui sono in corso anche in Italia varie ricerche, è disponibile il volumetto
M. Rombi *Piante per la salute dei vostri animali*, red./studio redazionale, Como

Aromaterapia

L'aromaterapia è una branca della moderna fitoterapia che si basa sull'utilizzo degli oli essenziali nella cura di alcune affezioni.

P. Belaiche *Trattato di fitoterapia e aromaterapia*, Studio Edizioni, Milano e red./studio redazionale, Como
il trattato è frutto di venti anni di studi e di pratica del gruppo di lavoro facente capo all'Istituto Nazionale di Fitoterapia e al Collegio Francese delle Medicine del Terreno e Scienze Applicate, composto da medici, biologi, tecnici di laboratorio, farmacisti e diretto da Paul Belaiche.
Dei dieci volumi in programma, tre sono già disponibili sul mercato
Volume I: P. Belaiche *L'aromatogramma*
volume dedicato all'aromatogramma e agli oli essenziali; permette la valutazione precisa del potere antisettico delle essenze aromatiche.

Volume II: P. Belaiche *Le malattie infettive*
testo che spazia su tutte le patologie infettive. Ogni singola affezione trattata è seguita da indicazioni terapeutiche che compendono sia il trattamento fitoterapico sia le specialità medicinali coadiuvanti.

Volume III: M. Girault *Ginecologia*
libro che riassume i risultati ottenuti dall'impiego della fitoterapia e di altri metodi naturali nel campo della ginecologia. L'autore è uno dei più autorevoli fitoterapeuti francesi.

J. Valnet *Cura delle malattie con le essenze delle piante*, Giunti-Martello, Firenze
anche questo testo di Valnet è stato realizzato con gli stessi criteri scientifici e sperimentali degli altri due volumi sopra segnalati; è però più discorsivo e quindi più facilmente accessibile.

J. Valnet, C. Duraffourd, J.C. Lapraz *Fitoterapia e aromaterapia: una nuova medicina. Come curare le malattie infettive con le piante*, Giunti-Martello, Firenze.

Erboristeria popolare

La saggezza popolare di saper curare i più comuni malanni usando le proprietà medicinali delle erbe, ha attraversato i secoli grazie a una trasmissione orale dell'esperienza. In ogni comunità era spesso presente una figura depositaria di questo sapere, colei o colui che conoscevano i 'segreti delle erbe' tramandati di padre in figlio e li metteva a disposizione della collettività. La tradizione più popolare dell'erboristeria è ormai diffusa e resa nota attraverso testi scritti di alcuni autori che, oltre ai consigli terapeutici, ci trasmettono la loro particolare esperienza di 'medici popolari'.

M. Treben *La salute dalla farmacia del Signore, consigli ed esperienze con le erbe medicinali*, W. Ennstaler, Steyr (Austria)

M. Mességué *Il mio erbario*, Mondadori, Milano
M. Mességué *Ha ragione la Natura*, Mondadori, Milano
M. Mességué *Uomini, erbe, salute*, Mondadori, Milano
M. Mességué *Impariamo di nuovo ad amare*, Mondadori, Milano

L. Kordel *Rimedi popolari naturali*, Rizzoli, Milano
questo libro è il frutto di una lunga ricerca sui rimedi tradizionali conosciuti nelle diverse parti del mondo. Nonostante il carattere di studio storico sulla medicina popolare, l'autore non ha trascurato di sottolineare gli aspetti pratici di queste cure naturali; infatti, le ricette riportate sono numerosissime e quasi tutte hanno la caratteristica di essere di facilissima realizzazione.

T. Valpiana *Vini Medicinali*, red./studio redazionale, Como
un libro che permette di scoprire tutti i segreti dei vini medicinali, insegnando inoltre come utilizzare le virtù associate del vino e delle erbe nell'alimentazione, per la salute e la forma fisica.

Botanica farmaceutica

F. Cortesi *Botanica farmaceutica*, Utet, Torino
R. Ciferi *Botanica farmaceutica generale e speciale*, Edizioni Universitarie Malfasi, Milano
questi due testi vengono utilizzati nelle università italiane presso le facoltà di Farmacia e Chimica farmaceutica e rappresentano un approccio propriamente farmacologico e all'argomento.

Riviste

Per chi fosse interessato a un'aggiornata e costante informazione segnaliamo alcune riviste mensili.

Erboristeria Domani, Studio Edizioni, via Denti 2, 20133 Milano
è una pubblicazione specializzata che si rivolge in modo particolare al settore professionale dell'erboristeria. Viene dato ampio spazio ai problemi del settore sia dal punto di vista commerciale che da quello più propriamente terapeutico e professionale.

Natom, SCE, corso Lodi 47, 20139 Milano
si occupa di tutto quel vasto settore definibile come medicina naturale o medicina alternativa. In quest'ottica, accanto ad articoli specifici dedicati ad agopuntura, omeopatia, alimentazione naturale, eccetera, trovano un loro spazio autonomo pagine riguardanti l'uso delle erbe officinali per la cura delle principali malattie.

Fitoterapia, Inverni Della Beffa, via Ripamonti 99, 20141 Milano
di carattere prettamente scientifico e specialistico, viene inviata gratuitamente a medici e farmacisti.

Botanica

Un aspetto importante della fitoterapia, è la conoscenza delle piante officinali, delle loro caratteristiche botaniche e geografiche al fine del riconoscimento delle singole specie.

G. Negri *Erbario figurato*, Hoepli, Milano
libro di grande formato, è una valida e approfondita sintesi fra una minuziosa guida botanica sulla flora italiana e un trattato sulle proprietà farmacologiche delle singole specie.

AA.VV. *Segreti e virtù delle piante medicinali*, Selezione Reader's Digest, Milano
ottimo testo, illustrato con abbondanza e con cura, unisce serietà ad accessibilità. Un'opera concepita anche per i principianti, che però non delude gli addetti e i tecnici.

Esistono poi altri testi esclusivamente rivolti al riconoscimento botanico, ne citiamo alcuni:

G. Dalla Fior *La nostra flora*, G.B. Monauni, Trento
si tratta di una classica guida specialistica di classificazione mediante l'uso di chiavi dicotomiche.

D. Aichele *Che fiore è?*, Rizzoli, Milano
è una guida che permette il riconoscimento delle essenze botaniche più comuni; essa non richiede il possesso di un linguaggio specialistico: è quindi alla portata di tutti e di facile consultazione.

Coltivazione e preparazione

P. Catizzoni, M. Marotti, G. Toderi, P. Tenteny *Coltivazione delle piante medicinali e aromatiche*, Patron Editore, Bologna
si tratta di un testo specifico che esamina le possibilità di sviluppo della coltivazione erboristica nei diversi ambienti italiani. È diviso in due parti, di cui la prima di carattere generale tratta della coltivazione, della raccolta, della conservazione e dei fattori che influenzano le proprietà curative delle erbe. La seconda parte, poi, prende in esame una trentina di specie botaniche.

Indichiamo inoltre:
G. Salomone *La distillazione delle erbe e fiori da essenze*, Lavagnolo, Torino
G. Milesi Ferretti *Piante aromatiche e medicinali. Coltivazione e tecnica erboristica*, Edagricole, Bologna

Un po' di storia

La fitoterapia moderna ha le sue radici nelle più antiche pratiche curative. Ripercorrere le tappe del rapporto uomo-malattia-terapia, vuol dire ricostruire una parte dimenticata, soprattutto dalla medicina ufficiale, della nostra storia. Chi si sentisse affascinato dall'aspetto storico di questa disciplina può consultare:

A. Benedicetti *Medici, malati, farmacisti. Storia dei rimedi attraverso i secoli*, Hoepli, Milano

Annali della Storia d'Italia, *Malattia e medicina*, vol. VII, Einaudi, Torino.

O.M.S. *Il ruolo delle medicine tradizionali nel sistema sanitario*, red./studio redazionale, Como
un'opera di particolare rilevanza che affronta il difficile rapporto fra le medicine tradizionali e la medicina ufficiale nel mondo. Un intero capitolo è dedicato alla fitoterapia.

INDICE DEI NOMI BOTANICI LATINI

Helleborus niger Rosa di Natale
Hepatica nobilis Anemone epatico
Heracleum sphondylium Panace
Herniara glabra Erniaria
Hibiscus sabdariffa Ibisco
Hieracium pilosella Pilosella
Hipericum perforatum Iperico
Hissopus officinalis Issopo
Humulus lupulus Luppolo
Hyoscyamus niger Giusquiamo
Ilex aquifolium Agrifoglio
Ilex paraguariensis Mate
Illicium verum Badiana
Inula helenium Enula officinale
Iris pseudacorus Iris giallo
Jasminum officinale Gelsomino
Juglans regia Noce
Juniperus sabina Sabina
Junuperus communis Ginepro
Laburnum anagyroides Citiso
Lamium album Lamio bianco
Laurus nobilis Alloro
Lavandula officinalis Lavanda officinale
Leonurus cardiaca Cardiaca
Lespezeda capitala Lespezeda
Ligustum vulgare Ligustro
Linum usitatissimum Lino
Lithospermum officinale Migliarino
Lonicera periclymemum Caprifoglio
Lotus corniculatus Ginestrino
Lycium europaeum Licium
Lytrum salicaria Salcerella
Malva silvestris Malva
Mandragora officinarum Mandragola
Marrubium vulgare Marrubio bianco
Matricaria recutita Matricaria
Medicago sativa Erba medica
Melilotus officinalis Meliloto
Melissa officinalis Melissa
Mentha spp Menta
Menyanthes trifoliata Trifoglio fibrino
Mercurialis annua Mercorella
Myrtus communis Mirto
Narcissus pseudo-narcissus Narciso
Nasturtium officinale Crescione
Nepeta cataria Erba gatta
Nymphaea alba Ninfea
Ocimum basilicum Basilico
Olea europaea Olivo
Ononis spinosa Ononide
Origanum majorana Maggiorana
Origanum vulgare Origano
Oxalis acetosella Acetosella
Panax ginseng Ginseng
Papaver rhoas Papavero selvatico
Parietaria officinalis Parietaria
Paris quadrifolia Uva di volpe
Passiflora incarnata Passiflora
Peucedanum ostruthium Imperatoria
Phaseolus vulgaris Fagiolo
Physalis alkekengi Alkekengi
Pimpinella anisum Anice
Pinus silvestris Pino silvestre
Pneumus boldus Boldo
Poligonatum officinale Sigillo di Salomone
Poligonum aviculare Coreggiola
Poligonum bistorta Bistorta
Polygala amarelle Poligala amara
Potentilla anserina Potentilla
Potentilla erecta Tormentilla
Potentilla reptans Cinquefoglie
Prunus cerasus Visciolo
Prunus laurocerasus Lauro ceraso
Prunus spinosa Prugnolo
Quercus robur Quercia
Ranunculus acris Ranuncolo di palude
Rhamnus cathartica Ramno
Rhus cotinus Capecchio
Ribes nigrum Ribes nero
Robinia pseudoacacia Robinia
Rosa canina Rosa canina
Rosa centifolia Rosa
Rosmarinus officinalis Rosmarino
Rubus fruticosus Rovo
Rumex acetosa Acetosa
Ruscus aculeatus Pungitopo
Ruta graveolens Ruta
Salix alba Salice
Salvia officinalis Salvia
Sambucus ebulus Sambuco ebbio
Sambucus nigra Sambuco nero
Saponaria officinalis Saponaria
Satureia montana Santoreggia
Scrofularia nodosa Scrofularia
Senecio vulgaris Senecio
Sisymbrium campestre Erisimo
Smilax aspera Salsapariglia
Solanum dulcamara Dulcamara
Solanum nigrum Morella
Solidago virga aurea Verga d'oro
Spergularia rubra Arenaria
Spiraea ulmaria Regina dei prati
Stachys officinalis Betonica
Stellaria media Centocchi
Succisa pratensis Scabiosa
Symphytum officinalis Consolida maggiore
Tamus communis Tamaro
Tanacetum vulgare Tanaceto
Taraxacum officinale Tarassaco
Taxus baccata Tasso
Theucrium chamaedris Camedrio
Thimus vulgaris Timo
Thymus capitatus Origano di Spagna
Thymus serpyllum Serpillo
Tilia europaea Tiglio
Trigonella foenum-graecum Fieno greco
Tropaeolum majus Cappuccina
Tussilago farfara Tussilagine
Urtica dioica Ortica
Vaccinium vitis idaea Mirtillo rosso
Valeriana officinalis Valeriana
Verbascum thapsus Tasso barbasso
Veronica officinalis Veronica officinale
Viola odorata Viola mammola
Viola tricolor arvensis Viola selvatica
Viscum album Vischio
Vitex agnus castus Agno-casto
Vitis vinifera Vite
Zea mays Granoturco
Zingiber officinale Zenzero

INDICE DEI NOMI BOTANICI ITALIANI

INDICE ANALITICO

Il presente indice analitico si riferisce alle voci comprese nel capitolo 'Cento parole-guida per la vostra salute'. Le voci in neretto sono quelle che potete trovare direttamente nel testo, in ordine alfabetico.

INDICE

BELAICHE, Paul

Manuale pratico di fitoterapia familiare.

Como, red./studio redazionale, 1988
228 p. 24,5 cm (L'altra medicina, 78)

1. Fitoterapia 2. Erboristeria
3. Piante medicinali, Enciclopedie e dizionari

ISBN 88-7031-331-X
CDD 615

I volumi pubblicati da *red./studio redazionale* sono corredati da una scheda bibliografica, redatta ispirandosi alle norme di catalogazione della Bibliografia Nazionale Italiana. Ciò vuole essere un contributo, certamente modesto ma concreto, al lavoro svolto dai bibliotecari italiani per un migliore funzionamento degli istituti in cui operano.
L'iniziativa tende inoltre a favorire l'organizzazione delle informazioni bibliografiche in tutte le sedi della documentazione (biblioteche scolastiche, specializzate, aziendali) e presso professionisti, ricercatori e studiosi.